Studien der Bonner Akademie für Forschung und Lehre praktischer Politik

AF167678

Als An-Institut der Universität Bonn verfolgt die Bonner Akademie für Forschung und Lehre praktischer Politik (BAPP) GmbH unter der Leitung ihres Präsidenten, Prof. Bodo Hombach, das Ziel einer engeren Vernetzung zwischen wissenschaftlicher Forschung und beruflicher Praxis in Politik, Wirtschaft und Medien. Sie will neuartige Foren des Dialogs schaffen und mittels eines konsequenten Praxisbezugs als innovativer „Think Tank" an der Schnittstelle zwischen Wissenschaft, praktischer Politik und wirtschaftlichem Handeln auftreten. Hierzu organisiert sie regelmäßig Lehrveranstaltungen und Expertenforen sowie große öffentliche Diskussionsveranstaltungen mit namhaften und profilierten Experten aus Theorie und Praxis. Des Weiteren führt sie unter der wissenschaftlichen Leitung von Prof. Dr. Volker Kronenberg und Prof. Dr. Frank Decker Forschungsprojekte zu aktuellen Themen und Fragestellungen mit hoher gesellschaftlicher Relevanz durch.

Die Ergebnisse der Forschungsarbeiten werden in der Schriftenreihe „Studien der Bonner Akademie für Forschung und Lehre praktischer Politik" veröffentlicht. Dabei konzentrieren sich die Untersuchungen auf die Schnittstelle zwischen Politik, Wirtschaft, Medien und Wissenschaft. In den Publikationen kommen Experten aus Theorie und Praxis gleichermaßen zu Wort. Die Ergebnisse und Handlungsempfehlungen richten sich an Entscheidungsträger aus den Bereichen Politik, Wirtschaft, Medien und Gesellschaft.

Weitere Bände in der Reihe http://www.springer.com/series/15154

Volker Kronenberg · Jakob Horneber
(Hrsg.)

Die repräsentative Demokratie in Anfechtung und Bewährung

Das „Wir" organisieren

 Springer VS

Hrsg.
Volker Kronenberg
Universität Bonn
Bonn, Deutschland

Jakob Horneber
Universität Bonn
Bonn, Deutschland

ISSN 2569-6165   ISSN 2569-6181   (electronic)
Studien der Bonner Akademie für Forschung und Lehre praktischer Politik
ISBN 978-3-658-26363-8   ISBN 978-3-658-26364-5   (eBook)
https://doi.org/10.1007/978-3-658-26364-5

Die Deutsche Nationalbibliothek verzeichnet diese Publikation in der Deutschen Nationalbibliografie; detaillierte bibliografische Daten sind im Internet über http://dnb.d-nb.de abrufbar.

Springer VS
© Springer Fachmedien Wiesbaden GmbH, ein Teil von Springer Nature 2019

Springer VS ist ein Imprint der eingetragenen Gesellschaft Springer Fachmedien Wiesbaden GmbH und ist ein Teil von Springer Nature
Die Anschrift der Gesellschaft ist: Abraham-Lincoln-Str. 46, 65189 Wiesbaden, Germany

Inhaltsverzeichnis

Die repräsentative Demokratie in der Akzeptanzkrise? Ein Problemaufriss

Volker Kronenberg und Jakob Horneber

In aller Regelmäßigkeit und mit in den letzten Jahren zunehmender Häufigkeit wird die Brisanz der demokratischen Entwicklungen und Herausforderungen in der journalistischen wie wissenschaftlichen Beobachtung durch den Begriff der Krise akzentuiert.[1] Längst ist die „Krise der Demokratie", die eigentlich vielmehr eine „Krise der repräsentativen Demokratie" meint, zur so geläufigen Zustandsbeschreibung politischer Institutionen wie des parlamentarischen Systems insgesamt geworden, dass der Krisenbegriff Gefahr läuft, seine Aussagekraft zu verlieren. Eine entsprechenden Unschärfe beklagte Reinhard Koselleck bereits in den 1970er Jahren: „Die alte Kraft des Begriffs, unüberholbare, harte und nicht austauschbare Alternativen zu setzen, hat sich in der Ungewissheit beliebiger Alternativen verflüchtigt" (Koselleck 1972, S. 649).

Etymologisch stammt Krise vom altgriechischen *krísis* bzw. lateinischen *crisis* und bezeichnet ursprünglich eine „Scheidung" oder „Entscheidung" (Kluge 2011). Ihre sprachlichen Wurzeln teilt die „Krise" mit der „Kritik", was auf die enge Verbindung einer „subjektiven" und objektiven" Komponente, vor allem

---

[1]Siehe etwa Tormey (2015), Merkel (2014), Michelsen und Walter (2013), Streeck (2013), Blühdorn (2013), Kleinert (2012), Linden und Thaa (2011), Keane (2009) oder Crouch (2004).

V. Kronenberg (✉) · J. Horneber
Institut für Politische Wissenschaft und Soziologie, Universität Bonn, Deutschland
E-Mail: kronenberg@uni-bonn.de

J. Horneber
E-Mail: horneber@uni-bonn.de

© Springer Fachmedien Wiesbaden GmbH, ein Teil von Springer Nature 2019
V. Kronenberg und J. Horneber (Hrsg.), *Die repräsentative Demokratie in Anfechtung und Bewährung,* Studien der Bonner Akademie für Forschung und Lehre praktischer Politik, https://doi.org/10.1007/978-3-658-26364-5_1

aber das im Begriff bereits enthaltene „Für und Wider" (Koselleck 1976, S. 197) verweist. Die Krise beschreibt insofern zwar einen „entscheidenden Punkt", gar den „Höhepunkt einer gefahrvollen Entwicklung" (Digitales Wörterbuch der deutschen Sprache 2019), umfasst aber immer auch die Option auf eine Besserung. Dieser Aspekt kommt vor allem im medizinischen Gebrauch des Begriffs zum Ausdruck: Die Krise bezeichnet hier den entscheidenden Wendepunkt im Krankheitsverlauf – worunter interessanterweise meist eine „Wendung zur Gesundheit" (Koselleck 1976, S. 198) verstanden wird. Wie wohl eine Krisensituation also außerordentlich, gefahrvoll und von einem gewissen Souveränitätsverlust (Habermas 1973, S. 10) geprägt ist, trägt sie doch immer die Aussicht auf eine Auflösung der Problematik in sich.

Die Krise zeigt sich dabei immer in Relation zum (vermeintlichen) Normalzustand. Unzweifelhafte empirische Anhaltspunkte für eine Krise sind dennoch schwierig zu identifizieren, unterliegen sie doch immer auch einer individuellen Wertung. Fruchtbarer denn als scharfes analytisches Konzept erscheint der Krisenbegriff unter Berücksichtigung des mit seinem Gebrauch verbundenen Handlungsimpetus. Auf diese Weise bleiben erkannte Krisenpotenziale keine rein schicksalhafte Entwicklung, sondern werden durch ihre Aufforderung zur politischen Entscheidung bearbeitbar. Ziel einer wissenschaftlichen und politischen Auseinandersetzung mit der Krise kann es deshalb weniger sein, eine solche zu bestätigen oder zu verwerfen, als vielmehr potenzielle Gefahren, aber auch Bewältigungsperspektiven aufzuzeigen.

Nach Jürgen Habermas lassen sich zwei Arten der politischen Krise unterscheiden. Einerseits ist dies die von ihm als „Rationalitätskrise" bezeichnete Krise der politischen Steuerung. Hierbei gelingt es „dem administrativen System nicht, die Steuerungsimperative, die es vom Wirtschaftssystem erhält, kompatibel zu machen und zu erfüllen." (Habermas 1973, S. 68) Vor allem zieht die mangelhafte Steuerung eine defizitäre Verteilung ökonomischer Ressourcen nach sich, weshalb es sich um eine Krise des politischen Outputs handelt. Um eine Input-Krise handelt es sich hingegen bei der Legitimationskrise. Diese beruht auf einem Defizit, „das erforderliche Niveau von Massenloyalität aufrechtzuerhalten." (Habermas 1973, S. 68).

Beide Aspekte der politischen Krise sind indes nicht unabhängig voneinander, sondern können sich im Gegenteil gegenseitig verstärken. So beeinträchtigt fehlende Legitimität politischer Institutionen auch deren Fähigkeit zur Steuerung. Vor allem demokratische Politik ist stets rechtfertigungsbedürftig und bleibt damit in besonderer Weise auf die Anerkennung und Unterstützung durch die Bürger angewiesen. Die Legitimität politischer Repräsentanten und der durch sie getroffenen Entscheidungen ist essenzielle Voraussetzung für Bestehen und Erhalt der Demokratie, weshalb das Verschwinden demokratischer Anerkennung an deren Substanz geht: Eine Akzeptanzkrise der demokratischen Institutionen indiziert auch eine Krise der Demokratie selbst, stellt sie doch mehr noch als einzelne Organe und Prozesse die Grundüberzeugung, dass sich politische Gemeinschaft am besten durch repräsentativ-demokratische Verfahren verwirklichen lässt, infrage. Fundamental wohnt der Krisendiagnose die Frage inne, wie ein über die Verfolgung partikularer Interessen hinausweisendes „Wir" und mithin eine Gemeinwohlorientierung der Politik denkbar und organisierbar wird.

Umgekehrt lässt sich anhand der von David Easton (1965) vorgeschlagenen Unterscheidung „spezifischer" und „diffuser" politischer Unterstützung nachvollziehen, dass politische Legitimität nicht zuletzt davon abhängt, politische Steuerungserfolge zu erzielen. Die spezifische Unterstützung richtet sich demnach auf das Handeln der politischen Akteure und die durch sie vertretenen Positionen. So akzentuiert, speist sich demokratische Akzeptanz vor allem aus der Zufriedenheit mit konkreten Entscheidungen und Ergebnissen sowie einem Gefühl der Berücksichtigung eigener Interessen. Wichtiger noch als diese eher kurzfristig orientierte Affirmation erscheint ihm allerdings die diffuse, weniger auf konkrete Politiken und politische Akteure gerichtete Unterstützung des politischen Systems als solchem. Anders als die in der Regel von aktuell bestehenden Mehrheiten und Regierungskoalitionen bestimmte spezifische Akzeptanz, richtet sie sich vielmehr auf eine vom tagespolitischen Geschehen weitgehend unabhängige grundsätzliche Anerkennung demokratischer Institutionen sowie der darin agierenden politischen Autoritäten. Die diffuse Unterstützung spiegelt damit die generelle Bereitschaft, demokratisch zustande gekommene Entscheidungen als rechtmäßig anzuerkennen. Wie wohl diese zweite Dimension politischer Akzeptanz sich sehr viel subtiler und langfristiger konstituiert, bleibt sie für ihr Bestehen allerdings doch darauf angewiesen, dass dauerhafte politische Enttäuschungen vermieden und der Eindruck einer in ihren Grundsätzen gemeinwohlorientierten Politik erhalten bleibt. Politische Akzeptanz hat, so wird vor diesem Hintergrund deutlich, sowohl eine grundsätzliche, langfristige und als auch eine spezifische, eher kurzfristige Komponente.

1   Empirische Befunde

Entsprechend kann auch deren Evaluation je nach Analysefokus auf unterschiedliche Kennwerte gestützt werden. Für die kurzfristige politische Unterstützung sind etwa die konkrete Zufriedenheit mit der Regierung oder mit bestimmten Politiken hilfreiche Indikatoren. Aktuelle Werte sprechen eine hierbei eine eher kritische Sprache: So gaben dem ARD-Deutschlandtrend (Infratest dimap 2018a) zufolge im September 2018 nur 43 % der Befragten an, der Bundesregierung zu vertrauen. Deutlicher noch fällt die Ablehnung aus, wenn nach der konkreten Arbeit der Regierung gefragt wird. Nur ein Drittel der Befragten ist mit dieser zufrieden, zwei Drittel hingegen weniger oder gar nicht zufrieden. Dies spiegelt sich auch in der Bewertung konkreter Politikfelder: So gab im Oktober 2018 eine überwältigende Mehrheit an, mit der Bundesregierung im Bereich der Renten- und Sozialpolitik, der Asyl- und Flüchtlingspolitik, der Klimapolitik, bei der Schaffung bezahlbaren Wohnraums sowie beim erzielten Dieselkompromiss unzufrieden zu sein (Infratest dimap 2018b). Ein ähnlich kritisches Bild zeichnet eine ebenfalls im Herbst 2018 publizierte Umfrage des Ipsos-Instituts (Ipsos 2018). Demnach geben 66 % der Befragten an, der Regierung nicht zu vertrauen. Den Parteien wird sogar von drei Viertel der Bevölkerung mit Misstrauen begegnet. Vor allem die Bewertung von Regierung und Parteien unterliegen über die Jahre hinweg allerdings zum Teil großen Schwankungen, sodass die Aussagekraft für den generellen Zustand der repräsentativen Demokratie von begrenzter Aussagekraft ist. Zudem genießen Institutionen wie Regierung und Parteien in Deutschland auch in Zeiten relativ hoher allgemeiner Zufriedenheit ein traditionell eher geringes Vertrauen (Merkel und Krause 2014, S. 47–51). Nichtsdestoweniger sind die niedrigen Vertrauenswerte für die deutsche Demokratie problematisch, zumal sie gehäuft in der jungen Generation auftreten, auf deren Unterstützung sie langfristig besonders angewiesen ist. Während nicht direkt mit dem politischen Prozess verbundene Institutionen, wie etwa Gerichte und Polizei, bei jungen Menschen durchaus geschätzt werden, kommen Institutionen der repräsentativen Demokratie selbst, etwa Parlament, Regierung und Parteien, nur auf magere Sympathiewerte. Ganz besonders zeigt sich die Skepsis gegenüber dem politischen System in der geringen Zustimmung zu Politikern und Politikerinnen (Gaiser et al. 2016, S. 40–42).

Generell schwankt das Ausmaß der längerfristigen, diffusen Demokratieakzeptanz allerdings auch mit dem Abstraktionsniveau. Während etwa die grundsätzliche Zustimmung zur Demokratie als Idee nicht nur seit Jahrzehnten groß ist, sondern zudem seit 1990 eine fast durchgehende Steigerung erfährt (Merkel und Krause 2014), fällt die Zustimmung zu den durch das Grundgesetz festgelegten demokratischen Rahmenbedingungen sowie zur realen Ausgestaltung der demokratischen Institutionen in der Bundesrepublik deutlich geringer aus. Die nicht näher spezifizierte demokratische Grundidee wird in den Erhebungen der Leipziger „Mitte-Studie" über die letzten zehn Jahre hinweg von durchgehend deutlich über 90 % der Deutschen befürwortet. Auch die Unterstützung zur „Demokratie wie sie in der Verfassung festgelegt ist" liegt mit Werten zwischen 75 bis 80 %

immer noch auf relativ hohem Niveau. Dahingegen fällt die Zustimmung zur „Demokratie wie sie in der Bundesrepublik funktioniert" mit zuletzt nur etwa 53 % deutlich ab (Decker et al. 2018).

Die Zufriedenheit mit der Demokratie ist dabei nicht zuletzt von den sozio-demografischen Merkmalen der Befragten abhängig. Während etwa in den ersten beiden, eher abstrakteren Dimensionen der Demokratieakzeptanz ost- und westdeutsche Befragte relativ nahe beieinander liegen und sich das Ansehen der Demokratie im Allgemeinen in Ostdeutschland zuletzt sogar positiver entwickelt hat als im Westen, zeigt sich in der auf die konkrete Funktionsweise gerichteten Dimension eine trotz grundsätzlicher Annäherung noch immer bestehende signifikante Differenz zwischen Ost (46,9 %) und West (54,9 %) (Decker et al. 2018). Noch größer fällt dieser Unterschied unter jungen Menschen aus. Hier zeigt sich für die konkrete demokratische Zufriedenheit eine Ost-West-Differenz von etwa 20 (Shell-Jugendstudie 2015) oder gar knapp 30 (Bundeszentrale für politische Bildung 2018) Prozentpunkten. Auch bei der allgemeinen Demokratieunterstützung zeigt sich mit 87 % (West) zu 74 % (Ost) eine größere Diskrepanz als in der allgemeinen Bevölkerung (Shell-Jugendstudie 2015). Diese Differenz zeigt sich zwar auch in anderen Altersgruppen, allerdings auf einem etwas höheren Niveau. Generell bestätigt sich die etwas höhere Unzufriedenheit junger Menschen mit dem bestehenden politischen System. Sie partizipieren zudem weniger an den demokratischen Prozessen (Bundeszentrale für politische Bildung 2018; Kaeding et al. 2016, S. 22). Im Vergleich zur vorangehenden Befragung stellt die Shell-Jugendstudie von 2015 allerdings für die 15- bis 25-Jährigen eine zuletzt steigende Demokratiezufriedenheit fest.

Demokratie als Idee genießt, so scheint es, nach wie vor eine breite Unterstützung in der deutschen Bevölkerung. Zwar stößt die konkrete Ausgestaltung auf zum Teil nur mäßige Zustimmungswerte, insgesamt befinden sie sich allerdings immer noch auf einem relativ hohen Niveau. Deutlich geringer fällt hingegen Vertrauen in die die repräsentative Demokratie elementar tragenden Institutionen wie Regierung und Parteien aus. Zudem zeigen sich innerhalb der Bevölkerung deutliche Diskrepanzen: So liegt die generelle Demokratiezufriedenheit unter Arbeitslosen etwa deutlich unter den Durchschnittswerten. Mit 73 % im Westen und 56 % im Osten befürworten in dieser Gruppe zwar immer noch eine Mehrheit die Demokratie als Staatsform. Die Zufriedenheit mit der tatsächlichen Funktionsfähigkeit demokratischer Institutionen liegt hingegen mit 56 % im Westen bzw. 31 % im Osten auf beunruhigend niedrigem Niveau (Bundeszentrale für politische Bildung 2018). Diese Ergebnisse verweisen nicht zuletzt auf die Bedeutung der konkreten ökonomischen und sozialen Lage für die Einstellungen zur Demokratie.

2 Materielle und kulturelle Grundlagen

Hier sind die Ausgangsbedingungen im Prinzip gut: Die in den vergangenen Jahren guten Konjunkturdaten spiegeln sich zunehmend auch in der Wahrnehmung der Bürger wider. Die allgemeine wirtschaftliche Lage wird überwiegend positiv beurteilt – Eurobarometer zufolge sahen im Frühjahr 2018 nur acht Prozent der Deutschen ihr Land in einer schlechten wirtschaftlichen Lage – und auch die individuelle finanzielle Situation wird von einer deutlichen Mehrheit der Bevölkerung als gut oder sehr gut angesehen. Hier ist zudem ein leicht positiver Trend erkennbar (Sparkassen- und Giroverband 2018).

Als für den Zusammenhalt der Gesellschaft und das Funktionieren der Demokratie besonders problematisch gilt allerdings die sich öffnende Wohlstandsschere. Die Einkommensunterschiede sind in Deutschland seit den 1990er Jahren und verstärkt in den 2000er Jahren deutlich gewachsen. Während der jüngste Armuts- und Reichtumsbericht der Bundesregierung zwar eine im internationalen Vergleich relativ gleiche Verteilung aufweist und die Ungleichheit in den letzten Jahren zudem nicht weiter angewachsen ist, werden vor allem zwei Entwicklungen mit Spaltungspotenzial ausgemacht: Zum einen sind die Reallöhne in den letzten Jahren erheblich gesunken. Zum anderen ist die Vermögensungleichheit sehr groß und kann durch Erbschaften, Schenkungen oder Kapitalerträge künftig noch weiter zunehmen (Bundesregierung 2016, S. 54, 115–118). Deutlich mehr Menschen als noch vor wenigen Jahrzehnten sind real mit zumindest temporärer Arbeitslosigkeit oder prekären Beschäftigungsverhältnissen konfrontiert (Castel und Dörre 2009).

Regelmäßig dokumentieren wissenschaftliche Untersuchungen für Deutschland ungleiche, von Wohlstand und Herkunft der Familie abhängige Bildungs- und Berufschancen, die sich auch im Rentenalter nicht nivellieren (Fratzscher 2016). Zudem lässt sich eine immer stärkere Entmischung von reichen und armen, aber auch jungen und alten Menschen feststellen, wodurch bestehende Unterschiede zementiert werden. Auf diese Weise entstehen politisch entfremdete Milieus, die sich der Partizipation dauerhaft enthalten (Helbig und Jähnen 2018). Verstärkt werden solche Tendenzen durch deutliche regionale Unterschiede. So stellt die jüngste Studie des Leibniz-Instituts für Wirtschaftsforschung Halle (2019) nach wie vor signifikante ökonomische Differenzen zwischen Ost und West sowie zwischen Stadt und Land fest. Die so geprägten sehr unterschiedlichen Erfahrungen tragen auch zu einer sehr unterschiedlichen politischen Zufriedenheit bei. Vor allem im Fall ökonomischer Krisen sind weniger entwickelte Regionen meist stärker betroffen, was erhebliche politische Folgen nach sich ziehen kann. In einer vergleichenden Studie zeigen Funke et al. (2015), dass das Wahlverhalten in von Krisen besonders betroffenen Staaten regelmäßig zu dramatischen Verschiebungen führt, die geeignet sind, auch seit Jahrzehnten stabile Parteiensysteme ins Wanken zu bringen. Die Autoren folgern daraus, dass die politische Stabilität entscheidend von der finanziellen Sicherheit der Bürger und der Abwesenheit von ökonomischen Krisen abhängt.

Von ökonomischen Risiken sind bestimmte Berufsgruppen besonders betroffen. Menschen in klassischen Arbeiterberufen sehen sich der internationalen Konkurrenz deutlich stärker ausgesetzt als beruflich Hochqualifizierte. Letztgenannte sind zudem in der Regel deutlich mobiler und profitieren somit eher von offenen Märkten und der Akademisierung der Berufe. Der sich so manifestierende Konflikt zwischen den auf die Entwicklungen der Globalisierung gut und weniger gut vorbereiteten Teilen der Bevölkerung gilt nicht wenigen als die künftig zentrale gesellschaftliche Spaltung (Häusermann und Kriesi 2015). Neben der ökonomischen beinhaltet diese auch eine kulturelle und eine politische Dimension: Während die häufig als „Kosmopoliten" attribuierten relativen „Gewinner" der Globalisierungsentwicklungen für tendenziell offene Grenzen, eine multikulturelle und von allgemeingültigen Grundrechten geprägte politische Ausrichtung sowie die Abtretung politischer Kompetenzen an supranationale Instanzen plädieren, stehen die als „Kommunitaristen" beschriebenen „Verlierer" der Globalisierung diesen Vorhaben skeptisch gegenüber. Stattdessen treten sie für eine politische und kulturelle Stärkung der nationalen Gemeinschaft und für eher traditionelle Werte ein. Nicht zuletzt ist die Angst vor einem Verlust der eigenen Identität bedeutend für die Ablehnung der in den letzten Jahren eher kosmopolitisch orientierten Politik (Zürn und de Wilde 2016).

Entsprechend sozialstrukturell und politisch unterschiedlich sind die verschiedenen Bevölkerungsgruppen auch von Abstiegsängsten betroffen, die in den vergangenen Jahren als eine der treibenden Kräfte für eine grundlegende demokratische Unzufriedenheit gelten. Während wirtschaftliche Ängste nur von etwa 35 % der Befragten angegeben werden, ist der Anteil in der Gruppe der Älteren und weniger Gebildeten deutlich größer. Die Globalisierung als Ganzes sehen etwa 45 % der Befragten als Bedrohung (de Vries und Hoffmann 2016, S. 3). Diese Ängste sind, der Untersuchung zufolge, auch zu einem guten Teil für die Abwendung von den etablierten Parteien verantwortlich. Entscheidend ist hierbei das Bedrohungsempfinden durch Migration. Grundsätzliche Werteinstellungen sind zwar weniger von Bedeutung, allerdings tendieren Menschen mit Globalisierungsangst überwiegend zu Parteien der politischen Ränder. Besonders rechte Parteien können hierbei profitieren (de Vries und Hoffmann 2016, S. 29). Vor allem diejenigen, die um ihren ökonomischen, noch mehr aber ihren kulturellen

Status fürchten, sind anfällig für ein Gefühl demokratischer Enttäuschung (Koppetsch 2017).

3   Krise der Parteien?

Die systematisch unterschiedliche politische Unzufriedenheit bestimmter sozialer Gruppen verweist auf bestehende Vermittlungsprobleme zwischen Individuum und Staat. In der repräsentativen Demokratie kommt klassischerweise den großen gesellschaftlich-politischen Akteuren wie Kirchen, Gewerkschaften, vor allem aber Parteien eine zentrale Rolle zu. Maßgeblich geprägt vom demografisch und sozialstrukturell bedingten Rückgang der Mitglieder vollzieht sich allerdings bereits seit einigen Jahrzehnten ein relativer Bedeutungsverlust der für die Bundesrepublik so prägenden Institutionen (Dathe et al. 2010). Angesichts größer werdender sozialer, kultureller und politischer Heterogenität der Bevölkerung und dem damit verbundenen Rückgang natürlicher Gruppenbindung haben die Massenorganisationen einen Teil ihrer gesellschaftlichen Integrationskraft verloren. Steigende politische Volatilität und eine geringere Wahlbeteiligung sind direkte Folgen dieser Tendenz. Dies bleibt nicht ohne Folgen für die politische Sozialisation, die sich nun im deutlich geringeren Umfang durch im Staat verankerte und diesen wesentlich tragende Organisationen vollzieht. Politisch besonders betroffen sind natürlicherweise die Volksparteien, denen durch den Mitgliederschwund ihre gesellschaftliche Rückbindung zumindest partiell verloren geht (Kronenberg und Mayer 2009; Biehl 2006). Der in ganz Europa beobachtbare Rückgang ihrer Wahlergebnisse spricht eine deutige Sprache.

Folgerichtig steht diesen strukturellen Entwicklungen der Vorwurf einer zunehmenden Entfremdung der zuvor in der breiten Bevölkerung verankerten Parteien gegenüber. Die zuvor unmittelbar erkennbaren und häufig bereits sozialstrukturell bedingten politischen Differenzen werden als kaum mehr erkennbar wahrgenommen. Parteien gelten als programmatisch zunehmend austauschbar und beliebig. Flankiert wird diese Entwicklung vom Aufstieg populistischer Protestparteien, der seinerseits Ausdruck einer wachsenden Unzufriedenheit und eines grundlegenden Misstrauens etablierten politischen Kräften gegenüber durch einen bedeutenden Teil der Bevölkerung ist. Wie wohl in der entsprechend fundierten Kritik an den zentralen politischen Akteuren der letzten Jahrzehnte – und damit auch des politischen Systems als solchem – häufig eine gewisse Verklärung vergangener Verhältnisse, in der die Repräsentation der Wähler vermeintlich bedeutend besser gelang, mitschwingt (Deschouwer 2017), greift sie doch eine fundamentale Herausforderung der modernen parlamentarischen Demokratie auf: die adäquate Berücksichtigung und Austarierung der heterogeneren und sich deutlich schneller wandelnden Interessen der Bevölkerung.

Viele der den etablierten Kräften entgegengebrachten Vorwürfe sind indes keineswegs neu. Bereits Mitte der 1990er konstatierten Richard Katz und Peter Mair (1995) das entstehen sogenannter Kartellparteien, deren Priorität nicht mehr auf der Vermittlung der Interessen bestimmter sozialer Gruppen, sondern vor allem auf der Organisation des Regierungshandelns läge. Begründet sahen sie diese Entwicklung im Verschwinden fundamentaler ideologischer Konflikte, dem Rückgang der Mitgliederzahlen und der damit verbundenen Abhängigkeit der Parteien von der staatlichen Finanzierung. Daraus resultiere eine politisch-inhaltliche Orientierung an den staatlichen Institutionen und an den jeweiligen Mitbewerbern. Statt ideologischer Profile stünde der Selbsterhalt im Mittelpunkt, von Vertretern ihrer Wählerschaft würden die nun strukturellen Regierungsparteien zu Vertretern des Staates (Katz und Mair 2009). So gewendet, wäre die mögliche Krise der repräsentativen Demokratie in erster Linie eine Krise der Parteien.

Zu einem Problem wird mangelnde Repräsentativität und insbesondere fehlende Responsivität politischer Akteure vor allem dann, wenn sie systematisch auftritt. Bekannt ist etwa, dass ein Bildungsgefälle nicht nur bei der Beteiligung am demokratischen Willensbildungsprozess existiert, sondern dass auch die politischen Einstellungen der Höhergebildeten wesentlich stärker mit politischen Eliten übereinstimmen als die der weniger Gebildeten. Auch Menschen mit höherem Einkommen weisen ein tendenziell höheres Interesse an politischer Aktivität sowie eine höhere Wahlbeteiligung auf. Die Problematik politischer Ungleichheit liegt vor allem in ihrer zirkulären Wirkung begründet: Eine geringere Repräsentation weniger privilegierter Schichten verstärkt tendenziell die ökonomische Ungleichheit, was wiederum zu Frustration und Abwendung vom politischen System führt. Die ohnehin schon ungleich ausgeprägte Interessenvertretung wird so noch weiter aus dem Gleichgewicht gebracht (Weßels 2014). Auch ideologisch vertreten Parteien höhere Bevölkerungsschichten tendenziell besser, was vermutlich nicht zuletzt auf die soziale Herkunft der Entscheidungsträger zurückzuführen ist (Heath 2018).

Dies lenkt den Blick auf die zentrale Rolle, welche Parteien und deren Politikerinnen und Politiker für den politischen Diskurs spielen. Durch die Formulierung repräsentativer „claims" (Saward 2010) verhelfen Parteien bestimmten Forderungen zur Relevanz und gestalten damit aktiv das politische Spektrum. Dabei kreieren sie auch Identitätsangebote, in denen sich jeweils Teile der Wählerschaft wiederfinden können. Ein funktionierender, die Anerkennung des repräsentativ-demokratischen Systems stützender, politischer Diskurs lebt davon, dass er die Berücksichtigung der Interessen aller ermöglicht. Dies setzt in der

Regel eine gewisse Bandbreite politischer Positionen voraus. Politische Polarisierung kann dabei, sofern sie institutionell gehegt ist, für den Erhalt demokratischer Vielfalt durchaus fruchtbar sein (Mouffe 2007; Michelsen und Walter
2013). Insofern ist die zuletzt immer wieder beklagte „Diskursverengung" (Merkel 2017, S. 17) durch die moralische Delegitimierung politisch Andersdenkender
hoch problematisch. Andererseits tragen radikale bis extreme Positionen immer
auch ein demokratiegefährdendes Potenzial in sich – insbesondere dann, wenn
sie sich gegen das repräsentativ-demokratische System selbst richten. Ansätze
populistischer Politik nehmen so eine Doppelrolle ein: Einerseits stellen sie nicht
selten eine Reaktion auf einseitig geführte politische Diskurse dar, andererseits
tragen sie durch Simplifizierung und Freund-Feind-Rhetorik selbst zur politischen Verengung und Radikalisierung bei. Populistische Protestparteien können
deshalb auch allenfalls als Krisenindikatoren, nicht aber als deren Lösung gelten
(Deschouwer 2017).

Bezeichnenderweise zeigt sich die in Teilen der Bevölkerung große
Unzufriedenheit mit der deutschen Demokratie in Abhängigkeit von der politischen Präferenz: Während die Unzufriedenheit mit dem konkreten Funktionieren der Demokratie unter den Wählern der meisten Parteien bei um die 30 %
liegt, fallen die Werte bei Linken (50,9 %), Nichtwählern (59,8 %) und vor
allem AfD (76,3 %) deutlich negativer aus. Auffällig ist außerdem, dass 42,5 %
der AfD-Wähler zudem bereits mit der in der Verfassung verankerten Form der
Demokratie unzufrieden sind (Pickel und Yendell 2018). Bei den parteipolitisch
Engagierten treten diese Diskrepanzen noch deutlicher hervor: So sind etwa
95 % der AfD-Aktiven mit dem Bundestag weniger oder gar nicht zufrieden,
während andererseits jeweils deutlich über 60 % der CDU-, CSU-, SPD- und
Grünen-Mitglieder angibt, mit dem deutschen Parlament zufrieden oder sehr
zufrieden zu sein. Dies weist umgekehrt auch auf eine sehr divergierende politische Sozialisationsrolle der verschiedenen Parteien hin (Höhne 2018).

Kontrastiert werden diese erheblichen Unterschiede durch die für die deutsche Demokratie gleichbleibend guten Ergebnisse des Demokratiebarometers.
Der Index, der die Qualität demokratischer Systeme von Staaten anhand verschiedener Kriterien – etwa der gewährten individuellen Freiheiten, Rechtsstaat-
lichkeit oder Gleichheit – misst, kommt für Deutschland auf einen auf hohem
Niveau relativ konstanten Wert (Merkel und Krause 2014). Während also Versuche, das Ausmaß demokratischer Güte zu objektivieren, keine grundlegenden
Probleme der Ausgestaltung repräsentativer Demokratie offenbaren, klaffen
die individuellen Wahrnehmungen deutlich auseinander. Diese Diskrepanz verweist einmal mehr auf die Bedeutung konkreter politischer Outputs und rückt die

Systemfrage selbst in den Fokus: Ist das Modell der repräsentativen Demokratie noch geeignet, politisch legitime Ergebnisse hervorzubringen?

4   Krise des politischen Systems?

Systemisch wird eine Krise der repräsentativen Demokratie in erster Linie als Krise der politischen Verantwortlichkeit beschrieben: In international verflochtenen Mehrebenenmodellen ist eine eindeutige Zurechenbarkeit von Entscheidungen nur noch in begrenztem Maße möglich – zu unklar sind die jeweiligen Kompetenzbereiche, die zunehmend nicht nur zwischen den politischen Ebenen selbst, sondern ebenfalls zwischen staatlichen und außerstaatlichen, etwa ökonomischen Akteuren verschwimmen (Warren und Castiglione 2004). Entweder können die Verantwortlichkeiten nicht klar benannt werden oder die entscheidenden Akteure unterliegen gar keiner demokratischen Kontrolle. Erschwert werden damit beide Kernelemente formaler Repräsentation (Pitkin 1967): die politische Sanktionierung bereits vollzogener Entwicklungen sowie die Autorisierung künftigen politischen Handelns. Entsprechende Tendenzen der Technokratisierung und Ökonomisierung der klassischen Politik konstatieren etwa Colin Crouch (2008) oder Wolfgang Streeck (2013), während die Parlamentsmacht für John Keane (2009) zunehmend hinter den wachsenden Einfluss einer unübersichtlich großen Zahl zivilgesellschaftlicher Gruppierungen zurücktritt.

Die Komplexitätssteigerung verstärkt dabei eine aus schwindenden Milieubindungen resultierende tendenzielle politische Orientierungslosigkeit der Wähler. Hiervon sind vor allem politikferne Wählerschichten betroffen, die weniger dazu in der Lage sind, ihre Interessen kohärent zu formulieren (Arzheimer et al. 2015). Es kann insofern kaum überraschen, dass ideologisch nicht eindeutig positionierte Menschen eine geringere Demokratiezufriedenheit aufweisen (Otjes 2016). Entsprechend fundamental wird das repräsentativ-demokratische System mit der dem Vorwurf konfrontiert, politische Ungleichheiten und die damit verbundenen Interessen durch den Prozess der Repräsentation selbst zu formen und sie dadurch zu perpetuieren (Hayward 2009).

Folgerichtig sind denn auch die Forderungen nach einem Ausbau direktdemokratischer Verfahren populär, versprechen Sie doch den Rückgewinn zumindest eines Teils der politischen Orientierung und Wirkmächtigkeit. So sprachen sich im April 2017 in einer von Infratest dimap durchgeführten Umfrage 72 % der Bundesbürger für die Einführung von Volksabstimmungen auf Bundesebene aus. Wissenschaftlich ist die Erweiterung demokratischer Entscheidungsprozesse

um partizipative Elemente indes nicht unstrittig. Positiven Erfahrungen und der
Hoffnung auf eine bessere Akzeptanz politischer Entscheidungen (Vetter und
Hoyer 2016) steht etwa die Kritik gegenüber, dass sich überproportional viele
gut gebildete und gut situierte Bürger an entsprechenden Verfahren beteiligen
und so die bereits bei Wahlen bestehende ungleiche Beteiligung weiter ver-
schärfen (Schäfer und Schoen 2013). Neben die organisatorische Unmöglichkeit
eines ausschließlich auf direktdemokratischen Elementen basierenden modernen
Flächenstaates tritt insofern auch die Bedeutung der ausgleichenden Wirkung
repräsentativ organisierter Verfahren. Gerade im parlamentarischen Diskurs wird
es nötig, individuelle Erfahrungen so allgemein verständlich zu formulieren, dass
sich andere dazu positionieren können. Erst auf diese Weise werden politische
Probleme – und somit auch Ungleichheiten – systematisch bearbeitbar (Plotke
1997). Und erst in diesem Rahmen wird eine Gemeinwohlorientierung politischer
Institutionen ermöglicht, wird eine integrative Rolle des Politischen insgesamt
denkbar (Kronenberg 2016). Dies im Blick, können partizipative Verfahren eine
die repräsentative Demokratie ergänzende Rolle ausfüllen, taugen aber kaum zu
deren Substitut.

5   Struktur des Sammelbands

In diesem Spannungsfeld zwischen berechtigter Kritik am Zustand der repräsentativen Demokratie und ihren für den gesellschaftlichen Zusammenhalt
unentbehrlichen Vorzügen und Errungenschaften will dieser Band Wege einer
politischen Organisation des Wir untersuchen. Dazu wird den facettenreichen,
einleitend angerissenen Herausforderungen der repräsentativen Demokratie nach-
gespürt. Krisenpotenzial besteht auf der individuellen, organisatorischen wie
auch systemischen Ebene politischer Steuerung und Legitimation. Ein Gesamt-
bild des Zustands, aber auch der Perspektiven der repräsentativen Demokratie
ergibt erst in der Ausleuchtung dieser unterschiedlichen Aspekte. Dem widmet
sich dieser Sammelband theoretisch und empirisch. Den Befunden einer möglichen Fehlentwicklung der repräsentativen Demokratie folgend werden insbesondere systemimmanente Lösungsansätze, die etwa das Problem zunehmender
Kompetenzverflechtung behandeln, adressiert.

Der erste Teil des Buches analysiert die politischen, sozialen und ökonomischen *Konstellationen* und ihre Folgen für die repräsentative Demokratie in
Deutschland. Auf diese Weise werden die Bedingungen und Herausforderungen
des politischen Systems umrissen. Den grundlegenden Wandlungen des
Parteiensystems spürt zunächst *Heinrich Oberreuter* in seinem Beitrag nach.

Er konstatiert eine durch zunehmende gesellschaftliche Individualisierung verursachte Erosion der klassischen Parteienbasis. Immer stärker fragmentierte gesellschaftliche Gruppen erschweren eine klare programmatische Ausrichtung vor allem der Volksparteien. In Form von themenspezifischen Bewegungen erwachsen den klassischen parteipolitischen Organisationen zudem zunehmend nicht staatliche Konkurrenten um die legitime Vertretung politischer Interessen.

Die ökonomischen Grundlagen demokratischer Zufriedenheit untersuchen *Michael Hüther* und *Matthias Diermeier.* Den häufig konstatierten Zusammenhang zwischen der zunehmenden Unterstützung populistischer Parteien und einem wachsenden ökonomischen Ungleichgewicht finden sie für Deutschland nicht bestätigt. Stattdessen stellen sie eine grundsätzliche Diskrepanz zwischen materieller und empfundener Ungleichheit fest. Auf Grundlage dieses spannungsreichen Verhältnisses identifizieren Hüther und Diermeier eine vielschichtig geführte Debatte über die künftige Ausgestaltung des Sozialstaates als für die Demokratie wegweisend.

Trotz zuletzt steigender Wahlbeteiligung weist die bundesdeutsche Demokratie zunehmend Zeichen einer partizipativen Spaltung auf. *Emilie Reichmann* zeigt in ihrem Beitrag auf, dass vor allem den wirtschaftlich schwachen Milieus Angehörende sowie jüngere Menschen zur Wahlenthaltung neigen. Aus den jeweiligen Erklärungsversuchen dieser demokratietheoretisch problematischen Entwicklung ergeben sich unterschiedliche Ansätze zur milieuübergreifenden Steigerung der Wahlbeteiligung, deren mögliche Wirkungen diskutiert werden.

Mit in den letzten Jahren populär gewordenen konkreten Erwartungen der Ausgestaltung der repräsentativen Demokratie setzen sich die beiden letzten Beiträge des ersten Teils auseinander. In seiner Analyse seziert *Frank Decker* die Forderung nach einem Ausbau direktdemokratischer Beteiligungsmöglichkeiten. Er geht dabei der Frage nach, ob solche oftmals als Heilmittel einer repräsentativ-demokratischen Krise beschriebenen Verfahren ihren Erwartungen überhaupt gerecht werden können. Während bereits die institutionelle Umsetzung entsprechender Beteiligungsformen nicht ohne Tücken bleibt, zeigt zudem Decker auf, dass deren erwartete Wirkungen oftmals deutlich überschätzt werden. Vielmehr gingen direktdemokratische Reformen an den eigentlichen Ursachen demokratischer Unzufriedenheit vorbei.

Aus demokratietheoretischer Sicht nähert sich *Jakob Horneber* der diagnostizierten Krise der repräsentativen Demokratie. Anhand von vier Kernelementen der Kritik geht er dem Vorwurf einer Funktionsstörung nach. Dieser beruhe meist auf falschen Grundannahmen den Funktions- und Wirkungsweisen demokratischer Repräsentation gegenüber. Statt auf eine Korrektur des Repräsentativsystems ziele die Kritik vielmehr auf einen Systemwechsel. Eine fundamentale

Krise der demokratischen Repräsentation selbst zeichne sich hingegen vor allem durch eine Einschränkung oder gar den Abbruch politischer Diskurse aus.

Die Bedingungen und Verläufe dieser *Diskurse* werden im zweiten Teil des Bandes ausgeleuchtet. Insbesondere wird dabei die Rolle verschiedener Akteure sowie deren Fähigkeit zur Inklusion verschiedener Diskurspositionen analysiert. Hierzu zeichnet *Andreas Rödder* zunächst die Entwicklung einer „Kultur der Inklusion" nach und ergründet deren politische Implikationen. Diese normative Ordnung entwirft ein Ideal der Gleichstellung und der Berücksichtigung der Interessen aller. In der Auseinandersetzung um den „Rahmen des Sagbaren" werden allerdings, wie Rödder ausführt, gleichzeitig neue Exklusionen geschaffen. Als problematisch identifiziert er insbesondere die durch das Argument der Alternativlosigkeit vollzogene Delegitimierung von Andersdenkenden.

Dem widersprüchlichen Verhältnis von demokratischer Partizipationserfordernis und dem Phänomen der Entpolitisierung widmet *Ursula Münch* ihren Beitrag. Anhand einer Analyse verschiedener gesellschaftlich-politischer Entwicklungen zeigt sie eine zunehmende Verlagerung politischer Diskurse in den nichtparlamentarischen Raum auf und diskutiert die daraus erwachsenden fundamentalen Probleme für die Demokratie. Gängige Lösungsstrategien durch moralisierende oder ökonomisierte Argumentationsweisen erweisen sich hierbei gleichermaßen als kontraproduktiv: Indem sie politische Entscheidungen dem kritischen Diskurs entziehen, wirkten sie selbst entpolitisierend.

Den Grenzen der Partizipation widmet hingegen *Manuel Becker* seine Analyse. Während die immer weitgehendere Einbindung immer breiterer Gesellschaftsschichten in den politischen Prozess eine sowohl in urban-akademischen Milieus als auch bei Rechts- und Linkspopulisten populäre Forderung ist, mahnt die politische Kulturforschung zu einer differenzierteren Bewertung. In Rekurs auf die wegweisende Studie von Gabriel Almond und Sidney Verba wirft Becker die Frage auf, ob bürgerschaftliche Partizipation ein per se erstrebenswertes Gut darstellt.

Die in Unzufriedenheit, Überforderungen und Ängsten gründenden, sich mehr und mehr gegen das politische System richtenden neuen Protestformen stellen eine besondere Herausforderung für die repräsentative Demokratie dar. Um gegenüber den Verlockungen des Populismus zu bestehen, so argumentiert *Bodo Hombach,* ist eine Besinnung auf die Stärken der demokratischen Kultur notwendig. Diese beruhen auf der Garantie freier Meinung und der ständigen Auseinandersetzung mit unterschiedlichen Positionen, um Selbsttäuschungen und Feindbilder abzubauen. Demokratische Akteure bleiben wehrhaft gegen autoritäre Bestrebungen, ohne aber den Dialog zu verweigern.

Die repräsentativ-demokratischen Institutionen können hierbei eine moderierende, deeskalierende Rolle einnehmen.

Für mehr Souveränität im Umgang mit populistischen Herausforderungen plädiert *Eckhard Jesse*. Die Ursachen dieser seien in erster Linie in einem bedenklichen Zustand des deutschen Parteiensystems zu suchen: Erst durch die Unfähigkeit von Union und SPD, ihre angestammte Wählerschaft zu mobilisieren, könne in Form der AfD erstmals auch auf Bundesebene eine rechte Protestpartei reüssieren. Deren Popularität führt Jesse nicht zuletzt auf eine unterentwickelte politische Debattenkultur zurück, die in den letzten Jahren statt durch konstruktiven Konflikt immer öfter durch weiter verfestigtes „Blockdenken" geprägt ist. Eine Revitalisierung der etablierten Parteien könne hingegen nur durch eine Stärkung der demokratischen Auseinandersetzung gelingen.

Im dritten Teil des Bandes werden schließlich *Perspektiven* der repräsentativen Demokratie erörtert. Insbesondere die Aspekte der Dezentralisierung und politischen Entflechtung hervorhebend werden Reformbedarfe und -vorschläge erörtert. Die Grundlagen des Subsidiaritätsprinzips erschließt *Arnd Küppers* aus einer entwicklungsgeschichtlichen Perspektive. Entsprungen aus der katholischen Soziallehre, wird die Entfaltung des Menschen im sozialen Gefüge demnach bestmöglich durch eine Nähe zu den entscheidenden Instanzen gewährleistet. Dieses Argument überträgt Küppers auf die politische Ebene und diskutiert, inwiefern sich aus der sozialethischen Begründung der Subsidiarität grundsätzliche Handlungsmaximen für die Ausgestaltung der Demokratie ergeben.

Aus ökonomischer Perspektive untersucht *Jan Schnellenbach* das Organisationsverhältnis unterschiedlicher politischer Ebenen. Insbesondere geht er hierbei auf die Probleme der Zentralisierung und Kompetenzverschränkung ein, effiziente politische Lösungen zu erzielen. Die Auflösung und Prävention dieses von Fritz Scharpf als „Politikverflechtungsfalle" beschriebenen Zustands wird durch am Subsidiaritätsprinzip orientierte Dezentralisierung möglich. Schnellenbach plädiert deshalb für ein komplementäres Verständnis von Wettbewerbsföderalismus und Demokratie.

In der zunehmenden Zentralisierung politischer Entscheidungsprozesse sowie der Verflechtung von Verantwortlichkeiten macht *Hans Jörg Hennecke* zentrale Ursachen fehlender Demokratieakzeptanz aus. Die so entstehende Komplexität führe zu einem Gefühl politischer Intransparenz sowie demokratischer Wirkungslosigkeit und schüre auf diese Weise Verdruss. Zentrale Aufgabe einer Demokratiereform müsse es deshalb sein, Verantwortlichkeiten wieder klarer abzugrenzen, um dadurch reale demokratische Handlungsspielräume zu erschließen.

Aus Perspektive der Landesparlamente analysiert *Mathias Schubert* die bisherigen Reformbemühungen der verflochtenen Mehrebenendemokratie und konstatiert dabei grundsätzliche Mängel: Statt einer tatsächlichen Entflechtung haben die Föderalismusreformen einzig zu einer Schwächung der Gesetzgebungskompetenzen der Landesparlamente geführt. Dadurch würden Dezentralisierungsbestrebungen geradezu konterkariert. In seinem Beitrag stellt Schubert mehrere konkrete, dem Subsidiaritätsprinzip Rechnung tragende Reformansätze vor, durch die die Landesparlamente gegenüber der EU- sowie Bundesebene gestärkt werden könnte.

Dieser Band beruht in wesentlichen Teilen auf dem durch die Bonner Akademie für die Forschung und Lehre praktischer Politik (BAPP) in Kooperation mit Prof. Dr. Volker Kronenberg durchgeführten Projekt „Bürger, Demokratie und Politik – Die repräsentative Demokratie in der Akzeptanzkrise?". Dem auch diesem Band zugrunde liegenden Forschungsinteresse der Ursachen, Befunde und Schlussfolgerungen einer möglichen Akzeptanzkrise der repräsentativen Demokratie in der Bundesrepublik Deutschland wurde im Zeitraum zwischen Dezember 2016 und Dezember 2018 im Rahmen einer Vielzahl verschiedener Veranstaltungsformate nachgegangen, deren Impulse und Ergebnisse auch direkten oder indirekten Eingang in viele der hier vorliegenden Beiträge gefunden haben. Neben den Autoren dieses Bandes gilt unser besonderer Dank insofern der Bonner Akademie für den intensiven wissenschaftlichen Austausch, die organisatorische Unterstützung und eine gelungene Kooperation. Stellvertretend sei hierbei der Präsident der Akademie, Herr Prof. Bodo Hombach, genannt.

Forschungsprojekt wie Sammelband waren schließlich nur durch die engagierte und tatkräftige Mithilfe unserer ehemaligen und aktuellen Mitarbeiter und Kollegen des Instituts für Politische Wissenschaft und Soziologie realisierbar. Danken möchten wir insbesondere Lotta Badenheuer, Dr. Manuel Becker, Mateus Beckert, Christian Botz, Hendrik Erz, Jonas Fehres, Lenno Götze, Kevin Medau, Marco Jelic, Christopher Prinz, Oliver Rau, Kim Schöppe und Anna Zell, die durch ihre Recherchen, Beiträge und Korrekturen sowie die vielfältige und aufwendige Vor- und Nachbereitung der verschiedenen Veranstaltungen wesentlich dazu beigetragen haben, dieses Forschungsvorhaben zu einem erfolgreichen Abschluss zu führen.

Literatur

Arzheimer, Kai, T. Faas, und S. Roßteutscher. 2015. Voters and voting in multilevel systems – An introduction. *German Politics* 24 (1): 1–7.

Biehl, Heiko. 2006. Wie viel Bodenhaftung haben die Parteien? Zum Zusammenhang von Parteimitgliedschaft und Herkunftsmilieu. *Zeitschrift für Parlamentsfragen* 37 (2): 277–292.

Blühdorn, Ingolfur. 2013. *Simulative Demokratie "Neue Politik" nach der postdemokratischen Wende*. Berlin: Suhrkamp.
Bundesregierung. 2016. Lebenslagen in Deutschland. Der Fünfte Armuts- und Reichtumsbericht der Bundesregierung. http://www.portal-sozialpolitik.de/uploads/sopo/pdf/2016/2016-12-13_5_ARB_Entwurf.pdf. Zugegriffen: 13. März 2019.
Bundeszentrale für politische Bildung. 2018. Einstellungen verschiedener Bevölkerungsgruppen zur Demokratie. http://www.bpb.de/nachschlagen/datenreport-2018/politische-und-gesellschaftliche-partizipation/278508/einstellungen-verschiedener-bevoelkerungsgruppen-zur-demokratie. Zugegriffen: 13. März 2019.
Castel, Robert, und K. Dörre. 2009. *Prekarität, Abstieg, Ausgrenzung. Die soziale Frage am Beginn des 21. Jahrhunderts*. New York: Campus.
Crouch, Colin. 2004. *Post-democracy*. Cambridge: Polity.
Crouch, Colin. 2008. *Postdemokratie*. Frankfurt a. M.: Suhrkamp.
Dathe, Dietmar, E. Priller, und M. Thürling. 2010. Mitgliedschaften und Engagement in Deutschland. *WZBrief Zivil Engagement* 2: 1–8.
de Vries, Catherine, und I. Hoffmann. 2016. *Globalisierungsangst oder Wertkonflikt? Wer in Europa populistische Parteien wählt und warum*. Gütersloh: Bertelsmann Stiftung.
Decker, Oliver, J. Kiess, J. Schuler, B. Hanke, und E. Brähler. 2018. Die Leipziger Autoritarismus-Studie 2018. Methode, Ergebnisse und Langzeitverlauf. In *Flucht ins Autoritäre. Rechtsextreme Dynamiken in der Mitte der Gesellschaft*, Hrsg. O. Decker und E. Brähler, 65–117. Gießen: Psychosozial-Verlag.
Deschouwer, Kris. 2017. New parties and the crisis of representation: Between indicator and solution. In *Parties, governments and elites*, Hrsg. P. Harfst, I. Kubbe, und T. Poguntke, 73–85. Wiesbaden: Springer VS.
Digitales Wörterbuch der deutschen Sprache. 2019. Krise. https://www.dwds.de/wb/Krise. Zugegriffen: 13. März 2019.
Easton, David. 1965. *A Systems Analysis of Political Life*. New York: Wiley.
Eurobarometer. 2018. Standard-Eurobarometer 89. http://ec.europa.eu/commfrontoffice/publicopinion/index.cfm/ResultDoc/download/DocumentKy/83550. Zugegriffen: 13. März 2019.
Fratzscher, Marcel. 2016. *Verteilungskampf Warum Deutschland immer ungleicher wird*. München: Hanser.
Funke, Manuel, M. Schularick, und C. Trebesch. 2015. Going to extremes. Politics after financial crises, CESifo Working Paper, Nr. 5553.
Gaiser, Wolfgang, M. Gille, und J. de Rijke. 2016. Einstellungen junger Menschen zur Demokratie. *Aus Politik und Zeitgeschichte* 66 (40–42): 36–41.
Habermas, Jürgen. 1973. *Legitimationsprobleme im Spätkapitalismus*. Frankfurt a. M.: Suhrkamp.
Häusermann, Silja, und H. Kriesi. 2015. What do voters want? Dimensions and configurations in individual-level preferences and party choice. In *The politics of advanced capitalism*, Hrsg. P. Beramendi, S. Häusermann, P. Beramendi, S. Häusermann, H. Kitschelt, und H. Kriesi, 202–230. New York: Cambridge University Press.
Hayward, Clarissa. 2009. Making interest: On representation and democratic legitimacy. In *Political representation*, Hrsg. I. Shapiro et al., 111–135. Cambridge: Cambridge University Press.
Heath, Oliver. 2018. Policy alienation, social alienation and working-class abstention in Britain, 1964–2010. *British Journal of Political Science* 48 (4): 1053–1073.

Helbig, Marcel, und S. Jähnen. 2018. Wie brüchig ist die soziale Architektur unserer Städte? Trends und Analysen der Segregation in 74 deutschen Städten. Discussion Paper des Wissenschaftszentrums Berlin für Sozialforschung Nr. 1.

Höhne, Benjamin. 2018. Engagement beugt Politikverdrossenheit (nicht immer) vor. Demokratievertrauen und Parlamentszufriedenheit von aktiven Parteimitgliedern. *Zeitschrift für Parlamentsfragen* 49 (4): 919–932.

Infratest dimap. 2017. Bundesweite Volksabstimmung. https://www.mehr-demokratie. de/fileadmin/pdf/2017-05-23_Umfrage-Volksabstimmung.pdf. Zugegriffen: 13. März 2019.

Infratest dimap. 2018a. ARD-Deutschlandtrend. https://www.infratest-dimap.de/fileadmin/ user_upload/dt1809_bericht.pdf. Zugegriffen: 13. März 2019.

Infratest dimap. 2018b. ARD-Deutschlandtrend. https://www.infratest-dimap.de/fileadmin/ user_upload/dt1809_bericht.pdf. Zugegriffen: 13. März 2019.

Ipsos. 2018. Das Misstrauen ist groß. Studie zu Vertrauen, Populismus und Politikverdrossenheit. https://www.ipsos.com/de-de/das-misstrauen-ist-gross-studie-zu-vertrauen- populismus-und-politikverdrossenheit. Zugegriffen: 13. März 2019.

Kaeding, Michael, S. Haußner, und M. Pieper. 2016. *Nichtwähler in Europa, Deutschland und Nordrhein-Westfalen.* Wiesbaden: Springer VS.

Katz, Richard, und P. Mair. 1995. Changing models of party organization and party demo- cracy: The emergence of the cartel party. *Party Politics* 1 (1): 5–28.

Katz, Richard, und P. Mair. 2009. The cartel party thesis: A restatement. *Perspectives on Politics* 7 (4): 753–766.

Keane, John. 2009. *The life and death of democracy.* London: Simon & Schuster.

Kleinert, Hubert. 2012. Krise der repräsentativen Demokratie? *Aus Politik und Zeit- geschichte* 62 (38–39): 18–24.

Kluge, Friedrich. 2011. Krise. In *Etymologisches Wörterbuch der deutschen Sprache*, Hrsg. F. Kluge. 25. durchges. und erw. Aufl. Berlin: de Gruyter.

Koppetsch, Cornelia. 2017. Rechtspopulismus, Etablierte und Außenseiter. Emotionale Dynamiken sozialer Deklassierung. In *Das Volk gegen die (liberale) Demokratie*, Hrsg. D. Jörke und O. Nachtwey, 208–232. Baden-Baden: Nomos.

Koselleck, Reinhart. 1972. Krise. In *Geschichtliche Grundbegriffe. Historisches Lexi- kon zur politisch-sozialen Sprache in Deutschland*, Hrsg. O. Brunner, O. Brunner, W. Conze, und R. Koselleck, 641–649. Stuttgart: Klett-Cotta.

Koselleck, Reinhart. 1976. *Kritik und Krise. Eine Studie zur Pathogenese der bürgerlichen Welt*, 2. Aufl. München: Suhrkamp.

Kronenberg, Volker, und T. Mayer. 2009. *Volksparteien: Erfolgsmodell für die Zukunft?*. Freiburg: Herder.

Kronenberg, Volker. 2016. Worauf gründet die „Berliner Republik"? Fundamente und Nor- men jenseits von Recht und Gesetz. In *Deutschland 25 Jahre nach der Einheit*, Hrsg. M. Koopmann und B. Kunz, 231–244. Baden-Baden: Nomos.

Leibniz-Instituts für Wirtschaftsforschung. 2019. Vereintes Land – drei Jahrzehnte nach dem Mauerfall. https://www.iwh-halle.de/fileadmin/user_upload/press/press_releases/ iwh-press-release_2019-06_de_vereintes-land.pdf. Zugegriffen: 13. März 2019.

Linden, Markus, und W. Thaa. 2011. *Krise und Reform politischer Repräsentation.* Baden-Baden: Nomos.

Merkel, Wolfgang. 2014. *Demokratie und Krise.* Wiesbaden: Springer VS.

Merkel, Wolfgang. 2017. Kosmopolitismus versus Kommunitarismus: Ein neuer Konflikt in der Demokratie. In *Parties, governments and elites*, Hrsg. P. Harfst, I. Kubbe, und T. Poguntke, 9–23. Wiesbaden: Springer VS.

Merkel, Wolfgang, und W. Krause. 2014. Krise der Demokratie? Ansichten von Experten und Bürgern. In *Demokratie und Krise*, Hrsg. W. Merkel, 45–65. Wiesbaden: Springer VS.

Michelsen, Danny, und F. Walter. 2013. *Unpolitische Demokratie. Zur Krise der Repräsentation*. Berlin: Suhrkamp.

Mouffe, Chantal. 2007. *Über das Politische. Wider die kosmopolitische Illusion*. Frankfurt a. M.: Suhrkamp.

Otjes, Simon. 2016. What's right about the left-right dimension? *German Politics* 25 (4): 581–603.

Pickel, Gert, und A. Yendell. 2018. Religion als konfliktärer Faktor im Zusammenhang mit Rechtsextremismus. In *Flucht ins Autoritäre. Rechtsextreme Dynamiken in der Mitte der Gesellschaft*, Hrsg. O. Decker und E. Brähler, 217–244. Gießen: Psychosozial-Verlag.

Pitkin, Hanna. 1967. *The Concept of Representation*. Berkeley: University of California Press.

Plotke, David. 1997. Representation is democracy. *Constellations* 4 (1): 19–34.

Saward, Michael. 2010. *The representative claim*. Oxford: Oxford University Press.

Schäfer, Armin, und H. Schoen. 2013. Mehr Demokratie, aber nur für wenige? Der Zielkonflikt zwischen mehr Beteiligung und politischer Gleichheit. *Leviathan* 41 (1): 94–120.

Shell-Jugendstudie. 2015. Zusammenfassung. http://www.ljbw.de/files/shell-jugendstudie-2015-zusammenfassung-de.pdf. Zugegriffen: 13. März 2019.

Sparkassen- und Giroverband. 2018. Vermögensbarometer. https://www.dsgv.de/bin/servlets/sparkasse/download?path=%2Fcontent%2Fdam%2Fdsgv-de%2Fsparkassen-finanzgruppe%2Fdownloads%2FDSGV-Vermoegensbarometer-2018.pdf&name=Verm%C3%B6gensbarometer%202018.pdf. Zugegriffen: 13. März 2019.

Streeck, Wolfgang. 2013. *Gekaufte Zeit. Die vertagte Krise des demokratischen Kapitalismus*. Berlin: Suhrkamp.

Tormey, Simon. 2015. *The end of representative politics*. Cambridge: Polity Press.

Vetter, Angelika, und Z. Hoyer. 2016. Bürgerschaft, Politik und Verwaltung: Drei Perspektiven auf Bürgerentscheide und ihre Wirkungen. *Zeitschrift für Parlamentsfragen* 47 (2): 349–368.

Warren, Mark, und D. Castiglione. 2004. The transformation of democratic representation. *Democracy and Society* 2 (1): 5–22.

Weßels, Bernhard. 2014. Politische Ungleichheit beim Wählen. In *Demokratie und Krise*, Hrsg. W. Merkel, 67–94. Wiesbaden: Springer VS.

Zürn, Michael, und P. de Wilde. 2016. Debating globalization: Cosmopolitanism and Communitarianism as Political Ideologies. *Journal of Political Ideologies* 21 (3): 280–301.

Dr. Volker Kronenberg, Professor am Institut für Politische Wissenschaft und Soziologie, Universität Bonn.

Dipl.-math. Jakob Horneber, M.A., Wissenschaftlicher Mitarbeiter am Institut für Politische Wissenschaft und Soziologie, Universität Bonn.

Teil I
Konstellationen

In der Gesellschaft der Singularitäten: Wandlungen des Parteiensystems

Heinrich Oberreuter

Der Wandel des Parteiensystems ist mittlerweile dramatisch. Aber vor seiner Zuspitzung seit spätestens 2015 war er längst unterwegs – von vielen beobachtet, von den etablierten Parteien mit ihren Führungen selbst so gut wie nicht zur Kenntnis genommen. Gleichwohl beruht auch die aktuelle populistische Zuspitzung auf schon lange währenden gesellschaftlichen Differenzierungsprozessen.

1   Populistische Zuspitzung

Dabei lenkt genau der Vormarsch des Populismus den Blick auf den funktionalen Zusammenhang von Parteien und Demokratie, die ja auf dem Selbstentfaltungsrecht des Individuums, dem daraus folgenden Pluralismus und einer zwischen Wählern, Gewählten sowie Institutionen Legitimität vermittelnden Kommunikation beruht. Wenn in Parteien nur geringes Vertrauen investiert wird (Infratest dimap 2019)[1], ergeben sich entsprechende Folgen für die Wert- bzw. Geringschätzung des demokratischen Systems (Köcher 2019). Eine deutsche Eigenart

---

[1]Demnach haben 82 % der Bevölkerung wenig oder gar kein Vertrauen zu politischen Parteien.

H. Oberreuter (✉)
Redaktion des Staatslexikons der Görres-Gesellschaft, Universität Passau, Passau, Deutschland
E-Mail: heinrich.oberreuter@uni-passau.de

© Springer Fachmedien Wiesbaden GmbH, ein Teil von Springer Nature 2019
V. Kronenberg und J. Horneber (Hrsg.), *Die repräsentative Demokratie in Anfechtung und Bewährung,* Studien der Bonner Akademie für Forschung und Lehre praktischer Politik, https://doi.org/10.1007/978-3-658-26364-5_2

ist das keineswegs, wie rechte und linke Populismusresonanz rundum in Europa zeigt – sogar in weit größerem Maß als in Deutschland. Seit Jahrzehnten – hierzulande nicht beachtet – zeigt sich auch in den USA eine alles andere als geringe Verachtung der politischen Praxis und der „within the beltway" (dem Washingtoner Autobahnring) agierenden politischen Elite (Nelson 2016). Weltweit ist die Demokratie auf dem Rückzug, nach dem Report von Freedom House dreizehn Jahre in Folge von 2005–2018 (Freedom House 2019). Neue Attraktivität gewinnen unter Verzicht auf liberale Wertbindung vordergründig stabile, ökonomisch „erfolgreiche", nicht „dekadente" und nicht „überfremdete" Modelle.

Populisten (Müller 2016; Decker 2018a, b) nehmen für sich die unverfälschte Wiedergabe des Volkswillens in Anspruch. Das große „Wir" ist echt, gut, tüchtig, basisdemokratisch, durch gemeinsames Interesse geeint, „Unsere Leute" sind untadelig, ordnungsliebend, patriotisch und protektionistisch. Gegen „Uns" und „Unsere Leute" steht das korrupte und arrogante Establishment, das machtversessen die schweigende Mehrheit entmündigt. Dagegen stehen auch „Dieda-draußen" die ethnisch fremdartig, kulturell anders, europäisch, globalistisch, kapitalistisch und im schlimmsten Fall auch sozial schmarotzerisch sind. „Wir" haben einen Anspruch auf die Wahrheit!

Auf zwei wesentliche Stoßrichtungen ist hinzuweisen: auf eine anti-institutionelle, die Parteien, Parlamente und Politiker im Visier hat, samt den ihnen zuordenbaren Inhalten einer liberalen und supranationalen Politik; die zweite ist wirtschaftspolitisch, protektionistisch, fokussiert auf ein eng definiertes nationales und des kleinen Mannes Wohl sowie auf den Ausbau des Wohlfahrtsstaates. Ob beides modernitätsfähig ist, bleibt politisch zu fragen. Grundsätzlich gefährdet Populismus seinem Wesen nach immer Pluralität und Liberalität moderner Gesellschaften, weil er von *einem* selbstdefinierten „progressiven" Gemeinwillen ausgeht, der „*ein* Volk" schafft. Der seit neuerem propagierte Linkspopulismus (Mouffe 2018; Bisky 2015) unterscheidet sich im Grundsatz nicht. Er richtet sich gegen die unterstellte Vorherrschaft des Neoliberalismus bei Eliten und Parteien, auch bei den sozialdemokratischen, die vom Sockel zu stürzen seien, u. U. durch die Etablierung einer alternativen kulturellen Hegemonie, angelehnt an Gramsci (Hoff 2014). Hegemonie aber steht stets auf Kriegsfuß mit dem Pluralismus des Parteiensystems. Nur durch ihre Absetzung von Rassismus und Xenophobie grenzt sich die linke Spielart von der rechten ab. In der Realität wachsen beide auf Europas Straßen längst zusammen, wo immer gegen „Altparteien", „Establishment", „Lügenpresse", „Volksverräter", „Brüssel", „US-Imperialismus" oder dezidiert, wie bei den „Gelbwesten", für eine Umgehung der Institutionen „argumentiert" wird.

Dieses Phänomen zerfurcht die Parteiensysteme international. Seit längerem behaupten populistische Parteien Parlaments- und sogar Regierungspräsenz: Front Nationale, Vlaams Block, FPÖ, SVP, Wilders in Holland, Schwedendemokraten, Wahre Finnen, Dänische Volkspartei, Lega in Italien. Bislang eher marginale Parteien, wie die UKIP und die linkspopulistische Syrica haben erheblichen Aufschwung genommen. Neue, speziell linkspopulistische Parteien wie Podemos in Spanien und Cinque Stelle in Italien (wo also beide Richtungen zugleich erfolgreich sind), sind hinzugetreten. Unterstützt wurde diese Entwicklung durch die Flüchtlings- und Verschuldungskrise. Auch die rechte Alternative für Deutschland (AfD) verdankt letzterer ihren Ursprung und ersterer ihren Aufstieg. Eine flüchtige Erscheinung scheint diese Entwicklung nicht zu sein. Und sie ist eine ernsthaftere Herausforderung als die offenbar unausrottbare Politik- und Parteiverdrossenheit.

2   Kontinuität des Wandels

Dem populistischen Aufschwung ging ein schon lange währender Abschwung des bislang etablierten Parteiensystems voraus, der sich an den dramatischen Abstiegen der Mitgliederzahlen, der Wahlbeteiligung und der Bindekraft der „Volksparteien" seit Mitte der 1970er Jahre sehen lässt. Die Integration der ostdeutschen Bundesländer hat diesen Abstieg eher verstärkt und sogar einen weiteren, desintegrierenden Effekt herbeigeführt. Denn seit der Wiedervereinigung unterliegt Deutschland dem Gestaltungsanspruch zweier differierender politischer Kulturen und verfügt infolgedessen über zwei unterschiedliche Parteiensysteme. Die Vorgeschichte und die Folgen der Vereinigung zweier, über vier Jahrzehnte unterschiedlicher Politik- und Gesellschaftssysteme überforderten – im Nachhinein lässt sich sagen: zwangsläufig – die Prognose- und Fassungskraft der Bevölkerung wie der politischen Führung. Doch der Prozess gesellschaftlichen Wandels mit Folgen für das Parteiensystem und speziell für die Erosion der Volksparteien begann und vollzog sich seit Jahrzehnten vorher – seit den 1970er Jahren. Bezogen auf die Wahlberechtigten gewannen die beiden „Großen" 1976 82,1 %; 2017 nur noch 40 %, bezogen auf die abgegebenen Stimmen 1976 91,2 %, 2017 nur noch 53,5 %. In Zukunftsungewissheit und buchstäblicher Not 1949 waren es (im Westen) 60,2 % der Wähler gewesen – immerhin die Basis für einen beeindruckenden politischen und gesellschaftlichen Aufstieg; gesteuert von Parteien, die anders als zur Zeit der Weimarer Republik, zur politischen Verantwortung drängten. Nach der Bundestagswahl von 2017 war das weniger der Fall und der Prozess zur Regierungsbildung quälend wie nie zuvor.

Die Veränderungsprozesse wurden in der Öffentlichkeit eher hingenommen, tagespolitisch gewichtet, aber nicht wirklich analysiert, nicht einmal bei zweistelligen Verlusten einer Partei von einer Wahl zur anderen. Nach den tiefer liegenden Ursachen fragten offensichtlich auch die Parteiapparate nicht, weil sie sich dann selbst hätten ein Stück weit infrage stellen müssen.

Schon längst wären grundsätzliche Veränderungen des Verhältnisses von Politik und Gesellschaft wahrzunehmen gewesen. Beide haben sich offensichtlich in den jüngeren Modernisierungsprozessen entkoppelt. Nicht nur, dass sich die überkommenen „sozialmoralischen Milieus" (Lepsius 1973), welche die beiden großen Volksparteien getragen haben, durch Säkularisierung einerseits und Schwinden des sekundären Sektors in der Ökonomie andererseits in Auflösung befinden. Individualisierungsschübe, Wertewandel, Pluralisierung der Lebensstile und Organisationsskepsis stehen parteilichen Bindungen entgegen (Oberreuter 2007; Lösche 2009). Zunehmend verlieren die nahestehenden gesellschaftlichen Vorfeldorganisationen an Bedeutung oder entschwinden sogar. Nicht nur Zielgruppen zerrinnen. Angesichts der wachsenden Attraktivität der Metapher „Unterm Strich zähl ich" verpuffen parteipolitische Aggregationsbemühungen und offensichtlich auch Partizipationsangebote. In einer Gesellschaft sich reduzierender Bindebereitschaft muss sich notgedrungen auch die Bindekraft von Parteien reduzieren – mit Rückwirkungen auf diese selbst und auf die Bürger – von der Bereitschaft zur Parteimitgliedschaft bis zu ihrem Wahlverhalten. Abnehmende Bindung dokumentiert sich in wachsender Volatilität. Der potenzielle Wechselwähler ist von einem Diskussionsgegenstand der 1970er Jahre im 21. Jahrhundert fast schon zum Normalfall geworden.

An sich kann dieses Ende der Gewissheiten nicht überrascht haben. In Wissenschaft und Praxis sind die Auflösung der sozialmoralischen Milieus und die Erosion ihrer Hochburgen als Trends seit Jahrzehnten bekannt, ebenso der Rückgang der Parteiidentifikation. Da diese Entwicklung auf gesellschaftliche und wirtschaftliche Ursachen zurückzuführen ist, spricht nichts für eine Wiederkehr der früheren Verhältnisse. Sie ist auch für die modernen Gesellschaften Europas typisch (Lazarsfeld et al. 1969). Deren Individualisierung und Pluralisierung geht der Desintegration der Parteiensysteme voraus, die sich längere Zeit schleichend vollzog, längst aber unübersehbar ist. Die Gesellschaft nimmt sich die Freiheit, sich zu entwickeln, ohne auf die Parteien, ihre Organisation und ihr Selbstverständnis Rücksicht zu nehmen. Parteien sind, was sie stets waren: ein Sekundärphänomen. Sie drücken die Pluralität der Gesellschaft aus, aber sie schaffen sie nicht.

Die moderne Wählergesellschaft differenziert sich in unterschiedliche, durchaus stetigem Wandel unterworfene, wahlentscheidungsrelevante Lebensstile und Lebenswelten, deren Komplexität die klassischen Milieus übertrifft. Doch gibt es einerseits noch immer Lebenswelten und Lebensstile, in denen klassische sozialstrukturelle Merkmale präsent sind, wenn auch eben nicht mehr ausschließlich prägend. Andererseits ist die Ausprägung von Lebenswelten und Lebensstilen stets im Fluss, entlang dem Wandel der Gesellschaft, der Sozialstrukturen und der Soziokultur.

Die Mobilität der Gesellschaft hat Konsequenzen für Einstellungen und Verhalten gegenüber der Politik, vor allem für wachsende Flexibilität und Volatilität. Es entstehen neue Gruppierungen von „Gleichgesinnten", die mit den alten sozialmoralischen Milieus alles andere als identisch sind. Kontinuität besitzt nur die eher irreführende Verwendung des Milieubegriffs – und mittlerweile seit etwa drei Jahrzehnten der wissenschaftliche Diskurs dieser Neuorientierungen (Faltin 1990; Gluchowski 1992; Breit und Massing 2010; Gabriel 2010; Geiling und Vester 2007) der auf dem kommerziellen Werbungs- und Medienmarkt höhere Resonanz zu finden scheint als bei politischen Strategen und Analytikern. Allerdings lässt sich der Unterschied zwischen zielgruppengenauen, hochindividualisierten Werbebotschaften und notwendigerweise stärker aggregierten Politikangeboten nicht nivellieren. Gleichwohl sind auch politische Botschaften dazu verdammt, die konkreten Lebenswelten der Gegenwart zu erreichen, die eben immer weniger durch die klassischen Cleavages von Schicht- und Religionszugehörigkeit oder Stadt-Land-Gegensatz (Lipset und Rokkan 1967) dominiert werden und in ihren Unterschiedlichkeiten zu einem geradezu existenziellen Problem für eine profilierte Formulierung politischer Angebote geworden sind: Parteien, die wie die klassischen Volksparteien höhere Wahlergebnisse anstreben, scheinen zunehmend gezwungen zu sein, „für jeden etwas", jedenfalls aber ziemlich vieles anzubieten, was jenseits ihres vorgeblichen „Markenkerns" liegt. Kann aber derartige, potenziell bis zur Widersprüchlichkeit neigende Angebotsdifferenzierung ihre Binde- und Mobilisierungsfähigkeit unterstützen?[2] Schreckt sie nicht die wachsende Zahl derer ab, die eine bestimmte Position – nämlich ihre eigene – vertreten sehen wollen? Nicht zu Unrecht hat die Vorsitzende der mit 9 % darniederliegenden bayerischen SPD festgestellt: „Wir müssen lernen, dass wir es nicht allen recht machen können" (Schnell 2019). Wenn die Rückwendung

---

[2]So präsentierte die CSU bei der Europawahl 2014 an der Spitze mit Manfred Weber einen ausgewiesenen Pro- und mit Peter Gauweiler einen ausgewiesenen Antieuropäer. Das Ergebnis: blamabel.

zur Interessen- oder Weltanschauungspartei kein Ausweg ist, wäre ein Gegen-
modell, sich mehr oder weniger opportunistisch auf einem Differenzierungen
hinter sich lassenden Mainstream nach oben tragen zu lassen, vorausgesetzt, ein
solcher würde sich im Vorfeld von Wahlen entfalten (oder entfalten lassen). Was
bedeutete das aber für Prinzipientreue, Kontinuität und Kompetenz? Grundsätzlich sind Großparteien mit dem Problem konfrontiert, unterschiedliche Lebenswelten ansprechen zu müssen (Sinus-Institut 2019)[3] und daran zunehmend zu
scheitern. Kleinere haben im Gegensatz dazu die Chance auf spezifische, sogar
widerspruchsfreie Korrespondenz mit dem einen oder anderen der je aktuellen „Milieus"[4]), woraus ihnen gewisse Wettbewerbsvorteile zufallen, oder sogar
überhaupt Eintrittschancen in den Wettbewerb, wie in der Aktualität deutlich zu
sehen: 2017 erzielten die „Großen" noch 55,5 %, die „Kleinen" 46,4 % Stimmen,
1976 betrug das Verhältnis aber 91,2 % zu 8,8 %.

3   Faktoren des Wandels

Seit Mitte der 90er Jahre ist das deutsche Parteiensystem durch hohe Fluidität und
Mobilität gekennzeichnet. Schien der gesamtdeutsche Gärungsprozess 2007 mit
der Westverankerung der PDS durch die Etablierung der LINKEN einen gewissen
Abschluss erreicht zu haben, brach er mit dem Einmarsch der AfD seit 2013
erneut auf – mit weitreichenden Folgen. Deutschland richtet sich in einem in
Europa durchaus üblichen Sechsparteiensystem (die CSU extra gerechnet: sieben)
ein, mit fortgeltender, vielleicht sogar fortschreitender Dekonzentration und mit
sich daraus entwickelnden Problemen für Regierungsbildung und Stabilität wie
2017/2018 erfahren, wie auch für Stil und Themen des politischen Wettbewerbs.
Die „Großen" schrumpfen und sind auf dem Weg zu mittlerer Größe. Zugleich
besetzen die Kleinparteien ideologische und interessenspezifische Lücken, welche die Volksparteientwicklung vermeintlich offen gelassen hat. Gerade thematische Angebote, sie zu schließen, befördern neue Parteigründungen. Je

---

[3]Sinus unterscheidet stets aktualisiert jeweils etwa 10 solcher „Milieus" – z. B. prekäres,
hedonistisches, traditionelles, pragmatisches, leistungsorientiertes („Performer").
[4]Das sollte etwa gelten für das sozioökologische „Milieu" und Grüne oder das libe-
ral-intellektuelle „Milieu" und die FDP, das ostdeutsche „Milieu" für die Linke oder ein
national-identitäres für die AfD. Für die Piraten als Ausdruck des Internetmilieus galt
es beispielhaft – sogar auch negativ, weil das virtuelle Lebensgefühl des Netzes an der
Realität scheiterte.

erfolgreicher dies sein wird, umso mehr könnten sich daraus langfristige Konsequenzen ergeben, die im Widerspruch stünden zum bisherigen Drang nach der Mitte bei Union und SPD. Die Konkurrenz, die ihnen Wähler abspenstig macht, wird beide zu politisch-programmatisch profilierteren Reaktionen veranlassen. Offensichtlich muss über die Parteiinterna hinaus nach gesellschaftlichen Wandlungsprozessen geforscht werden, die zum Teil Ursachen für alternative Parteikonzepte (Wiesendahl 2006) sind:

1. Die Erosion von Parteibindungen und Loyalitäten setzt sich fort und scheint sich zu beschleunigen. Bekanntlich befinden sich im westdeutschen Parteiensystem die überkommenen sozial-moralischen Milieus, die Parteiidentifikation gestiftet hatten, seit Jahrzehnten in Auflösung. Durch Wandlungen der Erwerbsstrukturen, Bildungsexpansion und Wertewandel haben sich diese Milieus mittlerweile auf ihren Kern reduziert. Zwar bestimmt immer noch Gewerkschafts- und Kirchenbindung Arbeiter und Katholiken in ihrer Neigung zu SPD und CDU/CSU. Doch diese Kernmilieus machen bei beiden nicht einmal mehr 10 % ihrer Gesamtwählerschaft aus – und sie öffnen sich weiter. So haben bei der Bundestagswahl 2017 und den Landtagswahlen in Bayern und Hessen 2018 Gewerkschaftsmitglieder weit überproportional für die AfD gestimmt (Ritzer 2018).
   Diese traditionellen Milieus wurden in der Gesellschaft immer mehr wegmodernisiert. Die Großparteien fühlen sich ihnen zwar noch verpflichtet, sahen sich aber nicht nur gezwungen, neue Wählerschichten zu integrieren, sie wollten es auch. Im Ergebnis haben sich ihre Wählerschaften sozialstrukturell angeglichen. Mit ihren Stammwählern allein ist keine der beiden Volksparteien mehr regierungsfähig (Rattinger et al. 2007). Die Bereitschaft, sich längerfristig mit einer Partei zu identifizieren, ist zurückgegangen. Das Potenzial der ungebundenen potenziellen Wechselwähler macht mittlerweile rund 50 % aus. Dieser Prozess erstreckte sich in Westdeutschland über Jahrzehnte. In Ostdeutschland herrschte der neue Wählertyp von vornherein vor: Zwei Diktaturen haben dort in sechs Jahrzehnten eine hinsichtlich der sozialen Milieus weitgehend entstrukturierte Gesellschaft hinterlassen.
2. Der Wertewandel hat den Trend zur Individualisierung in der Gesellschaft verschärft (Klages und Gensicke 1999). Individuelle Nutzenmaximierung steht Parteien als kollektiven Organisationen, soweit sie programmatisch auf den Gesamtnutzen abzielen, jedoch entgegen. Zudem sind sie als Institutionen zur Bearbeitung komplexer und kontroverser politischer Probleme eher ein erlebnisarmer Raum, zumindest in jenem konsum-, genuss- und abwechslungsorientierten Sinn, der die moderne „Erlebnisgesellschaft" (Schulze 2005)

definiert. Von daher ist auch ihre Attraktivität als Partizipationsraum begrenzt. Vor allem transzendiert die Individualisierung soziale Klassen, Milieus und Gruppen. Sie schafft eine „Gesellschaft der Singularitäten" (Reckwitz 2017). Für Parteien wird es daher ebenso schwer, Mitglieder zu rekrutieren, wie Interessen zu bündeln und anzusprechen: In gesellschaftlicher Pluralisierung und Fragmentierung – Singularisierung – zerrinnen ihre Zielgruppen: eine Tendenz, welche die bereits angesprochene Erosion der klassischen sozialmoralischen Milieus verstärkt. Sozialstrukturelle Merkmale werdenseit längerem – und von der Wissenschaft partiell seit einer Generation beobachtet – durch Lebensstile (Gluchowski 1987; Neugebauer 2007)[5] ersetzt, die zunehmend flüchtig werden, wie die Lebensformen in der Erlebnisgesellschaft überhaupt. Wie sollen auf dieser neuen Basis Volksparteibindungen entstehen? Sie fördert geradezu die Tendenzen zu Dekonzentration und Fragmentierung des Systems und zur neuen Attraktivität von Kleinparteien.

Unabhängig von aktuellen Affären und Funktionsproblemen wirken diese Wandlungsprozesse massiv auf Politik und Parteien ein. Sie verändern die gewohnten Beziehungen zwischen ihnen und den Bürgern. Doch die Agenda der Politik sind zu seriös, als dass sie den neuen Gesetzlichkeiten der Erlebnisgesellschaft unterworfen werden könnten. Sie erfordern auch kompromissbereite Bündelung jenseits von Lebensstilen sowie Routine und Kontinuität im Engagement. Andererseits müssen Parteien, wenn sie ihre öffentliche Relevanz verteidigen wollen, nicht nur ihre bekannten Kompetenzprobleme lösen. Auch ihre öffentliche Präsentation und ihre internen Verfahrensweisen sind herausgefordert.

3. Ähnliche Wirkungen gehen von der Medienumwelt aus. Schon die Fernsehdemokratie hat Politik und Parteien den Eigengesetzlichkeiten einer permanenten, Affekte ansprechenden Show unterworfen, Visualisierung und Personalisierung erzwungen sowie den Parteien perfekte Inszenierungen abverlangt. Basisnahe sind diese nicht. Alltag und besonders Wahlkämpfe unterliegen durchgeplanten Kommunikationsstrategien (Noelle-Neumann et al. 1999; Ristau 2000; vergleiche auch Radunski 1980 und Kellermann von Schele 2009). Die Theorie spricht von „professionalisierten Medien-

---

[5]Erstere Studie stützt sich schon auf die inzwischen klassischen sogenannten Sinus-Milieus (siehe Anm. 3), die dem gesellschaftlichen Wandel folgen: zuletzt 9, darunter z. B. „Leistungsindividualisten", „zufriedene Aufsteiger" und „abgehängtes Prekariat". Für Politik, Öffentlichkeit und große Teile der Wissenschaft ist es offenbar intellektuell weniger anstrengend, an den traditionellen cleavages festzuhalten.

kommunikationsparteien" (Jun 2004) als neuerem Modell. Doch lassen sich nur in der öffentlichen politischen Kommunikation Inhalte durch Images ersetzen, nicht aber in der praktischen parteiinternen und parlamentarischen Willensbildung (Oberreuter 2001; vergleiche auch Reinisch 2017). Im politischen Entscheidungsprozess ist inhaltliche Kompetenz gefordert, solange die von Parteien bestimmte parlamentarische Demokratie ihre Steuerungsfähigkeit nicht verlieren will. Als mit der Bildung der ersten rot-grünen Koalition erstmals eine fernsehsozialisierte politische Generation in die Regierung einrückte, war dies ein Wendepunkt. Ihre mäßige Regierungstechnik und Regierungskompetenz erklären sich z. T. aus der Überraschung, dass die Medienshow nicht schon die politische Substanz selbst war. Diese neue Generation hatte die Bedeutung der Arbeitsbühne, die dem gleißenden Scheinwerferlicht und dem Spektakel des „Nationaltheaters" vorausliegt, ursprünglich weder erkannt, geschweige denn beherrscht und sich erst allmählich arrangiert. Doch bleibt dies ein andauerndes Problem bei der Rekrutierung des Führungspersonals, weil das Medienangebot Weltsichten bildet, die neue Medienwelt des Netzes sogar noch intensiver.

Das Fernsehen, auch das kommerzielle, wendet sich dem Selbstverständnis nach an eine generelle Öffentlichkeit. Im Internet bilden sich dagegen selbstreferenzielle Kommunikationsblasen, eine „Privatisierung der Soziabilität" (Castells 1996, S. 389). Im Ergebnis ist eine Individualisierung des Informations- und Kommunikationsverhaltens zu beklagen, welches in seinen Blasen durch „lifestyle-narratives" Segregation und Fragmentierung der Gesellschaft, also die Auflösung genereller Öffentlichkeit, zusätzlich befördert (Jarren und Klinger 2017; Kneuer 2017) Natürlich müssen Parteien zunächst auf die Anziehungskraft ihrer eigenen Blase dringen, also ihrer Basis im Netz. Doch wie gewinnen sie Zutritt zu anderen, um Kommunikation über den Kreis ihrer Sympathisanten hinaus zu ermöglichen? Umgekehrt weisen aktuelle Indizien wie der Erfolg der AfD im Netz darauf hin, dass spezifische, meinungsfeste Angebote für spezielle oder singuläre Segmente in der Gesellschaft eine eigene überzeugungsstarke Kammer öffnen mit entsprechender Konsequenz an der Wahlurne. Pluralismus verlangt aber rationalitätsorientierte Kommunikation und Austausch über die Grenzen von Gesinnungsgemeinschaften hinaus. Neuestens meint aber schon der Führer einer Weltmacht, komplexes Regieren durch erstaunlich unterkomplexe Kommunikation ersetzen zu können: Hoher Selbstgewissheit erscheint Diskurs nicht nötig, ihr genügt die Einbettung in ihre Gesinnungsgemeinschaft und ihre angemaßte Exklusivität. Für Demokratie und Parteien wird eine derartige Verschließung von selbstgewissen und selbstgenügsamen Kommunikationskammern und -blasen zu

einer fundamentalen Herausforderung, weil sie Singularisierung zu zementie-
ren und im Übrigen auch in sich kreisende Populismen zu fördern vermögen.
Im Kern sind sie systemwidrig – oder konstituieren auf Dauer eine andere,
inkommunikative Demokratie – inkommunikativ jedenfalls zwischen den
Singularitäten.

4. Gering ist die Bereitschaft zu praktischer Beteiligung an der Politik als
   Dienst am Gemeinwohl, die wohl übergreifende Funktion der Parteien in die
   Demokratie. Dafür gibt es Gründe, die gewiss bei den Individuen selbst lie-
   gen: Lebensentwürfe und Lebensrollen, die der Politik keine sonderliche
   Beachtung schenken; wachsende Egozentrik selbst beim Engagement in
   Ehrenämtern, von dem durchaus ein (immaterieller!) Gewinn erwartet wird;
   Betroffenheits- und Spontaneitätskultur, die sich mit langfristigen Bindungen
   und politischen Routinen nicht vertragen; daraus folgend Distanz und Skepsis
   gegenüber politischen Institutionen.

So haben sich Parteimitgliedschaft und Wahlbeteiligung im Gegensatz zu den
positiven Tendenzen der paradigmatischen Wirtschaftswunderzeit mit den
Modernisierungs- und Differenzierungsprozessen der Gesellschaft dramatisch reduziert, beginnend Ende der 1970er Jahre. Seit 1990 verlor die SPD
die Hälfte, die CDU gut ein Drittel ihrer Mitglieder. Die Beteiligung bei der
Bundestagswahl startete 1949 bei 78,5 %, sie erreichte ihre Hochphase mit
dem Gipfel 91,1 % und Werten in ähnlicher Höhe im Jahrzehnt zwischen
1972 und 1983, um danach kontinuierlich (Ausnahme 1998 mit 82,2 %) auf
70,8 % 2009 zu fallen. Der leise Anstieg auf 76,2 % 2017 erreicht noch immer
nicht einmal das Niveau der demokratisch und ökonomisch alles andere als
gefestigten Nachkriegszeit von 1949; und bekanntlich ist er auf die politischen
Angebote einer neuen Partei zurückzuführen: die AfD, die sich zwischen 2013
und 2018 in allen Parlamenten der BRD etabliert hat.

Offensichtlich liegen Ursachen der Negativtendenzen in den Institutionen
selbst und in ihrer Art und (Un-)Fähigkeit, auf die Wert- und Mentalitäts-
wandelprozesse in der Gesellschaft zu reagieren. Sie wurden nicht auf-
genommen, sondern negiert. Das Ergebnis: Distanz. Innerparteilich zeigt ein
aussagekräftiger Befund bereits vom Ende des letzten Jahrhunderts, dass von
den drei Gruppen aktive Mitglieder, einfache „passive" Mitglieder und Nicht-
mitglieder, die einfachen passiven Parteimitglieder das negativste Politik-
bild besitzen. Kritik an den Politikern (denen mangelnde Befassung mit den
realen Problemlagen, Uninformiertheit, Kontaktverlust und Bürgerferne
vorgeworfen werden), Skepsis gegenüber den politischen Einflussmöglichkeiten des Normalbürgers und Distanz zum „Parteienstreit" sind in dieser
Gruppe schon in dieser frühen Zeit am höchsten ausgeprägt, selbst höher als

bei Nichtmitgliedern (Klages 1999, S. 14 ff.). Dies signalisiert ausgeprägte Insider-Verdrossenheit, mitverursacht durch enttäuschte Erwartungen bezüglich institutioneller Responsivität und eigener Mitwirkungschancen. Die Parteien bedauern zwar Interesselosigkeit der Bürger und fordern mehr Engagement ein. Aber decken sie die Interessen der Bürger ab? Haben sie, festhaltend an ihren Ritualen und Aktionsmustern, politisch Interessierten vielleicht zu wenig zu bieten – speziell Menschen, die gemäß dem Haupttrend des Wertewandels „Subjekt des eigenen Handelns" sein oder wenigstens ihren eigenen Subjektivismus repräsentiert sehen möchten?

Die Individualisierung, das Bedürfnis nach der Repräsentation eigener Positionen und Interessen und das Gefühl, diese würden nicht gehört oder berücksichtigt, fügen sich zu einer relevanten Verhaltensdisposition zusammen. Interessenspezifische, thematische oder richtungspolitische Vakuen provozieren die Bildung und den Anschluss an entsprechende kommunikative Plattformen oder politische Organisationen, von denen erhofft wird, diese Repräsentationslücken zu schließen: ein Ansatzpunkt für Parteibildungen, wofür die AfD als jüngster augenfälliger Beleg dienen kann, früher aber schon GRÜNE, LINKE (als Sonderfall ostdeutscher Interessenvertretung) oder der Komet der Piraten (als Ausdruck der Netzgeneration) sowie verschiedene ebenso kometenhafte Gruppierungen im „rechten" (NPD, Republikaner, DVU) Milieu, denen es immer wieder gelang, dort Resonanz zu erzielen. Nachdem die Integrationskraft der Volksparteien dahinwelkt, wird die Zukunft geprägt oder wenigstens mitgeprägt sein von Organisationsformen, welche durch Mobilität, Artikulations- und Protestbereitschaft sowie Durchsetzungswillen Wirkung entfalten. Partizipation wird punktuell aktivier-, artikulier- und organisierbar. Sie sucht nicht den Zutritt zur Traditionsarchitektur des Parteigehäuses. Problemorientierte führende Parteipraktiker haben diese Herausforderung schon vor Jahrzehnten, als sie sich formte, erkannt. Ihr Trugschluss war allerdings, dass Parteien, die sie in der modernen Gesellschaft als „Tanker" oder „Dinosaurier" agieren sahen (Glotz 1982; Rüttgers 1993), mit eher traditionellen Methoden und nach ebensolchen Leitbildern auf einen zeitgemäßen Stand gebracht werden könnten. Folglich hat keine der von ihnen ins Gespräch gebrachten Reformideen Wirkung entfaltet. Politikwissenschaftliche Konzeptionen, die sich auf Professionalisierung und Verselbstständigung der Parteien einließen und sie begrifflich zu fassen suchten, verfehlten das Thema geradezu (Panebianco 1988; Katz und Mair 1995; Beyme 2000), weil nicht funktionale Distanz, sondern gesellschaftliche Verwurzelung und demokratische Repräsentation zu gewährleisten sind.

4   Ausblick mit Risiko

Die Situation ist dennoch zwiespältig. Denn neben ihrer Kommunikations-
funktion im weitesten Sinn kommt den Parteien nicht zuletzt natürlich zeit-
gerechte, komplexitätsrelevante Verantwortungs- und Gestaltungsfunktion zu,
die ohne eine gewisse Professionalisierung voraussetzende Kompetenz nicht
realisierbar ist. Segmentierung der Meinungen und Interessen sowie ihrer Ver-
tretungen, Stimmungsprioritäten und Bildung von Kommunikationsblasen untergraben zwangsläufig diese Orientierung an der Gesamtverantwortung im Staat.
    Vor allem sind sie künftiges Wandlungspotenzial. Einige offensichtliche Ent-
wicklungstendenzen sollen gleichsam zusammenfassend benannt werden

a) Die Gesellschaft der Singularitäten schafft sich ein fragmentiertes Parteiensystem. Die Hochzeit der Großparteien ist vorbei. Pluralisierung und Flügel-
   bildung unterwerfen sie Zerreißproben und untergraben ihre Integration, wie
   z. B. paradigmatisch in Westminster an den Spaltungen innerhalb Labours
   und der Konservativen im Brexit-Diskurs zu sehen, praktisch aber auch in
   Deutschland an Richtungskontroversen in C-Parteien und SPD sowie auf
   anderen Niveaus erst recht in der AfD. Wert- und Weltanschauung haben ihre
   Integrationskraft verloren.
b) Die Netzkommunikation unterminiert ein Klima gesellschaftlicher Mäßigung
   und Konsensbereitschaft. Akzentuierung spezieller Interessen und Meinungen fördert Konflikte und Segregation, zumindest den Drang zu Exklusivi-
   tätsoptionen. In einer mobilen Gesellschaft können und werden Parteien
   dementsprechend situativ entstehen und vergehen. Die neue Lockerheit schafft
   nicht neue, länger dauernd ausschlaggebende Cleavages, sondern erhöht die
   Themenvielfalt (Decker 2018a, b, S. 23 ff.).
c) Attraktivität gewinnt die Idee der Bewegung auf Kosten der Institution Partei.
   Abgestützt können Bewegungen auf charismatische Führungspersönlichkeiten
   sein, die ihre Partei transformieren (siehe Österreich) oder überhaupt ohne
   Strukturen „en marche" agieren wollen (siehe Frankreich), dabei die Möglichkeiten erfolgreicher politischer Gestaltung ohne solche (traditionelle, gleichwohl funktionale) Stützen überschätzend.
d) Die neuen Kommunikationsmedien entwickeln hohes Potenzial nicht nur
   des agenda settings, welches den Parteien zumindest themenspezifisch diese
   Funktion entwinden und sie auf einlenkendes Reagieren reduzieren kann. In
   Bayern hat eine einzige parlamentarisch bedeutungslose Partei durch plebiszitäre Verfahren ein Staatsorgan abgeschafft, das Rauchverbot durchgesetzt

und der hegemonialen Regierungspartei sowie wichtigen Interessenverbänden verschärften Artenschutz oktroyiert. Zudem ist das Netz auch ein wirksames Instrument zur Mobilisierung aktiven und aggressiven Widerstandes gegen politische Entscheidungen und ihre Repräsentanten. Selbst plebiszitärem, durch Wahl legitimiertem Charisma kann sich offensichtlich die plebiszitäre Aggression der Straße (welcher politischen Ausformung auch immer) entgegenstellen.

e) Eine Herausforderung wird angesichts dieses Wandels die Generierung eines Führungspersonals, das die Balance zwischen sich stetig differenzierenden politischen Optionen und unumgehbarer Sachrationalität zu finden vermag. Auf Dauer wird davon auch die politische Führungsfähigkeit der Parteien und Fraktionen gegenüber (oft nur sektoral inspirierten) gesellschaftlichen Kräften abhängen.

5   Nüchternes Fazit

Folgendes Fazit scheint vertretbar: Nicht der Wandel ist das Problem, solange sich, wie stets in der Historie, Gesellschaften verändern, sondern seine Tendenz in Richtung Entinstitutionalisierung, Irrationalisierung und gesellschaftlicher wie politischer Desintegration. Entmächtigt werden Thematisierungs-, Führungs- und letztlich auch Legitimationsfunktion der Institution Partei. Ihr gegenüber verselbstständigt sich die Gesellschaft mehr und mehr auch im Kernbereich politischer Relevanz: eine Herausforderung für das Parteisystem.

Literatur

Bisky, Jens. 2015. Positives pack. *Süddeutsche Zeitung*, 3. September: 4.
Breit, Gotthard, und P. Massing, Hrsg. 2010. *Soziale Milieus*. Schwalbach/Ts: Wochenschau Verlag.
Castells, Manuel. 1996. *The rise of the network society*. Malden: Blackwell.
Decker, Frank. 2018a. Jenseits von links und rechts. Lassen sich Parteien noch klassifizieren? *Aus Politik und Zeitgeschichte* 68:21–26.
Decker, Frank. 2018b. Was ist Rechtspopulismus? *Politische Vierteljahresschrift* 59:353–369.
Faltin, Inge. 1990. *Norm. Milieu – Politische Kultur. Normative Vernetzungen in Gesellschaft und Politik der Bundesrepublik*. Wiesbaden: Deutscher Universitätsverlag.
Freedom, House. 2019. *Democracy in retreat. Freedom in the world 2019*. Washington: Freedom House.
Gabriel, Oscar. 2010. Politische Milieus. *Politische Bildung* 1:9–23.

Geiling, Heiko, und M. Vester. 2007. Das soziale Kapital der politischen Parteien Die Akzeptanzkrise der Volksparteien als Frage der Individualisierung oder der sozialen Gerechtigkeit. In *Die Bundestagwahl 2005. Analysen des Wahlkampfes und der Wahlergebnisse*, Hrsg. F. Brettschneider, O. Niedermayer, und B. Weßels, 457–489. Wiesbaden: VS Verlag für Sozialwissenschaften.

Glotz, Peter. 1982. *Die Beweglichkeit des Tankers. Die Sozialdemokratie zwischen Staat und neuen sozialen Bewegungen*. München: Bertelsmann.

Gluchowski, Peter. 1987. Lebensstile und Wandel der Wählerschaft in der Bundesrepublik Deutschland. *Aus Politik und Zeitgeschichte* 12:18–32.

Gluchowski, Peter. 1992. Wähler und Parteien in den 80er Jahren – ein Verhältnis im Wandel. In *Parteien in Deutschland zwischen Kontinuität und Wandel*, Hrsg. Emil Hübner und Heinrich Oberreuter, 89–123. München: Bayerische Landeszentrale für politische Bildung.

Hoff, Benjamin-Immanuel. 2014. *Die Linke: Partei neuen Typs?*. Hamburg: VSA Verlag.

Infratest dimap. 2019. Wie viel Vertrauen haben Sie zu den politischen Parteien? Statista. https://de.statista.com/statistik/daten/studie/758/umfrage/vertrauen-zu-den-politischen-parteien/. Zugegriffen: 31. März 2019.

Jarren, Ottfried, und U. Klinger. 2017. Öffentlichkeit und Medien im digitalen Zeitalter: Zwischen Differenzierung und Neu-Institutionalisierung. In *Medienkompetenz*, Hrsg. H. Gapski, M. Oberle, und W. Staufer, 33–42. Bonn: Bundeszentrale für politische Bildung.

Jun, Uwe. 2004. *Der Wandel von Parteien in der Mediendemokratie. SPD und Labour Party im Vergleich*. Frankfurt a. M./New York: Campus.

Katz, Richard, und P. Mair. 1995. Changing models of party organization and party democracy. *Party Politics* 1:1–28.

Kellermann von Schele, Dorothee. 2009. *Erfolgsfaktor Kampagnenmanagement. Oppositionswahlkämpfe im Vergleich*. Baden-Baden: Nomos.

Klages, Helmut. 1999. Zerfällt das Volk? Von den Schwierigkeiten der modernen Gesellschaft mit Gemeinschaft und Demokratie. In *Wertewandel und bürgerschaftliches Engagement an der Schwelle zum 21. Jahrhundert*, Hrsg. H. Klages und T. Gensicke, 1–20. Speyer: Forschungsinstitut für öffentliche Verwaltung.

Klages, Helmut, und T. Gensicke. 1999. *Wertewandel und bürgerschaftliches Engagement an der Schwelle zum 21. Jahrhundert*. Speyer: Deutsches Forschungsinstitut für öffentliche Verwaltung.

Kneuer, Marianne. 2017. Politische Kommunikation und digitale Medien in der Demokratie. In *Medienkompetenz*, Hrsg. H. Gabski, M. Oberle, und W. Staufer, 43–52. Bonn: Bundeszentrale für politische Bildung.

Köcher, Renate. 2019. Fremd im eigenen Haus. Allensbacher Monatsbericht. *Frankfurter Allgemeine Zeitung*, 23. Januar, 8.

Lazarsfeld, Paul, B. Berelson, und H. Gaudet. 1969. *Wahlen und Wähler. Soziologie des Wahlverhaltens*. Berlin: Luchterhand [amerikanische Originalausgabe: 1944. The People's Choice. How the Voter Makes Up his Mind in a Presidential Campaign. New York/London: Duell, Sloan and Pearce].

Lepsius, M.Rainer. 1973. Parteiensystem und Sozialstruktur. Zum Problem der Demokratisierung der Deutschen Gesellschaft. In *Die deutschen Parteien vor 1918*, Hrsg. Gerhard A. Ritter, 56–80. Köln: Kiepenheuer & Witsch.

Lipset, Seymor M., und S. Rokkan. 1967. *Party Systems and Voler Alignments.* New York: VS Verlag.

Lösche, Peter. 2009. Ende der Volksparteien. *Aus Politik und Zeitgeschichte* 59:6–12.

Mouffe, Chantal. 2018. *Für einen linken Populismus.* Berlin: Suhrkamp.

Müller, Jan Werner. 2016. *Was ist Populismus?.* Berlin: Suhrkamp.

Nelson, Eliot. 2016. *The Beltway Bible. A totally serious A-Z guide to our no-good, corrupt, incompetent, terrible, depressing and sometimes hilarious government.* New York: St. Martin's Press.

Neugebauer, Gero. 2007. *Politische Milieus in Deutschland Die Studie der Friedrich-Ebert-Stiftung.* Bonn: J.H.W. Dietz.

Noelle-Neumann, Elisabeth, H. Kepplinger, und W. Donsbach, Hrsg. 1999. *Kampa. Meinungsklima und Medienwirkung im Bundestagswahlkampf.* München: Alber.

Oberreuter, Heinrich. 2001. Image statt Inhalte? Möglichkeiten und Grenzen inszenierter Politik. In *Öffentlichkeit und Vertraulichkeit. Theorie und Praxis der politischen Kommunikation,* Hrsg. Otto Depenheuer, 145–157. Wiesbaden: Westdeutscher Verlag.

Oberreuter, Heinrich. 2007. Haben die Volksparteien Zukunft? *Politische Studien* 58:19–29.

Panebianco, Angelo. 1988. *Political parties: Organization and power.* Cambridge: Cambridge Universiy Press.

Radunski, Peter. 1980. *Wahlkämpfe. Moderne Wahlkampfführung als politische Kommunikation.* München: Olzog Verlag.

Rattinger, Hans, O. Gabriel, und J. Falter, Hrsg. 2007. *Der gesamtdeutsche Wähler. Stabilität und Wandel des Wahlverhaltens im wiedervereinigten Deutschland.* Baden-Baden: Nomos.

Reckwitz, Andreas. 2017. *Die Gesellschaft der Singularitäten. Zum Strukturwandel der Moderne.* Frankfurt a. M.: Suhrkamp.

Reinisch, Kerstin. 2017. *Wahl ohne Wissen? Empirische Analyse zur Entpolitisierung der Wahlkampfberichterstattung deutscher Printmedien.* Baden-Baden: Nomos.

Ristau, Malte. 2000. Wahlkampf in der Mediendemokratie: Die Kampagne der SPD 1997/98. In *50 Jahre empirische Wahlforschung in Deutschland. Entwicklung, Befunde, Perspektiven, Daten,* Hrsg. M. Klein, W. Jagodzinski, E. Mochmann, und D. Ohr, 465–476. Wiesbaden: Westdeutscher Verlag.

Ritzer, Uwe. 2018. Klassenkampf in den Gewerkschaften. *Süddeutsche Zeitung,* 12. November, 15.

Rüttgers, Jürgen. 1993. *Dinosaurier der Demokratie.* Hamburg: Hoffmann und Campe.

Schnell, Lisa. 2019. Die alte Chefin ist die neue. *Süddeutsche Zeitung.* 28. Januar, 33.

Schulze, Gerhard. 2005. *Die Erlebnisgesellschaft Kultursoziologie der Gegenwart.* New York: Campus.

Sinus-Institut. 2019. Sinus-Milieus Deutschland. https://www.sinus-institut.de/sinus-loesungen/sinus-milieus-deutschland/. Zugegriffen: 31. März 2019.

von Beyme, Klaus. 2000. *Parteien im Wandel, Von den Volksparteien zu den professionalistischen Wählerparteien.* Wiesbaden: Westdeutscher Verlag.

Wiesendahl, Elmar. 2006. *Parteien.* Frankfurt: Fischer Taschenbuch.

Dr. Dr. h.c. Heinrich Oberreuter, emeritierter Professor für Politikwissenschaft, Universität Passau, und ehemaliger Direktor der Akademie für Politische Bildung, Tutzing.

Ökonomische Ungleichheit als Demokratieproblem

Michael Hüther und Matthias Diermeier

1 Populismus und die Suche nach einfachen Antworten

Der seit einigen Jahren verstärkt grassierende Populismus und die damit verbundenen funktionalen Herausforderungen für die westlichen Demokratien begründen eine tiefe Verunsicherung, weil einfache Erklärungen offenkundig weder tragen noch weiterführen. Zugleich gilt, dass sich für dieses zwar global zu beobachtende Phänomen keine globale Erklärung geschweige denn ein globales Set an Gegenmaßnahmen im Sinne „one answer fits all" finden lässt. Die Motivation, sich auf solche populistischen Kräfte – seien es Parteien, seien es einzelne Personen – einzulassen, hat ganz unterschiedliche Gründe und Kontexte. Auffällig ist auch, dass die programmatischen Angebote von dieser Seite häufig gar nicht zu den materiellen Interessen derjenigen passen, die dafür stimmen. Es dominieren offensichtlich Motive, die jenseits rationaler Entscheidung liegen.

Dabei verschärft sich das Analyseproblem noch, weil auch der Begriff des Populismus vielschichtig und schillernd ist. Seit längerem ist die Begriffsklärung Gegenstand der Sozialwissenschaften. Für die weitere Argumentation gehen wir von folgenden Merkmalen aus (Müller 2016):

M. Hüther (✉) · M. Diermeier
Instituts der deutschen Wirtschaft Köln, Köln, Deutschland
E-Mail: huether@iwkoeln.de

M. Diermeier
E-Mail: diermeier@iwkoeln.de

© Springer Fachmedien Wiesbaden GmbH, ein Teil von Springer Nature 2019
V. Kronenberg und J. Horneber (Hrsg.), *Die repräsentative Demokratie in Anfechtung und Bewährung*, Studien der Bonner Akademie für Forschung und Lehre praktischer Politik, https://doi.org/10.1007/978-3-658-26364-5_3

> Populismus ist gekennzeichnet durch den Anspruch exklusiver Volksvertretung bis
> hin zum Alleinvertretungsanspruch, durch Eliten-Verachtung, durch Legitimitäts-
> verweigerung für die etablierten politischen Kräfte, durch Verachtung der Medien
> sowie durch die Etablierung exklusiver Diskursräume.

Die demokratische Ordnung gerät dadurch unter Druck, weil sich populistische
Kräfte bei aller Verachtung der oft mühsamen, diskursiven parlamentarischen
Verfahren genau dieser Verfahren gekonnt bedienen. Sie erlangen so Einfluss auf
Stil sowie Inhalt der Debatte und binden dadurch ihre Anhänger. Das macht das
Entstehen und die Stärkung der populistischen Kräfte so bedeutsam, und es ver-
langt nach Einordnung und Erklärung. Eine geläufige These besagt, dass die Ver-
lierer der Globalisierung, aber ebenso der digitalen Transformation unzureichend
kompensiert werden und nun für die politisch votieren, die ihnen scheinbar
erstmals eine Stimme geben. Dies gelte je nach Argumentation für persönlich
Betroffene oder für in besonderem Maße beeinträchtigte Regionen – also auch
dort, wo die entsprechenden Auswirkungen beobachtbar werden, ohne dass die
Gruppe der dem Populismus zuneigenden tatsächlich beeinträchtigt wäre.

Tatsächlich führt das Aufkommen populistischer Alternativen zu einem
Anstieg der Wahlbeteiligung. Unter den für Deutschland angeführten Erklärungen
findet sich entsprechend meist das Argument, dass die Entwicklung der Einkommensverteilung – gemeint ist vor allem die These zunehmender Ungleichheit – eine besondere Bedeutung für die Mobilisierung populistischer Bewegung
zukommt (Fratzscher 2017). Tatsächlich zeigen Medienberichte über aktuelle Befragungen für die Bundesrepublik, dass die hier lebenden Menschen
bestimmte Dimensionen der Gerechtigkeit heute für weniger erfüllt sehen, als
in den zurückliegenden Jahrzehnten (Repräsentative ARD-Umfrage 2018). Dies
erstaunt zunächst, da die elementare Gerechtigkeitsanforderung an eine Wirt-
schaftsordnung, die in der Gesellschaft vorhandenen Beschäftigungswünsche zu
befriedigen, heute besser als je zuvor im wiedervereinigten Deutschland erfüllt
werden – gemessen an der Arbeitslosenquote, an der Erwerbsquote und an der
Struktur der Beschäftigung (Normalarbeitsverhältnis als dominanter Anker).

Schaut man sich die jüngste Befragung genauer an (Milatz 2018), dann zeigen sich jedoch interessante Differenzierungen. Zwar wird die Vergütung
allgemein als ungerecht empfunden, überraschend ist dagegen aber, dass
zugleich die Berufstätigen überwiegend ihre eigene Vergütung als angemessen
bewerten. Hierzu passt auch der Befund, dass Befragte in Deutschland
angeben, nur 45 % ihrer Mitbürger seien glücklich mit ihrem Leben, wohingegen rund 84 % angeben, selbst glücklich zu sein (Ipsos 2016). Während die
Generationengerechtigkeit mehrheitlich als nicht erfüllt angesehen wird, wird das
für die Bildungsgerechtigkeit hingegen bejaht.

Man erkennt: Der Befund ist auf dieser Abstraktionsebene diffus und wenig zur Stützung der angeführten These geeignet: So wird die Welt von 94 % als ungerechter Ort empfunden, mit dem Philosophen Odo Marquard ließe sich antworten: „Die Welt ist mehr Nichtkrise als Krise: sie ist gewiss nicht der Himmel auf Erden, aber auch nicht die Hölle auf Erden, sondern die Erde auf Erden." (Marquard 2007, S. 108). Es bedarf deshalb einerseits einer kategorialen Klärung der Dimensionen sozialer Gerechtigkeit (2) und andererseits deren normative Konkretisierung im realen wohlfahrtsstaatlichen Kontext (3).

2 Dimensionen sozialer Gerechtigkeit[1]

Sozialethisch ist Gerechtigkeit eine Norm, die sich nicht zuerst an den einzelnen Menschen wendet, sondern an die Gestaltung gesellschaftlicher und politischer Systeme. Handlungs- und Verfahrensregeln auf Basis einer gesellschaftlichen Vereinbarung („Gesellschaftsvertrag") sollen klären, wie die Voraussetzungen für eine aktive Teilnahme am politischen Dis-kurs wie am gesellschaftlichen Leben und am ökonomischen Tausch geschaffen werden können. Die Verteilung knapper Güter ist dafür ebenso bedeutsam wie die sozialer Privilegien und fundierter Ansprüche an die Gemeinschaft. Das Miteinander auf vertraglicher Basis erfordert den Grundsatz der Gegenseitigkeit, der Symmetrie, der Objektivität und der Überparteilichkeit.

Soziale Gerechtigkeit beachtet die Verortung des Menschen im sozialen Kontext. Das kann sich auf verschiedene Inputfaktoren ebenso beziehen wie auf Output-Faktoren. Die Grund-sätze der *Symmetrie* und der *Überparteilichkeit* verlangen nach abstrakten Maßstäben, wie sie sich bereits bei Aristoteles mit seiner Unterscheidung in verteilender und ausgleichender Gerechtigkeit ebenso finden wie in die Gerechtigkeitstheorie des späten zwanzigsten Jahrhunderts, vor allem von John Rawls mit der Garantie der Grundfreiheiten und dem Gedanken hinnehmbarer Ungleichheit (Differenzprinzip). Für die weiteren Überlegungen sollen die begrifflichen Merkmale „sozialer Gerechtigkeit" und der relevante Bezugsrahmen so spezifiziert werden:
1) *Soziale Gerechtigkeit* wird hier grundsätzlich verstanden als Gerechtigkeit im gesellschaftlichen Kontext, d. h. in Bezug auf die relative Position der Gesellschaftsmitglieder zueinander. 2) Der relevante Vergleich kann sich gesellschaftsweit auf *persönliche Merkmale,* wie Einkommen, Vermögen, Bildung,

---

[1]Dazu ausführlicher: Hüther (2009, 2016).

Tab. 1 Kriterien und Dimensionen sozialer Gerechtigkeit. (Eigene Darstellung)

Kriterien	Inputorientierung		Outputorientierung		
Dimen-sionen	Bildung	Erwerbstätig-keit	Einkommen	Vermögen	Armuts-gefährdung
Individuen			A	B	
Regionen		C			D
Generationen	E				F

Armutsgefährdung, Beschäftigung respektive Arbeitslosigkeit, beziehen. 3) Diese Merkmale lassen sich in Voraussetzungen sowie Bedingungen individueller Lebensgestaltung und in Ergebnisse sowie Folgen individueller Lebensgestaltung unterscheiden. 4) Der relevante Vergleich kann sich ebenso auf die *regionale* und nicht auf die personelle *Verteilung* solcher Ausstattungsmerkmale beziehen. 5) Schließlich kann statt der räumlichen Dimension die zeitliche in den Mittelpunkt gerückt und nach dem *Generationenvergleich* gefragt werden. Diese unterschiedlichen Zugänge lassen sich, wie in Tab. 1 dargestellt, systematisieren.

Mit Blick auf die Frage nach der Mobilisierung von Zustimmung oder gar Unterstützung populistischer Kräfte scheinen uns mit Blick auf die medialen Diskurse die folgenden Konzepte sozialer Gerechtigkeit bedeutsam: A) personelle Einkommensverteilung, B) personelle Vermögensverteilung, C) regionale Beschäftigungs-/Arbeitslosigkeitsverteilung, D) regionale Armutsverteilung, E) Zugang zu Bildungsressourcen und F) Alters- und Kinderarmut. Nicht zu allen Gerechtigkeitsdefinitionen haben wir gleichermaßen eine valide Datenbasis, und nicht zu allen dieser Definitionen haben wir klare Normvorstellungen. Dennoch ist diese Systematik hilfreich, weil sie die Differenziertheit des Gerechtigkeitsdiskurses verdeutlicht und bei der Betrachtung einzelner Aspekte entsprechend zur Vorsicht gegenüber einfachen Thesen und Verallgemeinerungen warnt.

3   Normative Klärung sozialer Gerechtigkeit im deutschen Wohlfahrtsstaat

Wer nach spezifischer Ungerechtigkeit fahndet, der muss die konkrete(n) gesellschaftlich akzeptierte(n) Norm(en) sozialer Gerechtigkeit im Sinne von *Symmetrie und Überparteilichkeit* kennen. Erst der Bezug darauf lässt erahnen, wo in der wirtschaftlichen und gesellschaftlichen Realität Probleme auftreten können, beispielsweise in Form von Akzeptanzentzug für staatliche Institutionen und Verfahren oder der Abwertung gegebener wohlfahrtsstaatlicher Versprechen. Dabei ist offenkundig, dass der ökonomische Diskurs nur verschiedene Ausprägungen von gesellschaftlichen Normen stilisiert berücksichtigen kann, ohne selbst deren Hintergrund oder gar deren Entstehung bewerten zu können. Gesellschaftliche Gerechtigkeitsvorstellungen werden als Institutionen zu ökonomisch relevanten Bedingungen.

(1) Betrachtet man die *personellen (in der Regel auf das äquivalenzgewichtete Haushaltseinkommen oder auf das Haushaltsvermögen bezogenen) Gerechtigkeitskonzepte* (A und B), dann lassen sich deren Normierung aus geübter gesellschaftlicher Praxis mit Blick auf die Frage ableiten: Welche Wirkung hat das deutsche Steuer- und Transfersystem auf die Verteilung der verfügbaren Einkommen? Operationalisieren lässt sich dies mit Blick auf den über einen längeren Zeitraum realisierten (man könnte sagen: tradierten) Gini-Koeffizienten sowie die Armutsgefährdungsquote, gerade auch im internationalen Vergleich. Ergänzen ließe sich dies durch die Stärke der Einkommensmittelschicht (Anteil an allen privaten Haushalten) sowie Indikatoren für die Einkommensmobilität im längeren Zeitvergleich. Ebenso gibt es eine breite Palette von Armutsrisikoindikatoren (Schröder 2017), um zu dem darauf bezogenen Gerechtigkeitskonzept (F) eine empirische Einschätzung zu ermöglichen. Die Debatte tut sich gelegentlich schwer, zwischen Armut und Armutsgefährdung zu unterscheiden. Dies ist für die passende Remedur aber höchst bedeutsam.

Mit den akzeptierten und geronnenen Normen verbindet sich die Vorstellung, dass Gesellschaften mangels expliziter Normformulierung einer kulturhistorischen Pfadabhängigkeit folgen und sich am ehesten am erreichten Standard in der Vergangenheit orientieren. Widerstand regt sich demnach besonders deutlich, wenn der Status Quo sich verändert oder gar infrage gestellt wird. Eine Ausprägung abrupter Veränderungen, die klassischerweise auf starken Widerstand treffen, kann sich beispielsweise in Migrationsbewegungen oder angesichts öffentlich nur schwer einschätzbarer technologischer Veränderungen wie die Digitalisierung zeigen.

(2) Die Bildungsarmut respektive der Zugang zu Bildungsressourcen (*Gerechtigkeitskonzept* E) haben keine vergleichbare lange Tradition wie die Betrachtung der Einkommensverteilung. Zudem blickt die Gesellschaft immer noch auf die Bildungsexpansion der 1970er bewegt zurück. Bedeutsam wird die Bildungsgerechtigkeit, wenn die Determination des eigenen Erfolgs durch den sozialen und familiären Hintergrund ein großes Gewicht hat. Angesichts der innerfamiliären Verantwortung und Arbeitsteilung wird man dies zwar nie ganz neutralisieren können. Dennoch widerspricht es dem gesellschaftlichen

Gerechtigkeitsempfinden, wenn schon mit der Geburt die Verteilung der Chancen definiert wird. Deshalb sind Konzepte der individuellen Förderung und der spezifischen Unterstützung sozialer Risikolagen so wichtig und akzeptiert. Gleichwohl bezieht sich die Gerechtigkeitsdebatte hinsichtlich existenzieller Sorgen vorrangig auf die anderen Gerechtigkeitskonzepte.

(3) Betrachtet man die *regionalen Gerechtigkeitskonzepte* (C und D), dann fällt die Normableitung hier vordergründig leichter, denn der Gesetzgeber hat in Deutschland ausgehend von einer grundgesetzlichen Formulierung über die Jahrzehnte praktizierter Regionalpolitik dies auch grundsätzlich gesetzgeberisch unterlegt. Gemäß Artikel 72 Abs. II GG hat der „Bund das Gesetzgebungsrecht [in Bereichen des Artikel 74 GG], wenn und soweit die Herstellung gleichwertiger Lebensverhältnisse im Bundesgebiet oder die Wahrung der Rechts- oder Wirtschaftseinheit im gesamtstaatlichen Interesse eine bundesgesetzliche Regelung erforderlich macht". Im Raumordnungsgesetz lautet es in § 2 Abs. 1 entsprechend: „Im Gesamtraum der Bundesrepublik Deutschland und in seinen Teilräumen sind ausgeglichene soziale, infrastrukturelle, wirtschaftliche, ökologische und kulturelle Verhältnisse anzustreben. […] Auf einen Ausgleich räumlicher und struktureller Ungleichgewichte zwischen den Regionen ist hinzuwirken."

Gleichzeitig ist klar, dass trotz rechtlicher Vorgaben eine konkrete, handlungsleitende Norm für den regionalen Ausgleich nicht leicht zu finden ist. Die Bundesregierung hat zwar im Oktober 2018 eine Kommission „Gleichwertige Lebensverhältnisse" (2018) eingesetzt, ohne sich vorher in der Lage zu sehen, eine allgemeine Zieldefinition zu formulieren; das soll die Kommission selbst leisten (Deutscher Bundestag 2018). Welche Situation aus welchen Gründen in den jeweiligen Regionen als gerecht *empfunden* wird, dürfte sogar noch komplexer zu erklären sein und sich abermals aus speziellen kulturhistorischen Pfadabhängigkeiten ableiten. Das unterschiedliche Ungerechtigkeitsempfinden in Ost- und Westdeutschland könnte sich so zumindest zum Teil erklären lassen (Milatz 2018).

Während sowohl in den Vereinigten Staaten als auch in der Europäischen Union sich die Varianz der Pro-Kopf-Einkommen in dieser regionalen Abgrenzung (Sigma-Konvergenz, siehe Abb. 1) seit der Finanz- und Wirtschaftskrise im Jahr 2009 zunächst leicht erhöht hat und danach allenfalls zum alten Niveau zurückgekehrt ist respektive sich stabilisiert hat, ist das Bild für Deutschland gänzlich anders: Diese Streuung hat sich beharrlich und unbeirrt seit dem Beginn des Jahrtausends zurückgebildet, die Konvergenz hat zugenommen (Braml und Felbermayr 2018, S. 36–49; Oberst et al. im Druck).

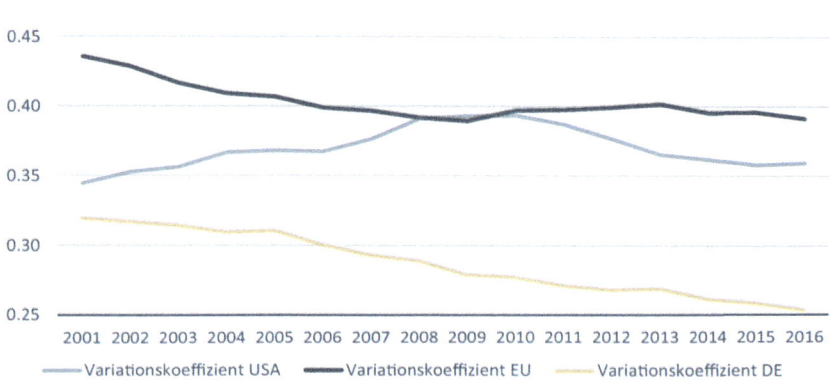

Abb. 1 Sigma-Konvergenz: EU-US Vergleich, Variationskoeffizient, TL2 Regionen, in Kaufkraftparitäten. (Quelle: OECD, Institut der deutschen Wirtschaft)

Jedenfalls gibt dieser Indikator wenig Anlass für eine regionalpolitische Ungerechtigkeitsdebatte mit Blick auf das Ziel „gleichwertiger Lebensverhältnisse". Wegen der Differenziertheit der regionalen Daten und deren, für unsere Fragestellung notwendigen Einbettung in kulturelle und habituelle Aspekte erörtern wir im Weiteren schwerpunktmäßig aus der personellen Perspektive die erkennbaren Zusammenhänge zwischen Verteilung, Verteilungsvergleich und Verteilungsbedrohung.

4 Entkoppelte Verunsicherung im mehrdimensionalen Ursachengeflecht

Gleichwertige Lebensverhältnisse können sich grundsätzlich aus Wanderungsbewegungen heraus entwickeln, unterstellt man eine Orientierung der Wanderungsentscheidung an einkommens- und beschäftigungsrelevanten Indikatoren. Tatsächlich greift die ökonomische Logik in diesem Sinne häufig zu kurz, indem kulturhistorische Argumente rund um den emotional besetzen Begriff „Heimat" weniger und gar nicht gewichtet werden. So kann die emotionale Verankerung in der eigenen Heimat als negativer Push-Faktor wirken, weil es Menschen trotz anderenorts besserer Lebensbedingungen langfristig bindet und ökonomisch effiziente Migration verhindert. Zugleich bewirkt Heimatbezug im Gefühl der Alteingesessenen, dass sie gegenüber neu Zuziehenden einen gewissen Vorrang bei sozialstaatlichen Leistungen als selbstverständlich erachten, und zwar über normale Anwartschaftsregelungen hinausgehend.

Der entsprechende Zusammenhang wird aus den aktuellen Forschungs-befunden deutlich: Es zeigt sich sowohl die starke Anreizwirkung eines großen Sozialstaates auf Migration aus niedrigen Einkommensschichten (Corneo und Neidhöfer 2018) als auch die Ausprägung von selektiven Solidaritäten im Sinne von schwächeren Umverteilungspräferenzen in Regionen, die einen hohen Zuzug von Migranten insbesondere aus niedrigen Einkommensschichten und fernen Kulturräumen erlebt haben (Alesina et al. 2019). Viel Umverteilung zieht dem-nach schlechter situierte Zuwanderung an, führt aber unter den Einheimischen zunehmend zu deren Ablehnung insbesondere, wenn das Gefühl entsteht, für die Fremden Abgaben leisten zu müssen oder potenziell mit ihnen in Konkurrenz geraten zu können (Manow 2018).

Auch in Deutschland hat sich insbesondere im Zuge der Flüchtlingsmigration in den Jahren 2015 und 2016 eine emotionale Diskussion über entstehende Kos-ten und mögliche Konkurrenzsituationen entwickelt. Von rechtspopulistischen Bewegungen wird ein Verteilungskonflikt stilisiert, der beispielsweise in der For-derung nach einem Rentenbonus für Deutsche gipfelt (Alternative für Deutsch-land Fraktion im Thüringer Landtag 2018). Ähnlich diskriminierende Vorschläge stoßen durchaus auf reges Interesse. So geben knapp die Hälfte der Befürworter eines Bedingungslosen Grundeinkommens an, Zuwanderer sollten die ent-sprechenden Ansprüche erst erhalten „nachdem sie mindestens ein Jahr gearbeitet und Steuern bezahlt haben" (European Social Survey 2016). Rechtspopulistische Kräfte haben sich solche differenzierenden Solidaritätseinstellungen mit ihren diskriminierenden Verteilungskonzepten zu nutzen gemacht, um Konflikte um knappe staatliche Mittel sowie eine Konkurrenzsituation auf dem Arbeitsmarkt zu thematisieren. Tatsächlich polarisieren in Deutschland während der vergangenen Jahre vermehrt die Themen Zuwanderung und sozialer Zusammenhalt.

Abb. 2 zeigt eindrücklich, dass sich einerseits die Sorgen um die allgemeine wirtschaftliche Lage, die eigene wirtschaftliche Lage sowie den eigenen Arbeits-platz im Einklang mit der hervorragenden Lage der deutschen Wirtschaft auf einem historischen Tief bewegen, während andererseits die Sorgen um Zuwanderung und den sozialen Zusammenhalt einen sprunghaften Anstieg erlebt haben. Eine solche Entwicklung ist keinesfalls ausschließlich auf einkommens-schwache Schichten zurückzuführen, sondern der Anstieg zeigt sich zuletzt auch besonders in der gehobenen Mittelschicht und sogar bei den relativ Einkommens-reichen.

In der Mittelschicht im engeren Sinne ist zunehmend eine Spaltung zu beobachten, bei der sich etwa ein Drittel in vielerlei Hinsicht besorgt zeigt, ihr Leben als fremd bestimmt empfindet und angibt, nicht das erreicht zu haben, was sie zu verdienten glauben, sowie sich mehr „Ruhe und Ordnung" wünscht

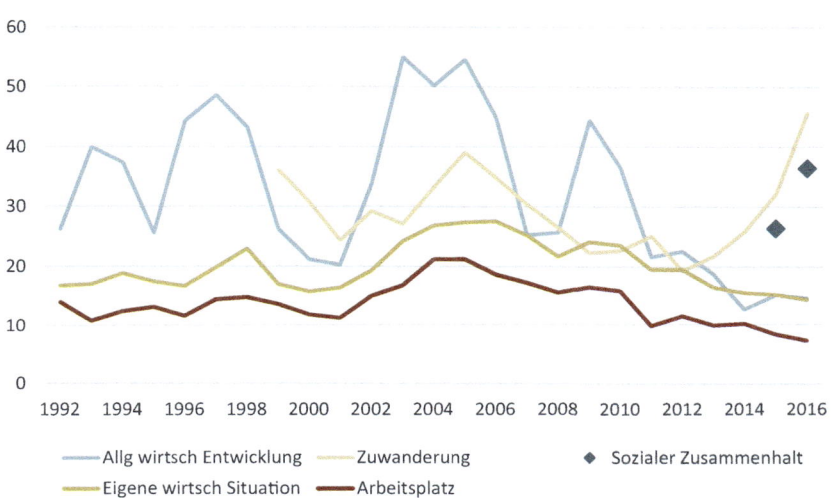

Abb. 2 Entwicklung (großer) Sorgen in der deutschen Gesellschaft, in Prozent aller Befragten. (Quelle: SOEP v33, Institut der deutschen Wirtschaft)

(Niehues und Orth 2018). Rechtspopulisten können sich eine derart aufgeregte Stimmung zu Eigen machen, indem sie den Besorgten gegenüber Verständnis suggerieren, Zuwanderer sowie „die Elite" zu Schuldigen erklären und sich selber als einzige wahre Vertreter des Volkes in den Mittelpunkt stellen. Deutlich wird bereits hier, dass weniger die tatsächliche als vielmehr die unterstellte, individuell für realistisch gehalten Verteilungslage die Bewertungen trägt. Tatsächlich ist der Unterschied zwischen realer und gefühlter Verteilung oder Ungleichheit bei den Deutschen besonders groß (Niehues 2014).

Allerdings wurde auch im internationalen Kontext eine vergleichbare Verbitterung als ein maßgeblicher Treiber der Ablehnung von Migration und des Zulaufs zu rechten Parteien identifiziert (Poutvaara und Steinhardt 2018). In Deutschland zeigt sich eine besonders hohe Konzentration von besorgten Bürgern in den Neuen Bundesländern sowie im ländlichen Raum, was realwirtschaftliche Einflussfaktoren nicht auszuschließen vermag. Allerdings sind sozio-ökonomische Faktoren aber kaum ausschlaggebend bei der Frage, ob sich eine Person innerhalb der Mittelschicht der besorgten oder selbstbestimmten Gruppe zuordnet. Zudem zieht sich der Zulauf zu rechtspopulistischen Strömungen in Deutschland durch alle Bevölkerungsschichten und macht auch vor den prosperierenden Industrieregionen in Süddeutschland nicht Halt (Bergmann et al. 2018). Weniger die tatsächliche wirtschaftliche Deprivation als mehr Statuserhalt in Kombination mit einem tief sitzenden Gefühl, ausgeliefert zu sein, gelten demnach als die vorherrschenden Erklärungsmuster für die Wahlerfolge der deutschen Rechtspopulisten (Manow 2018; Bergmann et al. 2017).

Offen bleiben die Gründe, weshalb sich so viele Menschen in Deutschland Sorgen um den sozialen Zusammenhalt machen und das Land als zunehmend ungerecht empfinden. Mit den oben diskutierten Kriterien und Dimensionen sozialer Gerechtigkeit sowie den dazu gehörigen Befunden ist der Gefühlslage jedenfalls kaum beizukommen. So wird die Halbierung der Arbeitslosigkeit seit 2005 getrieben durch den anhaltenden Aufbau sozialversicherungspflichtiger Beschäftigung und begleitet durch eine stabile bis positive Entwicklung der meisten Verteilungsindikatoren sowie einer wirtschaftlich robusten Mittelschicht (Niehues 2017). Auch im internationalen Vergleich schneidet Deutschland mit seinem stark nivellierenden, effektiven Wohlfahrtsstaat gut ab: Das Steuer-, Transfer- und Rentensystem reduziert die Ungleichheit der Markteinkommen deutlich um über 40 %. Zwar zeigt sich eine relativ hohe Ungleichheit der Vermögen in Deutschland, doch lässt sich dies auch durch das starke soziale Sicherungsnetz mit entsprechend geringen Anreizen zur privaten Vermögensbildung erklären. Ähnlich stellt sich die Situation bei den Musterschülern in puncto Sozialstaat und soziale Mobilität – den skandinavischen Staaten – dar (Niehues 2018). Und doch bietet sich Populisten auch hier Angriffsfläche etwa in Form des Bildes „des gemeinen Volkes" unten, das nichts hat und „der korrupten Elite" da oben, die jeglichen Besitz unter sich aufteilt.

Damit wird deutlich, auch eine positive Entwicklung lässt sich in ein skandalträchtiges Bild umdeuten, dem ein hohes Potenzial innewohnt, Ängste und Sorgen zu mobilisieren. Auffällig bleibt im Kontext des öffentlichen Diskurses um den deutschen Wohlfahrtsstaat, dass die durchaus vorhandenen Erfolgsmeldungen der Verteilungssituation – grundliegend stabile Verteilungssituation, die Integration von 6,5 Mio. Menschen in Beschäftigung und eine Erwerbsbeteiligung der Menschen im Alter von 25 bis 64 Jahren von 80 % – kaum durchdringen: Vielmehr kennt die ungleichheitsbezogene Berichterstattung eine praktisch ausschließlich negative Konnotation, und die Anzahl der Berichte hat sich während der vergangenen 15 Jahren verdoppelt. Dass sich die Befragten nach einer Phase intensiver Berichterstattung über Ungleichheit zumindest kurzfristig verunsichert zeigen (Diermeier et al. 2017), hat besonders starkes Gewicht, da sich die empfundene Ungleichheit von der Realität praktisch gänzlich entkoppelt hat (Niehues 2016). Zumal „gefühlte Realitäten" das Verhalten der Menschen stark beeinflussen, spiegeln sich auch die wahrgenommenen Sorgen und (Abstiegs-)Ängste im Kontext des Sozialstaats an der Wahlurne (Gimpelson und Treisman 2018).

Die stark alarmierende Berichterstattung birgt zudem die Gefahr eines zunehmenden Verteilungskonflikts, im Rahmen dessen auch diskriminierende Politikkonzepte akzeptabel gemacht und von Bürgern übernommen werden. Gerade bei der Berichterstattung über die Verteilungssituation sollte demnach mit besonderer Vorsicht sowie einem hohen Maß an Ausgewogenheit und Augenmaß vorgegangen werden. Unterschiedliche Gruppen stehen hier latent in der Gefahr gegeneinander ausgespielt zu werden. Betrachtet man beispielsweise die Armutsgefährdungsquoten in Westdeutschland, fallen die hohen Quoten bei Familien mit Migrationshintergrund ins Auge. Blickt man nach Ostdeutschland, so stellt man einen massiven Anstieg der Armutsgefährdungsquote bei den 18- bis 34-jährigen Arbeitslosen fest. Die Probleme der beiden Gruppen haben kaum dieselben Gründe und werden sich kaum durch dieselben Maßnahmen bewältigen lassen. An diesem einfachen Beispiel wird deutlich: Anstatt Bevölkerungsgruppen zu stigmatisieren und Konflikte herbei zu agitieren, sollten differenzierte Konzepte zur Problemlösung jeweiliger Gefährdungsgruppen entwickelt werden.

5   Fazit: Mehr Fragen als Antworten

Ökonomische Ungleichheit als Ausdruck von Verteilungsproblemen und denkbare Ursache von Verteilungskonflikten als Demokratieproblem zu deuten, lebt mehr von Stereotypen als von den nachvollziehbaren Befunden. Die Mobilisierung von populistischen Bewegungen ist in Deutschland nicht leicht mit den unterschiedlichen verteilungspolitischen Befunden in Einklang zu bringen, wie sie hier systematisiert wurden. Einfache Antworten auf so komplexe Fragen sind grundsätzlich schwer zu finden. Immerhin ergibt sich ein Verständnisraum, wenn man die wesentlichen Erkenntnisse zusammenführt: Ein erster Hinweis liegt in der grundsätzlich in Deutschland größeren Diskrepanz zwischen der tatsächlich gemessenen und der gefühlten Ungleichheit (Niehues 2014). Ein zweiter Hinweis findet sich in dem Befund, dass in der gesellschaftlichen Mitte gleichermaßen eine weltoffene, unverzagte Gruppe wie eine weltabgewandte, xenophobe Gruppe zu identifizieren ist (Niehues und Orth 2018). Ein dritter Hinweis ergibt sich aus den vielfältigen Ergebnissen zu den Präferenzen und Besorgnissen der AfD-Wähler (Bergmann et al. 2017; Bergmann et al. 2018).

Deutlich hat die Analyse gezeigt, dass die erfolgreiche deutsche Volkswirtschaft mit einem generösen Wohlfahrtsstaat grundsätzlich eine große Strahlkraft für potenzielle Migranten aus aller Welt aufweist. Die hohe Flüchtlingsmigration der vergangenen Jahre hat in Kombination mit populistischer Agitation in diesem Kontext quer durch die Bevölkerung vielschichtige Sorgen und Ängste vor finanzieller Überforderung, einem Verteilungskonflikt sowie einem zunehmenden Kontrollverlust staatlicher Institutionen geweckt. Vollumfänglich lässt sich eine solche Stimmung nur im regional-kulturhistorischen Kontext verstehen. Obwohl entgegengehalten werden kann, dass der Staat durchaus in der Lage sein muss, Zuwanderung zu steuern und zu kontrollieren, gilt auch, dass viel mehr Menschen das Gefühl haben, aktuell stünde viel für sie auf dem Spiel, als es Menschen gibt, die wirklich über eine so verursachte Benachteiligung berichten können. Eine solche Divergenz kann unter Umständen durch die Agenda-Reformen des deutschen Sozialstaat erklärt werden, die einen stärkeren Fokus auf Grundsicherung hatten und einen weniger starke Priorisierung des Statuserhalts zur Folge gehabt haben. Besonders „Arbeitsmarkt-Insider", etwa Beschäftigte in der Industrie, haben in Deutschland aufgrund ihres vergleichsweise hohen Lebensstandards potenziell viel zu verlieren (Manow 2018).

Schließlich muss ebenso bedacht werden, dass selbst eine so erfolgreiche Volkswirtschaft wie die Deutsche wirtschaftliche Verlierer generiert und dass die Aufstiegsträume von manchen Menschen enttäuscht werden. So ist der Niedriglohnsektor zwar in Relation zur gesamten Erwerbstätigkeit seit dem Jahr 2005 nicht mehr angestiegen, wohl aber in absoluter Zahl. Das weist darauf hin, dass es in Deutschland seit über einer Dekade zwar deutlich besser gelingt als früher, Menschen in den regulären Arbeitsmarkt zu integrieren. Aber es gelingt nicht in gleichem Maße, einen Aufstieg zu ermöglichen. Das kann auch damit zu tun haben, dass sich angesichts des technologischen Wandels der digitalen Transformation zu einer stärkeren Polarisierung der Beschäftigung in einfachere und höher bis hoch qualifizierte Arbeit kommt (Stettes 2016). Häufig verbinden sich die Sorgen über Fernbeeinflussung und staatliche Kontrollverluste aus Gründen der Migration mit denen der Digitalisierung.

Im Licht dieser Einschätzungen sollte der Sozialstaat einer ständigen Evaluation unterliegen, etwa zur Verbesserung der sozialen Mobilität durch Qualifikation, zum Anschluss von Regionen im Strukturwandel oder zur Integration von benachteiligten Bevölkerungsgruppen. Doch sollte im Ringen um die zukünftigen Umverteilungsmechanismen der Ausgleich und nicht die Konfrontation im Vordergrund stehen, die differenzierteste und nicht die lauteste Stimme Gehör finden. Ein dermaßen aufgeregt geführter öffentlicher Ungleichheitsdiskurs wie er in der Vergangenheit vorherrschte könnte sich als fataler Fehler erweisen. Denn schon heute ist klar: Die Geflüchteten, die in den vergangenen Jahren in Deutschland Schutz gefunden haben, in den Arbeitsmarkt zu integrieren, wird Zeit brauchen. Auf dem Weg dorthin werden steigende Armutsgefährdungsquoten und eine angespannte Verteilungssituation zu beobachten sein. Dies ist jedoch weder ein Grund in Panik zu verfallen, noch dafür, Sorgen um den Statuserhalt nicht ernst zu nehmen oder gar andere benachteiligte Gruppen zu übergehen. Man darf – kurzgefasst – sich die verteilungspolitische Diskussion nicht von den Gefühlen diktieren lassen, sondern sollte den Befunden folgen. Nur dadurch kann man sachangemessen Wirkung erzielen.

Literatur

Alesina, A., Murard, E., und H. Rapoporto. 2019. Immigration and Preferences for Redistribution in Europe, IZA Discussion Paper 12130.

Alternative für Deutschland Fraktion im Thüringer Landtag. 2018. Die Produktivitätsrente. Es geht um Wertschätzung. Ein Konzept der AFD-Fraktion im Thüringer Landtag. https://afd-thl.de/wp-content/uploads/sites/20/2018/06/Rentenpapier-1.pdf. Zugegriffen: 19. Nov. 2018.

Bergmann, K., M. Diermeier, und J. Niehues. 2017. Die AfD: Eine Partei der sich ausgeliefert fühlenden Durchschnittsverdiener? *Zeitschrift für Parlamentsfragen* 48:57–75.

Bergmann, K., M. Diermeier, und J. Niehues. 2018. Ein komplexes Gebilde. Eine sozio-ökonomische Analyse des Ergebnisses der AfD bei der Bundestagswahl 2017. *Zeitschrift für Parlamentsfragen* 49:243–264.

Braml, M., und G. Felbermayr. 2018. Regionale Ungleichheit in Deutschland und der EU: Was sagen die Daten? *ifo Schnelldienst.* https://www.cesifo-group.de/DocDL/sd-2018-07-braml-felbermayr-regionale-ungleichheit-2018-04-12.pdf. Zugegriffen: 21. Nov. 2018.

Corneo, G., und G. Neidhöfer. 2018. Income redistribution and self-selection of immigrants: Evidence from administrative data. Forschungsinstitut zur Zukunft der Arbeit (IZA Conference Paper, 26294).

Deutscher Bundestag. 2018. Plenarprotokoll 19/60 vom 7. November 2018.

Diermeier, M., Goecke, H., Niehues, J., und T. Thomas. 2017. Impact of inequality-related media coverage on the concerns of the citzens. Düsseldorf Institute for Competition Economics, discussion paper 258. http://hdl.handle.net/10419/162781. Zugegriffen: 11. Nov. 2018.

European Social Survey. 2016. Round 8 data. Data file edition 2.0 NSD. Norwegian Centre for Research Data, Norway – Data Archive and distributor of ESS data for ESS ERIC.

Fratzscher, Marcel. 2017. Sozialer Sprengstoff. Zeit Online. https://www.zeit.de/wirtschaft/2017-09/ungleichheit-deutschland-bundestagswahl-afd-bundesregierung. Zugegriffen: 19. Nov. 2018.

Gimpelson, V., und D. Treisman. 2018. Misperceiving inequality. *Economics and Politics* 30:27–54.

Hüther, Michael. 2009. Ordnung und Gewissen. In *Abschied von der Gerechtigkeit: für eine Neujustierung von Freiheit und Gleichheit im Zeichen der Krise*, Hrsg. Katja Gentinetta und Karen Horn, 37–47. Frankfurt a. M.: Frankfurter Allgemeine Buch und Neue Zürcher Zeitung NZZ Libro.

Hüther, Michael. 2016. Wie gerecht ist unsere Soziale Marktwirtschaft? *Neue Gesellschaft Frankfurter Hefte* 10:51–54.

Ipsos. 2016. Verschätzt: Wahrnehmung der Deutschen oft abseits der Realität (Presse-Information). https://www.ipsos.com/sites/default/files/2017-02/Ipsos-PI_PerilsOfPerception_Dezember2016.pdf. Zugegriffen: 21. Nov. 2018.

Manow, Philip. 2018. *Die politische Ökonomie des Populismus*. Berlin: Suhrkamp.

Marquard, Odo. 2007. *Skepsis in der Moderne. Philosophische Studien*. Stuttgart: Reclam.

Milatz, Marvin. 2018. Pessimismus in Deutschland ungleich verteilt. Norddeutscher Rundfunk. https://www.ndr.de/themenwoche/gerechtigkeit/Umfrage-Pessimismus-in-Deutschland-ungleich-verteilt,umfrage106.html. Zugegriffen: 11. Nov. 2018.

Müller, Jan-Werner. 2016. *Was ist Populismus? Ein Essay*. Berlin: Suhrkamp.

Niehues, Judith. 2014. Subjektive Ungleichheitswahrnehmung und Umverteilungspräferenzen – ein internationaler Vergleich. *IW-Trends* 41:75–91.

Niehues, Judith. 2016. Ungleichheit: Wahrnehmung und Wirklichkeit – ein internationaler Vergleich. *Wirtschaftsdienst* 96 (1): 13–18.

Niehues, Judith. 2017. Die Mittelschicht in Deutschland – vielschichtig und stabil. *IW-Trends* 44:75–91.

Niehues, Judith. 2018. Die Einkommens- und Vermögensungleichheit Deutschlands im internationalen Vergleich. *IW-Kurzbericht* 29: 1–3.

Niehues, J., und A. K. Orth. 2018. Die gespaltene Mitte – Werte Einstellungen und Sorgen. *RHI Diskussion* 30: 1–30.

Oberst, Christian; Kempermann, Hanno und Schröder, Christoph. im Druck. Räumliche Entwicklung in Deutschland. In *IW-Studie Regionalpolitik*. Hrsg. M. Hüther, J Südekum und M. Voigtländer.

Poutvaara, P., und Steinhardt, M. F. 2018. Bitterness in life and attitudes towards immigration. *European Journal of Political Economy* 22:838–861.

Repräsentative ARD-Umfrage. 2018. Deutsche finden ihr Land immer ungerechter. Frankfurter Allgemeine Zeitung. http://www.faz.net/aktuell/politik/inland/wie-gerecht-schaetzen-deutsche-die-situation-in-ihrem-land-ein-15880793.html. Zugegriffen: 11. Nov. 2018.

Schröder, Christoph. 2017. Armut in Europa – Eine multidimensionale Betrachtung. *IW-Trends* 1:21–41.

Stettes, Oliver. 2016. Arbeitswelt der Zukunft: Wie die Digitalisierung den Arbeitsmarkt verändert. *IW-Analyse* 108: 1–86.

Dr. Michael Hüther, Direktor des Instituts der deutschen Wirtschaft und Honorarprofessor an der EBS Business School in Oestrich-Winkel.

Matthias Diermeier, M.A., Persönlicher Referent des Direktors des Instituts der deutschen Wirtschaft.

Soziale Ungleichheit und Wahlbeteiligung. Gefahr für die Demokratie?

Emilie Reichmann

1 Trotz Anstieg bleibt die Wahlbeteiligung bei der Bundestagswahl 2017 sozial stark gespalten

Wahlen sind ein zentraler Bestandteil unserer Demokratie. Sie sind das Fundament der repräsentativen Demokratie und deren wichtigste Legitimationsquelle. Umso problematischer ist es für eine Demokratie, wenn die Beteiligungsraten sinken und die Akzeptanz des repräsentativen Systems schwindet.

Nachdem die Wahlbeteiligung in den letzten dreißig Jahren auf allen Ebenen deutlich gesunken ist, hat sich zuletzt ein gegenteiliger Trend gezeigt. Nach acht Landtagswahlen in Folge ist auch bei der Bundestagswahl 2017 die Wahlbeteiligung um 4,6 Prozentpunkte auf 76,2 % aller Wahlberechtigten gestiegen. Dennoch kann aus zwei Gründen noch keine Entwarnung gegeben werden: Zwar hat sich bei der Bundestagswahl 2017 die Zahl der Nichtwähler von 17,2 Mio. auf 14,7 Mio. verringert, die Beteiligungsrate bleibt mit 76,2 % aber die Drittschlechteste der Nachkriegsgeschichte und verfehlt die Werte der 1970er Jahre von über 90 % deutlich. Hinzu kommt, dass die Wahlbeteiligung weiterhin auf hohem Niveau sozial gespalten ist. Mit dem Anstieg der Wahlbeteiligung hat sich die soziale Spaltung zwischen Wählern und Nichtwählern zwar verringert, die Schieflage zwischen den wirtschaftlich starken Wählermilieus und den wirtschaftlich schwachen Nichtwählermilieus bleibt dennoch hoch. Immer noch verzichten vor allem Menschen aus den ökonomisch benachteiligten Milieus überproportional häufig darauf, ihre Stimme abzugeben. Auch für die Bundestagswahl

E. Reichmann (✉)
Bertelsmann Stiftung, Gütersloh, Deutschland
E-Mail: emilie.reichmann@bertelsmann-stiftung.de

© Springer Fachmedien Wiesbaden GmbH, ein Teil von Springer Nature 2019
V. Kronenberg und J. Horneber (Hrsg.), *Die repräsentative Demokratie in Anfechtung und Bewährung,* Studien der Bonner Akademie für Forschung und Lehre praktischer Politik, https://doi.org/10.1007/978-3-658-26364-5_4

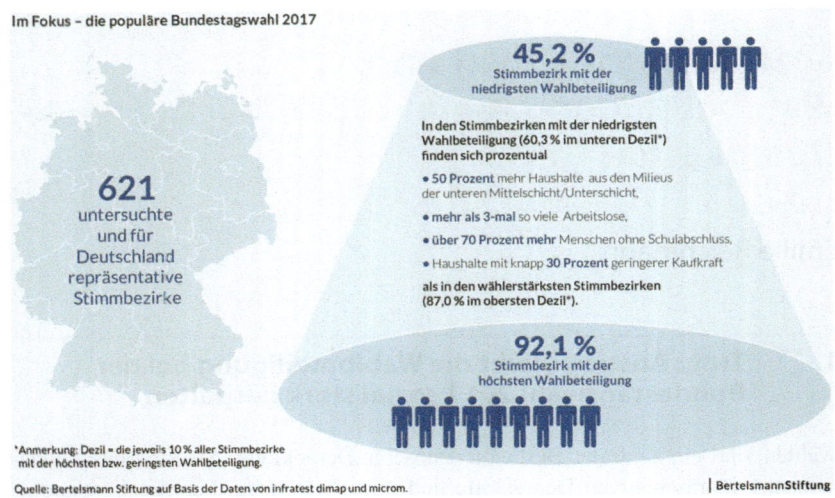

Abb. 1 Unterschiede bei der Wahlbeteiligung zur Bundestagswahl 2017

2017 gilt daher: Je wirtschaftlich schwächer die Milieustruktur in einem Stimmbezirk ist, desto geringer ist die Wahlbeteiligung. Und umgekehrt: Je wirtschaftlich stärker die Milieustruktur in einem Stimmbezirk ist, desto höher fällt die Beteiligung aus (Vehrkamp und Wegschaider 2017).

Wie groß die Unterschiede zwischen den wählerstarken und wählerschwachen Stimmbezirken ausfällt, zeigt auch eine Analyse auf Basis der 621 repräsentativen Stimmbezirke, die infratest dimap für ihre Prognose am Wahltag nutzt, siehe Abb. 1. So finden sich in 10 % der Stimmbezirke mit der niedrigsten Wahlbeteiligung (60,3 %) 50 % mehr Haushalte aus den Milieus der unteren Mittelschicht/Unterschicht, mehr als dreimal so viele Arbeitslose, über 70 % mehr Menschen ohne Schulabschluss und Haushalte mit knapp 30 % geringerer Kaufkraft als in den wählerstärksten Stimmbezirken (87,0 %).

2 „AfD-Effekt" verringert die soziale Spaltung der Wahlbeteiligung bei der Bundestagswahl 2017

Erstmals seit 1998 ist die soziale Spaltung der Wahlbeteiligung bei einer Bundestagswahl wieder gesunken. Der Grund hierfür ist, dass die Beteiligungsraten in den wirtschaftlich schwachen Stimmbezirken mit der niedrigsten Wahlbeteiligung mehr als doppelt so stark angestiegen ist wie in den wirtschaftlich starken und wählerstärksten Stimmbezirken. Die Verringerung der sozialen Spaltung der Wahlbeteiligung ist dabei zu einem erheblichen Teil auf die Mobilisierungserfolge der rechtspopulistischen Protestpartei AfD zurückzuführen. Diese erzielte ihre stärksten Ergebnisse in den Milieus der unteren Mittelschicht und der Unterschicht. Die überdurchschnittlichen Erfolge der AfD in diesen wirtschaftlich prekären Nichtwählermilieus führen dort zu einem überdurchschnittlichen Anstieg der Wahlbeteiligung und damit zu einem Rückgang der sozialen Spaltung der Wahlbeteiligung.

3 Jungwähler beteiligen sich nur unterdurchschnittlich an Wahlen

Auch mit Blick auf junge Menschen – der für künftige Wahlen immer wichtiger werdenden Wählergeneration – lässt sich keine Entwarnung geben. Denn die Wahlbeteiligung jüngerer Menschen liegt deutlich unter der Gesamtwahlbeteiligung und ist noch stärker sozial gespalten als in der Gesamtbevölkerung. Die vergangenen Wahlen haben gezeigt, dass die Wahlbeteiligung der Erst- und Jungwähler etwa 10 % niedriger ausfällt als im Durchschnitt. Dem steht eine deutlich überdurchschnittliche Beteiligung der älteren Wähler entgegen, die nicht nur einen größeren Anteil der Wahlberechtigten ausmachen, sondern sich gleichzeitig stärker beteiligen.

Die niedrigste Wahlbeteiligung ist allerdings nicht etwa in der Gruppe der Erstwähler zu finden, sondern in der Altersgruppe der „Zweitwähler" zwischen 21–29 Jahre. Die etwas höhere Erstwählerbeteiligung ließe sich als ein Indiz für den Erfolg von gezielten Erstwählerkampagnen und einer erhöhten Aufmerksamkeit für die erste Wahl werten. Sie rührt aber vor allem daher, dass die älteren Jungwähler aus ihren sozialen Strukturen herausgewachsen sind und häufig in ganz neuen Milieus leben. Sie befinden sich in einer neuen, sehr mobilen Lebensphase, haben das Elternhaus und den Freundeskreis verlassen und sind möglicherweise für Ausbildung oder Studium in eine neue Stadt gezogen. In dieser Phase des Umbruchs steht der Gebrauch des Wahlrechts häufig nicht mehr an erster Stelle.

Neben der deutlich niedrigeren Wahlbeteiligung der Jungwähler kommt verstärkend hinzu, dass die Wahlbeteiligung der unter 30-Jährigen deutlich stärker sozial gespalten ist, als die der Gesamtbevölkerung. Dies wird am Indikator Bildung besonders deutlich. Bereits in der Gesamtbevölkerung geben Menschen mit Hochschulreife häufiger ihre Stimme ab als Menschen ohne Hochschulreife. Unter den 18–29-Jährigen ist dieser Unterschied mehr als doppelt so groß.

In Folge all dieser Effekte, sind die politischen Präferenzen und Wünsche der unter 30-jährigen Wähler politisch nicht nur unterrepräsentiert, sondern auch inhaltlich stark verzerrt.

4 Patentrezepte zur Steigerung der Wahlbeteiligung gibt es nicht, aber vielversprechende Ideen

Zusammengefasst lässt sich festhalten: Die Wahlbeteiligung ist heute deutlich niedriger als noch in den 1970er Jahren und sie ist sozial stark gespalten. Vor allem Menschen aus wirtschaftlich schwachen Milieus und Jüngere verzichten überproportional häufig auf die Stimmabgabe. Doch wie ließe sich das ändern?

Die Gründe für die Nichtwahl sind unterschiedlich. Sie reichen von individuellen Umständen, wie Urlaub, Berufstätigkeit oder Krankheit am Wahltag über die allgemeine Unzufriedenheit mit der Politik und deren Repräsentanten bis hin zum Gefühl, dass die einzelne Stimme nicht zählt und die Wahlteilnahme gar keinen Unterschied macht. Dass es verschiedene Gründe für die Nichtwahl gibt, bedeutet zugleich, dass es kein Patenrezept für die Steigerung der Wahlbeteiligung geben kann. Von manchen wird an dieser Stelle die Wahlpflicht eingeworfen. Doch damit diese wirkt, müsste sie auch sanktioniert werden. Also Geldstrafen oder Haftandrohung für Nichtwähler? Ein Gedanke, der mit der politischen Kultur in Deutschland nur schwer über ein zu bringen ist.

Entlang der Fragen, wer wählt, wie und nach welchen Regeln wird gewählt, gibt es viele erfolgversprechende Vorschläge zur Steigerung der Wahlbeteiligung (Vehrkamp et al. 2016). Besonders wirkungsvoll ist die *Absenkung des Wahlalters auf 16 Jahre* (Vehrkamp et al. 2015). Für den Aufbau einer Wahlgewohnheit ist die erste Wahl wegweisend. Wer einmal zur Wahl gegangen ist, wird mit höherer Wahrscheinlichkeit auch zukünftig zur Wahl gehen. Maßnahmen zur Mobilisierung von Erstwählern wirken sich daher auch langfristig positiv auf die Wahlbeteiligung aus. Durch nachhaltige Aktivierungsmaßnahmen besonders gut erreichbar sind dabei allerding nicht die 18-Jährigen, sondern die 16–17-Jährigen. Sie sind, wie bereits oben beschrieben, noch nicht aus ihren familiären Strukturen ausgebrochen und insbesondere in den Schulen gut erreichbar und aktivierbar. Gelingt es durch gezielte Maßnahmen bei künftigen Wählergenerationen frühzeitig politisches Interesse und eine Wahlgewohnheit aufzubauen und zu festigen, kann so die Wahlbeteiligung langfristig ansteigen.

Pilotprojekte in den USA und in Deutschland (Faas und Hohmann 2014) haben gezeigt, dass *parteineutrale Haustürbesuche* die Wahlbeteiligung um bis zu 10 Prozentpunkte steigern können. Dabei wird die Tatsache genutzt, dass Wählen von vielen Menschen als soziale Handlung verstand wird. Gehen Freunde und Familie zur Wahl oder wird im Elternhaus viel über Politik gesprochen, steigert das die eigene Wahlwahrscheinlichkeit. Menschen wollen auch in dieser Frage ihrem Umfeld gerecht werden. Bei den Haustürbesuchen geht es also darum, Menschen in einem persönlichen Gespräch anzuregen ihre Stimme abzugeben. Zentraler Hebel ist dabei die persönliche Ansprache. Ein Kurzes: „Ihre Stimme zählt", „gehen Sie bitte zur Wahl" oder „Ihre Stimmabgabe ist wichtig" reicht schon aus und bewirkt wesentlich mehr als ein unpersönlicher Flyer im Briefkasten.

Auch Reformen in der Wahlorganisation, wie *die Vereinfachung der Briefwahl* (Reichmann 2016), *die Flexibilisierung der Urnenwahl oder Internetwahlen* haben in Zeiten einer immer mobileren und digitalen Gesellschaft das Potenzial die Wahlbeteiligung zu steigern. Der Wahlsonntag zwischen 8–18 Uhr ist für Viele nicht mehr zwangsläufig die einfachste Möglichkeit ihre Stimme abzugeben. So verzichtet ein Teil der Nichtwähler nur deshalb auf sein Wahlrecht, weil er am Wahltag nicht zu Hause ist. Das müsste nicht sein, wenn es flexiblere Wege der Stimmabgabe gäbe. Beispielsweise in dem die Stimmabgabe deutschlandweit für jeden Wahlberechtigten in jedem der 80.000 Wahllokale möglich wäre und nicht nur in seinem Heimatwahlkreis oder in dem die Briefwahl durch eine automatische, antragslose Zusendung der Briefwahlunterlagen vereinfacht würde. Insbesondere Jüngere können sich auch die Stimmabgabe über das Internet vorstellen. Knapp 60 % der 16–29-Jährigen würden die Möglichkeit der digitalen Stimmabgabe nutzen, wenn es sie gäbe. Andere Länder sind an dieser Stelle schon weiter. So gibt es in Estland bereits seit mehreren Jahren die Möglichkeiten, seine Stimme online abzugeben.

Besonders gefordert sind in Sachen Nichtwählermobilisierung die Parteien. Sie können durch *finanzielle Anreize* in ihren Mobilisierungsbemühungen unterstützt werden. Zwar ist bereits heute die Parteienfinanzierung an die Anzahl der gewonnenen Wählerstimmen gekoppelt, allerdings ist die Gesamtsumme begrenzt. Diese Obergrenze wird fast immer erreicht, was dazu führt, dass die Wahlbeteiligung noch deutlich sinken könnte und die Zahlungen an die Parteien trotzdem gleich hoch blieben. Ein Bonus für Parteien, der an die Wahlbeteiligung gekoppelt ist, könnte finanzielle Anreize zur Mobilisierung von Nichtwählern schaffen und zugleich Geld für Mobilisierungsmaßnahmen der Parteien zur Verfügung stellen.

5 Fazit

Trotz der zuletzt gestiegenen Wahlbeteiligung, kann noch keine Entwarnung in Sachen Wahlbeteiligung gegeben werden. Immer noch verzichten vor allem Menschen aus wirtschaftlich schwachen Milieus und Jüngere überproportional häufig auf die Stimmabgabe. Die Nichtwählermobilisierung bei der Bundestagswahl ist zum großen Teil auf die Erfolge der rechtspopulistischen AfD zurückzuführen. Gute Vorschläge zur Steigerung der Wahlbeteiligung und Senkung ihrer sozialen Spaltung liegen vor und werden diskutiert. Jetzt sind alle demokratischen Kräfte gefordert, eine gemeinsame Strategie zu entwickeln und um die Nichtwähler zu kämpfen.

Literatur

Faas, Thorsten, und D. Hohmann. 2014. Mobilisierung bei Nebenwahlen: ein Feldexperiment zu Mobilisierungspotenzialen von Wahlkämpfen anlässlich der Kommunalwahl 2014 in Rheinland-Pfalz. https://methoden.politik.uni-mainz.de/files/2014/12/Kommunalwahlen_Projektbericht.pdf. Zugegriffen: 14 Jan. 2018.

Reichmann, Emilie. 2016. Mehr Briefwahl wagen, Einwurf 3/2016. Bertelsmann Stiftung. https://www.bertelsmann-stiftung.de/fileadmin/files/BSt/Publikationen/GrauePublikationen/ZD_EINWURF_03_2016.pdf. Zugegriffen: 14 Jan. 2018.

Vehrkamp, Robert, C. Tillmann, E. Reichmann, und N. Im Winkel. 2016. „Zeitgemäß Wählen" – 8-Punkte-Plan zur Steigerung der Wahlbeteiligung, Einwurf Sonderausgabe 1–2/2016. Bertelsmann Stiftung. https://www.bertelsmann-stiftung.de/fileadmin/files/BSt/Publikationen/GrauePublikationen/ZD_EINWURF_Sonderausgabe_1-2_2016.pdf. Zugegriffen: 14 Jan. 2018.

Vehrkamp, Robert, und K. Wegschaider. 2017. Populäre Wahlen – Mobilisierung und Gegenmobilisierung der sozialen Milieus bei der Bundestagswahl 2017. Bertelsmann Stiftung. https://www.bertelsmannstiftung.de/fileadmin/files/BSt/Publikationen/GrauePublikationen/ZD_Populaere_Wahlen_Bundestagswahl_2017_01.pdf. Zugegriffen: 14 Jan. 2018.

Vehrkamp, Robert, N. Im Winkel, und L. Konzelmann. 2015. Wählen ab 16 – Ein Beitrag zur nachhaltigen Steigerung der Wahlbeteiligung. Bertelsmann Stiftung. https://www.bertelsmann-stiftung.de/fileadmin/files/BSt/Publikationen/GrauePublikationen/ZD_Studie_Waehlen_ab_16_2015.pdf. Zugegriffen: 14 Jan. 2018.

Emilie Reichmann, Vorstandsreferentin bei der Bertelsmann Stiftung, forscht zu den Themen Demokratie, Wahlen und Wahlorganisation.

Mythos direkte Demokratie. Lässt sich das Repräsentativsystem durch plebiszitäre Verfahren verbessern?

Frank Decker

Anders als die territoriale Herrschaftsgliederung, die Verfassungsgerichtsbarkeit oder das Wahlsystem gehören plebiszitäre Verfahren nicht zu den zwingend notwendigen, sondern zu den „optionalen" Einrichtungen eines demokratischen Regierungssystems. Wer sie neu einführen will, muss deshalb den Nachweis führen, dass sie in das System hineinpassen und ihnen ein demokratischer Mehrwert innewohnt. Letzteres setzt voraus, dass die Plebiszite nicht nur eine symbolische Funktion erfüllen; sie müssen tatsächlich politische Wirkung entfalten. Handelt es sich bei der Direktdemokratie um ein in der Praxis nicht einlösbares Versprechen an die Bürger, wäre es ehrlicher und damit auch unter Legitimationsaspekten besser, auf sie zu verzichten.

Ein Rückblick auf die Geschichte der Demokratisierung im 20. Jahrhundert zeigt, dass die Einführung direktdemokratischer Elemente in das bestehende Repräsentativsystem in den seltensten Fällen freiwillig erfolgte. Fast immer handelte es sich um Konzessionen der herrschenden Eliten an die Bevölkerung, die nur unter massivem Druck zustande kamen. Für das Vordringen der Plebiszite lassen sich zwei Haupterklärungen anführen. Zum einen kann die Demokratisierung als Ausdruck eines generell gestiegenen Partizipationsbedürfnisses betrachtet werden, das an der Zunahme des politischen Interesses festzumachen ist und dessen Ursachen im verbesserten Bildungs- und Informationsniveau der Bürger liegen. Zum anderen handelt es sich um eine spezielle Reaktion auf die Krise der demokratischen Vermittlungsinstitutionen (Luthardt 1994, S. 167).

F. Decker (✉)
Institut für Politische Wissenschaft und Soziologie, Universität Bonn, Bonn, Deutschland
E-Mail: frank.decker@uni-bonn.de

© Springer Fachmedien Wiesbaden GmbH, ein Teil von Springer Nature 2019
V. Kronenberg und J. Horneber (Hrsg.), *Die repräsentative Demokratie in Anfechtung und Bewährung,* Studien der Bonner Akademie für Forschung und Lehre praktischer Politik, https://doi.org/10.1007/978-3-658-26364-5_5

Beide Erklärungen sind miteinander verwoben, bildet das gestiegene Selbst-
bewusstsein der Bürger doch die Kehrseite ihres Vertrauensverlusts in die etablierten demokratischen Institutionen. Daten für die Bundesrepublik belegen
dies: Während Gerichte, die Polizei, die öffentliche Verwaltung oder der sich
als „überparteilich" verstehende Bundespräsident hohes Ansehen genießen, ist
das Vertrauen in Parteien, Parlament und Regierung stark gesunken. Empirischen Niederschlag findet das in der auf Wahlen bezogenen Partizipation. Die
Organisationskraft der Parteien sinkt, die Wahlbeteiligung ist auf allen Ebenen
des politischen Systems rückläufig[1], die soziale Ungleichheit der politischen
Beteiligung wächst, und die Wähler neigen vermehrt zu „abweichendem" Stimm-
verhalten, was sich in Wahlerfolgen rechts und -linkspopulistischer „Protestparteien" ausdrückt. Als „Anti-Establishment"- oder „Anti-Parteien-Parteien"
sprechen diese offensichtlich vielen enttäuschten Bürgern aus der Seele. Dies gilt
auch für ihre Forderung nach mehr direkter Demokratie.

Fragt man die Bürger selbst, ob sie mehr direkte Demokratie wollen, liegt
die Zustimmung in der Regel bei um die 80 % (Decker et al. 2013, S. 55 ff.).
Dass die Verfahren dort, wo sie bereits bestehen, häufig gar nicht genutzt werden, steht dazu nur scheinbar in Widerspruch. Die hohe Wertschätzung lässt sich
erklären, wenn man sie auf der einen Seite mit weiteren, nicht-verfassten Formen
der politischen Partizipation und auf der anderen Seite mit Wahlen und Parteien
vergleicht. Im Vergleich zu den anderen Partizipationsformen haben die direktdemokratischen Verfahren aus der Sicht der Bürger den Vorzug, dass mit ihnen
nicht nur Einfluss auf politische Entscheidungen genommen werden kann, sondern sie selbst diese Entscheidungen unmittelbar und verbindlich herbeiführen.
Darüber hinaus handelt es sich wie bei den Wahlen um ein niedrigschwelliges,
einfach zu nutzendes Instrument. Im Vergleich zu Wahlen und Parteien rührt
die Wertschätzung der direktdemokratischen Verfahren aus ihrer Umgehungs-
funktion. Die Entscheidungen werden anstelle der repräsentativen Institutionen
beziehungsweise an diesen vorbei getroffen, wobei das Attribut „direkt" zugleich
suggerieren soll, dass es sich um eine höherwertige, ja die eigentliche Form der
Demokratie handelt.

Spätestens hier muss sich Widerspruch regen. Repräsentative und direktdemokratische Verfahren sollten nicht an unterschiedlichen Maßstäben gemessen
werden, wie es in der politischen (und wissenschaftlichen) Debatte leider häufig

---

[1]Der Wiederanstieg der Wahlbeteiligung seit 2016 dürfte diesen Trend nur kurzfristig unter-
brechen; er lässt sich vor allem auf die starke Mobilisierungswirkung des Flüchtlings-
themas zurückführen.

geschieht (Decker 2016, S. 43 f.). Sie unterliegen denselben Bewertungskriterien der Input- und Output-Legitimation, die Abraham Lincoln seiner berühmten Definition des „government *by* the people and *for* the people" zugrunde gelegt hat. Kritiker der direkten Demokratie wie Peter Graf Kielmansegg (2013, S. 109 ff.) stellen vor allem auf den Output-Aspekt ab, das heißt auf die Fähigkeit zum gemeinwohlorientierten, „guten Regieren", die in einem Repräsentativsystem grundsätzlich eher gegeben sei als in einem direktdemokratischen. Festgemacht wird dies zum einen an der Entscheidungsverantwortung, die sich mit dem Amtsprinzip verbinde, zum anderen an der Entscheidungskohärenz.

Was das erste betrifft, ist es für Kielmansegg zwar durchaus vorstellbar, dass sich der einzelne den anderen Bürgern gegenüber verantwortlich fühle, wenn er bei einer Abstimmung über diese mitentscheide. Seine Verantwortlichkeit sei jedoch nirgends institutionalisiert und damit auch nicht – wie bei den repräsentativen Vertretern – sanktionierbar. Die durch Wahl bestellten Abgeordneten können von den Wählern wieder abgewählt und so zur Verantwortung gezogen werden. Für das Abstimmungsvolk gibt es dagegen, wie es der Staatsrechtler Josef Isensee (2009, S. 311) ausdrückt, „kein Gegenüber, vor dem es sich rechtfertigen müsste und für das es Verantwortung trüge; der Teilnehmer entscheidet geheim und braucht nicht öffentlich für sein Votum einzustehen."

Der Begründungs- und Rechtfertigungszwang ist in diesem Argument der stärkere Teil. Hinter der Sanktionierbarkeit muss man wegen der komplexen Entscheidungsabläufe und -realitäten gewaltenteiliger Regierungssysteme gewisse Fragezeichen setzen und sich hüten, dies als Vorteil der repräsentativen Demokratie zu überhöhen. Tatsächlich sind die Entscheidungen ihren Urhebern oft nur schwer zurechenbar, während sich die Repräsentanten gleichzeitig durch Wahlrechtsregelungen und die Modalitäten der Koalitions- und Regierungsbildung vor der Abwahl schützen können. Andere politische Akteure wie die Verfassungsrichter sind der Sanktionierbarkeit sogar ganz enthoben, obwohl sie durch ihre letztverbindlichen Entscheidungen ebenfalls Regierungsgewalt ausüben.[2]

Das zweite Argument, das Kielmansegg für die Überlegenheit der repräsentativen Demokratie ins Feld führt, setzt bei eben dieser komplexen Entscheidungsrealität an. Zum einen entzögen sich die direktdemokratischen Entscheidungen

---

[2]Ein oft vorgebrachter Einwand gegen direkte Demokratie lautet, dass sich die gewählten Vertreter mithilfe der plebiszitären Verfahren vor ihrer Entscheidungsverantwortung im repräsentativen System „drücken" würden. Werden Entscheidungen an das Verfassungsgericht „weitergereicht", was gerade in der Bundesrepublik häufig vorkommt, hört man denselben Vorwurf eher selten.

dem Zwang zur Kohärenz, weil sie disjunkt fielen. „Jede Abstimmungsmehrheit trifft als solche eine und nur eine Entscheidung. Als einmalige Mehrheit kann sie diese Entscheidung zu keiner anderen Entscheidung bewusst in Beziehung setzen" (Kielmansegg 2013, S. 111). Zum anderen seien Deliberation und Entscheidung im repräsentativen Verfahren kontinuierlich verknüpft, während im direktdemokratischen Verfahren eine bestimmte Entscheidungsfrage als Ja-Nein-Option frühzeitig fixierte werden müsse. Dies mindere den Spielraum für Kompromisse.

Auch hier steht der zweite Teil des Arguments auf schwächeren Füßen als der erste. Mit Blick auf die Bundesrepublik übersieht er zum Beispiel die starke institutionelle Verschränkung von parlamentarischer und Volksgesetzgebung in sämtlichen Länderverfassungen. In der Praxis führt das dazu, dass das Gros der Volksinitiativen und -begehren bereits während des Verfahrens durch Kompromisse mit dem Parlament zum Erfolg geführt werden kann, ohne dass es zum Volksentscheid kommt (Decker 2016, S. 102 ff.).[3] In der Schweiz zeigt sich dieser Effekt in Gestalt der sprichwörtlichen Vorab-Wirkungen noch sehr viel ausgeprägter. Hier hat die Drohwirkung des fakultativen Referendums zur Folge, dass die Deliberation in den gouvernementalen und parlamentarischen Prozess vorverlagert wird, in dem die Regierenden für eine möglichst breite Interessenberücksichtigung sorgen. Und wenn es doch zum Referendum kommt, führen die in der Regel mehrmonatigen Fristen bis zur Abstimmung dazu, dass der öffentlichen Diskussion und Kommunikation häufig mehr Raum gegeben wird als im parlamentarischen Verfahren (Schneider 2003). Während der Parteienwettbewerb im repräsentativen System die politischen Akteure in Versuchung bringt, bestimmte Themen – je nach Stimmungslage – kurzfristig „hochzuziehen", wenn sie sich davon Gewinn versprechen[4], müssen die Konfliktparteien in einen plebiszitären Verfahren damit rechnen, dass sich die Stimmungen rasch abkühlen und ihre Anliegen nicht die erhoffte Resonanz bringen.

Wesentlich triftiger ist das Kohärenzargument. Es greift vor allem dort, wo die Volksabstimmungen mit finanziellen Folgen verbunden sind, also den Haushalt betreffen (Waldhoff und von Aswege 2012). In der Bundesrepublik gibt es über

---

[3]Ein in der Literatur wenig beachteter Nebeneffekt der von unten auslösbaren direktdemokratischen Verfahren in den deutschen Ländern liegt insofern darin, dass sie die Parlamente als Gesetzgeber gegenüber den Regierungen aufwerten (Dressel 2017, S. 36).

[4]Ein Beispiel aus der deutschen Politik ist die nach der Reaktorkatastrophe von Fukushima im unmittelbaren Vorfeld der Landtagswahlen in Baden-Württemberg und Rheinland-Pfalz im März 2016 hastig beschlossene „Energiewende".

die Reichweite des bereits in der Weimarer Reichsverfassung festgeschriebenen sogenannten „Finanztabus", das Steuern, Besoldungsregelungen und das Haushaltsgesetz von der Volksgesetzgebung ausnimmt, eine breite verfassungsrechtliche und -politische Debatte, bei der selbst die Befürworter der direkten Demokratie, die die Anwendungsbedingungen der Verfahren im Prinzip verbessern wollen, inzwischen vor einer zu starken Lockerung warnen. „Eine Arbeitsteilung dergestalt, dass eine Initiative bestellt und die Politik nachher die Rechnung bezahlt, ist in Zeiten der Schuldenbremse nicht mehr hinnehmbar" (Dressel 2017, S. 38).

Blendet man von der Outputseite über zur Input-Legitimation, wird von den Befürwortern als Vorteil der plebiszitären Elemente vor allem betont, dass sie zu mehr Beteiligung führten und darüber das Vertrauen der Bürger in die demokratische Ordnung gestärkt werde. Tatsächlich kommen die Untersuchungen, was den Einfluss der Direktdemokratie auf die allgemeine Systemzufriedenheit angeht, häufig zu positiven Ergebnissen. So zeigt ein Vergleich der kantonalen Demokratien der Schweiz, „dass in Gemeinwesen mit größerer Beteiligungsmöglichkeit des Volkes das zivilgesellschaftliche Engagement höher ist, die sozialen Netzwerke dichter sind, die Leute besser informiert sind und sogar die allgemeine Lebenszufriedenheit der Bürgerinnen und Bürger höher ist" (Vatter 2007, S. 105).

Bei der Generalisierung dieses Befundes bleibt allerdings Vorsicht geboten. Einerseits macht es einen Unterschied, ob die Volksrechte wie in der Schweiz eine lange Tradition aufweisen und die Funktionsweise des gesamten politischen Prozesses prägen, oder ob sie wie in der Bundesrepublik als ergänzendes Systemelement allenfalls punktuell zum Einsatz kommen. Im ersten Fall ist ihre Bedeutung für die Systemzufriedenheit hoch, im letzten Fall dürfte sie sich in Grenzen halten.

Andererseits muss das, was im kleinräumigen Kontext einer Gemeinde oder eines Kantons gilt, nicht unbedingt auch auf der nationalen Ebene gelten. *Erstens* ist das Vorhandensein oder Nicht-Vorhandensein solcher Verfahren nur einer von vielen Faktoren, die für die allgemeine Systemzufriedenheit bestimmend sind. Ihre relative Bedeutung wird bereits daran deutlich, dass sich an den Abstimmungen meistens nur ein geringer Teil der Bürger beteiligt, was zugleich die Durchsetzungschancen von gut organisierten Interessen und Minderheiten erhöht. Die Festsetzung der in den verschiedenen Phasen des Verfahrens zu überspringenden Hürden (Quoren) erweist sich vor diesem Hintergrund als verfassungsrechtliche und -politische Schlüsselfrage. Darüber hinaus sind die Verfahren oftmals so ausgestaltet, dass sie unter der Kontrolle der Parteien ablaufen oder von diesen in eigener Regie betrieben werden. Schon aufgrund ihres

niedrigen quantitativen Gewichts kann von einer echten Bedrohung des Parteien-
staates durch die Volksabstimmungen keine Rede sein (Hornig 2011).

Zweitens verkennen die Befürworter, dass Kritik und Unzufriedenheit dem
demokratischen System letztlich inhärent sind, das über seine Vermittlungsinstitutionen ständig neue Forderungen generiert, die früher oder später enttäuscht
werden. Empirische Untersuchungen zeigen, dass zwischen Zufriedenheit oder
Unzufriedenheit und der Zustimmung zur Demokratie keine klare Beziehung
besteht. Gerade kritische Bürger, die sich zu den zentralen Prinzipien der Demokratie bekennen und diese befürworten, sind häufig unzufrieden (Geißel 2011).
Die Antwort auf dieses Problem kann nicht darin liegen, Parlament und Parteien
zu entmachten und stattdessen das Volk regieren zu lassen. Der Schlüssel liegt
vielmehr bei den repräsentativen Institutionen selbst, die unter den Bedingungen
des heutigen Regierens eine zunehmend schwierigere Gratwanderung zu
bewältigen haben, nämlich einerseits im Sinne ihrer Wähler „responsiv" zu sein
(das heißt deren Bedürfnissen und Wünschen zu entsprechen) und andererseits
politisch verantwortlich zu handeln (Mair 2009). Plebiszitäre Elemente wären
nur dann sinnvoll, wenn sie ihnen helfen, beides besser miteinander zu verbinden.
Am geeignetsten wäre dafür ein System wie in der Schweiz, wo das Volk das
Recht hat, jeden Gesetzesbeschluss im Wege des Referendums zu überprüfen und
gegebenenfalls aufzuheben. Dies zwingt Regierung und Parteien, ihre Vorhaben
möglichst konsensuell anzulegen und sie vor den Wählern gut zu begründen (Offe
1992, S. 139 f.).

Ein solches System steht jedoch – *drittens* – in grundsätzlichem Widerspruch zur parlamentarischen Regierungsform, die auf dem Gegenüber von
regierender Mehrheit und Opposition basiert. Seine Einführung kommt deshalb
in der Bundesrepublik ebenso wenig infrage wie die Übernahme des in allen 16
Bundesländern bestehenden „Modells" der Volksgesetzgebung in das Grundgesetz. Auf der nationalen Ebene wären allenfalls Verfahren wie eine konsul-
tative Volksbefragung, ein von Regierung oder Parlament anzuberaumendes
Referendum oder eine obligatorisches Verfassungsreferendum zu erwägen, die
sich in den deutschen „Parteienbundesstaat" vergleichsweise problemlos ein-
fügen (Decker 2016, S. 161 ff.). Leider wird eine sinnvolle Debatte darüber durch
die Fixierung auf das Volksgesetzgebungsmodell vereitelt, die Befürworter und
Gegner der direkten Demokratie hierzulande teilen. Diese Fixierung entspringt
nicht irgendeinem bösen Willen, sondern stellt das Produkt einer pfadabhängigen
Entwicklung dar, deren verfassungsgeschichtliche Ursprünge bis Mitte des
19. Jahrhunderts zurückreichen (Hsu 2014). Auch wenn es Anzeichen für ein

Umdenken gibt[5], fehlt es an der Bereitschaft, die Unhaltbarkeit des mit der Volksgesetzgebung gemachten Demokratieversprechens offen zuzugeben. Solange diese als sakrosankt gilt und die anderen, systemverträglicheren Alternativen der Direktdemokratie zweite oder dritte Wahl bleiben, werden die in Artikel 20 des Grundgesetzes postulierten Abstimmungen weiter auf sich warten lassen.

Viertens handelt es sich bei den Repräsentationsschwächen der Parteiendemokratie nicht in erster Linie um ein Problem mangelnder kommunikativer Vermittlung, das man durch institutionelle Reformmaßnahmen ohne weiteres beheben könnte. Ihre Ursachen liegen zum einen darin, dass der politische Entscheidungsbereich, über den in Wahlen und Abstimmungen verfügt werden kann, im Zuge der Globalisierung und Europäisierung tendenziell kleiner wird. Zum anderen – und damit zusammenhängend – driftet die Gesellschaft in sozialer und kultureller Hinsicht zunehmend auseinander. Die Idee der politischen Gleichheit, auf der die Demokratie beruht, wird dadurch untergraben. Empirische Befunde zeigen, dass es überwiegend die benachteiligten Wählerschichten sind, die das Vertrauen in die Politik verloren haben und sich von ihr dauerhaft abwenden (Schäfer 2015). Wenn diese Wähler heute bereits die Wahlen schmähen, die immer noch die gleichheitsfreundlichste, weil niedrigschwellige Form der Beteiligung darstellen, dann werden sie sich auch durch die Partizipationsangebote der Direktdemokratie nicht das System zurückholen lassen.

Literatur

Decker, Frank. 2016. *Der Irrweg der Volksgesetzgebung. Eine Streitschrift.* Bonn: Dietz.
Decker, Frank. 2018. Direkte Demokratie auf Landes- und Bundesebene. Welche Verfahren sind geeignet? *Zeitschrift für Parlamentsfragen* 49:639–657.
Decker, Frank, M. Lewandowsky, und M. Solar. 2013. *Demokratie ohne Wähler? Neue Herausforderungen der politischen Partizipation.* Bonn: Dietz.
Dressel, Andreas. 2017. Aktuelle Erfahrungen mit direkter Demokratie in Hamburg – Ist immer mehr direkte Demokratie tatsächlich auch immer mehr Demokratie? In *Zum*

---

[5]Dies gilt vor allem für die linken Parteien (Grüne, SPD und Die Linke), die sich in der Vergangenheit am stärksten für die Volksrechte eingesetzt haben. Deren gewachsene Skepsis rührt einerseits aus den ernüchternden Erfahrungen, die sie selbst mit den Verfahren auf kommunaler und Länderebene gemacht haben, zum anderen hängt sie zusammen, dass sich der Rechtspopulismus (in Gestalt der AfD) der Forderung nach mehr direkter Demokratie inzwischen offensiv bemächtigt (Decker 2018).

Zustand der repräsentativen Demokratie, Hrsg. V. Mehde und M. Seckelmann, 31–45. Tübingen: Mohr Siebeck.

Geißel, Brigitte. 2011. *Kritische Bürger. Gefahr oder Ressource für die Demokratie?* Frankfurt a. M.: Campus.

Hornig, Eike-Christian. 2011. *Die Parteiendominanz direkter Demokratie in Westeuropa.* Baden-Baden: Nomos.

Hsu, Yu-Fang. 2014. *Die Pfadabhängigkeit direkter Demokratie in Deutschland. Eine Untersuchung zu den ideen- und realgeschichtlichen Ursprüngen der Volksgesetzgebung.* Baden-Baden: Nomos.

Isensee, Josef. 2009. Organisiertes Staatsethos: das öffentliche Amt. In *Politik, Geschichte und Kultur. Wissenschaft in Verantwortung für die res publica. Festschrift für Manfred Funke zum 70. Geburtstag,* Hrsg. K. Bracher, H. Jacobsen, V. Kronenberg, und O. Spatz, 311–323. Bonn: Bouvier.

Kielmansegg, Peter Graf. 2013. *Die Grammatik der Freiheit. Acht Versuche über den demokratischen Verfassungsstaat.* Baden-Baden: Nomos.

Luthardt, Wolfgang. 1994. *Direkte Demokratie. Ein Vergleich in Westeuropa.* Baden-Baden: Nomos.

Mair, Peter. 2009. *Representative versus Responsible Government.* Köln: Max-Planck-Institut für Gesellschaftsforschung.

Offe, Claus. 1992. Wider scheinradikale Gesten. Die Verfassungspolitik auf der Suche nach dem „Volkswillen". In *Die Kontroverse. Weizsäckers Parteienkritik in der Diskussion,* Hrsg. G. Hofmann und W. Perger, 126–142. Frankfurt a. M.: Eichborn.

Schäfer, Arnim. 2015. *Der Verlust politischer Gleichheit. Warum die sinkende Wahlbeteiligung der Demokratie schadet.* Frankfurt a. M.: Campus.

Schneider, Marie-Luise. 2003. *Zur Rationalität von Volksabstimmungen. Der Gentechnikkonflikt in direktdemokratischen Verfahren.* Wiesbaden: Westdeutscher Verlag.

Vatter, Adrian. 2007. Direkte Demokratie in der Schweiz: Entwicklungen, Debatten und Wirkungen. In *Direkte Demokratie: Bestandsaufnahmen und Wirkungen im internationalen Vergleich,* Hrsg. M. Freitag und U. Wagschal, 205–222. Berlin: LIT.

Waldhoff, C., und H. von Aswege. 2012. Direkte Demokratie und Staatsfinanzkrise – Abschaffung der Finanztabus als Ausweg? In *Jahrbuch für direkte Demokratie 2011,* Hrsg. L. Feld, P. Huber, O. Jung, H.-J. Lauth, und F. Wittreck, 9–39. Baden-Baden: Nomos.

Dr. Frank Decker, Professor am Institut für Politische Wissenschaft und Soziologie, Universität Bonn.

Gesellschaftlicher Konflikt und Krise demokratischer Repräsentation

Jakob Horneber

An unterschiedlichen Krisenbeschreibungen der Demokratie und vor allem ihrer repräsentativen Ausprägung herrscht in der medial vermittelten Öffentlichkeit wie der wissenschaftlichen Debatte kein Mangel. Und obwohl derartige Charakterisierungen die Demokratie bereits seit ihren Ursprüngen begleiten und der Krisenzustand mithin als unvermeidbarer Bestandteil demokratischer Herrschaft gelten muss, werden demokratische Systeme immer wieder aufs Neue vor die existenzielle Herausforderung gestellt, sich mit den zugrunde liegenden Kritikpunkten zu befassen und mögliche Fehlentwicklungen aufzulösen (Merkel 2015, S. 7–9). Exakt dieser Problematik sehen sich auch die bestehende repräsentative Demokratie in Deutschland und ihre Institutionen ausgesetzt, wenn ihre Eignung, den Interessen des demokratischen Souveräns Geltung zu verschaffen und wesentliche gesellschaftliche Konflikte politisch zu bearbeiten, in den letzten Jahren immer wieder ganz grundsätzlich infrage gestellt werden.

Die Krisendiagnose wurzelt dabei in erster Linie in einer konstatierten zunehmenden strukturellen wie inhaltlichen Entfremdung der Repräsentantinnen[1] von den Repräsentierten (Schmid 2011), einer durch die misslingende „Widerspiegelung [...] des Volkswillens" (Patzelt 2017, S. 268) von der gesellschaftlichen

---

[1]Bei allgemeinen Personenbezeichnungen wird in diesem Text das generische Femininum verwendet. Mitgemeint sind aber jeweils Menschen aller Geschlechter.

J. Horneber (✉)
Institut für Politische Wissenschaft und Soziologie, Universität Bonn, Bonn, Deutschland
E-Mail: horneber@uni-bonn.de

© Springer Fachmedien Wiesbaden GmbH, ein Teil von Springer Nature 2019
V. Kronenberg und J. Horneber (Hrsg.), *Die repräsentative Demokratie in Anfechtung und Bewährung*, Studien der Bonner Akademie für Forschung und Lehre praktischer Politik, https://doi.org/10.1007/978-3-658-26364-5_6

Realität abgekoppelten politischen Entscheidungsfindung. Die Kritik richtet sich dabei zum Großteil auf eine identifizierte Funktionsstörung demokratischer Repräsentation, die systematische Verfälschung einer eigentlich geteilten Grundidee, und nicht auf die Grundlagen des repräsentativ-demokratischen Systems selbst.[2] Repräsentativer Politik, so der Vorwurf, mangele es an Repräsentativität (Müller 2016). Die Krisenhaftigkeit der *repräsentativen Demokratie* als Herrschaftsform bestünde dann nicht in der mangelnden *grundsätzlichen* Eignung zur gesellschaftlichen Konfliktbewältigung, sondern in einer mangelhaften Realisierung der sie konstituierenden Akte *demokratischer Repräsentation.*

Solcher Kritik liegt, meiner hier vertretenen These nach, bereits eine klare Vorstellung der idealen Charakterzüge demokratischer Repräsentation und mithin des Zustandekommens politischer Entscheidungen zugrunde: Ziel demokratischer Repräsentation ist demnach die *unmittelbare Abbildung des bestehenden Volkswillens auf der politischen Ebene.* Dieses Leitbild verweist auf vier zugrunde liegende Kernelemente: 1) eine Identität von Gesellschaft und Politik, wenigstens aber eine exakte Entsprechung, 2) die Verwirklichung politischer Unmittelbarkeit, also das Vermeiden jeglicher Distanz zwischen Repräsentierten und Repräsentantinnen, 3) die Existenz eines ermittelbaren – gewissermaßen vorpolitischen – Wählerinnenwillens sowie 4) die eindeutige Manifestierung dieses Willens in konkreten Entscheidungen. Demokratischer Repräsentation kommt demzufolge in erster Linie eine Funktion der Artikulation und Feststellung zu. Konflikte werden nicht innerhalb des politischen Systems bearbeitet, sondern deren Entscheidung lediglich vollzogen. So verstanden wäre Repräsentation in einer Demokratie ihrem Idealbild dann am nächsten, wenn sie sich eigener Effekte enthielte und unsichtbar bliebe.

Ausgehend vom Vorwurf der politischen Entfremdung und Verfälschung soll in diesem Beitrag die unterstellte funktionale Krisenhaftigkeit der repräsentativen Demokratie untersucht werden. Anhand der aus der Kritik abgeleiteten vier Dimensionen der *Identität* von Gesellschaft und Politik, politischer *Unmittelbarkeit,* der *Existenz* des Wählerinnenwillens und des Abzielens auf einen konkreten *Zustand* werden generelle Grundlagen und Rahmenbedingungen demokratischer Repräsentation nachgezeichnet und theoretisch überprüft, ob diese vier Kriterien grundsätzlich geeignet sind, eine Krise zu identifizieren. Ziel ist es, unter

---

[2]So liegt etwa die Zustimmung zur „Demokratie, wie sie in der Verfassung festgelegt ist" in den vergangenen Jahren relativ stabil bei um die 75 % (Decker und Brähler 2018, S. 96 f.).

Rückgriff auf verschiedene Theorieansätze generelle Elemente von Repräsentation idealtypisch zu entwickeln.

1 Identität und Nichtidentität

Die Forderung nach politischer Identität von Repräsentierten und Repräsentantinnen lässt sich in zweierlei Hinsicht verstehen: im engeren Sinne einer von Ernst Vollrath (1993, S. 68) als „Identitätsrepräsentation" bezeichneten Verschmelzung der Gesellschaft – und mithin von Regierten und Regierung – zu einer an die Rousseau'sche *volonté générale* angelehnten politischen Einheit; aber auch im weiteren Sinne der Schaffung eines *wahren* Abbilds des Volkes[3] durch eine exakte *deskriptive* Übertragung sozialer Gegebenheiten auf die politische Ebene. Eine Krisendiagnose politischer Repräsentation basiert in beiden Vorstellungen auf der Feststellung einer substanziellen Differenz zwischen Repräsentierten und Repräsentantinnen.

Die Idee einer vollständigen Identität von sozialer und politischer Struktur, verkörpert durch die Person der Herrschenden, fand ihre Verwirklichung in der vormodernen absolutistischen Herrschaftsordnung (Diehl 2016a, S. 76). Im Kontingenz steigernden, politisierten modernen Staat ist das Erreichen einer entsprechenden Einheit indes dadurch erschwert, dass die Gesellschaft politisch nicht mehr monolithisch, sondern durch spezifische „Teilungen", etwa in Form politischer Klassen differenziert ist. Für Claude Lefort und Marcel Gauchet (1990, S. 96 f.) stellen solche Strukturlinien das gestaltgebende Element der Gesellschaft und gleichsam die Begründung der politischen „Selbstinstitution" dar. Der Wettbewerb um die politische Repräsentation des Volkes ist deshalb immer auch von aus den Teilungen erwachsenden grundlegenden gesellschaftlichen Konflikten durchzogen. Politisches und Soziales verweisen so unmittelbar aufeinander, können aber aufgrund der gesellschaftlichen Pluralität und Kontingenz allenfalls partiell und temporär in Deckung gebracht werden (Diehl 2016a, S. 76). Das Streben nach kollektiver politischer Identität durch die Auflösung – sei es durch Aussöhnung oder durch Gewalt – oder Missachtung der Teilungen führt damit als „Phantasma des einen Einheits-Volkes" (Lefort 1990, S. 296) zwangsläufig in den Totalitarismus, die Identifikation von Repräsentierten und

---

[3]Prominent wurde diese auch aktuell populäre deskriptive Vorstellung von den sogenannten Anti-Federalists vertreten. So schrieb John Adams: Assemblies „should be in miniature an exact portrait of the people in large" (Manin 1997, S. 109).

Repräsentanten „bedroht die Gesellschaft in ihrem Sein als Gesellschaft selbst" (Lefort und Gauchet 1990, S. 102).[4] „Einsicht in die Differenzierung des Staatsvolks" und ihren „pluralistischen Charakter" stellt nach Ernst Fraenkel (1958, S. 6) aber gerade die Basis des Repräsentativsystems dar.

Eine für den Erhalt der pluralen Gesellschaft wie auch des politischen Systems konstruktive Rolle wird der Repräsentation hingegen zugedacht, wenn sie den aus den Teilungen erwachsenden Konflikten (symbolischen) Ausdruck verleiht und deren Zerstörungspotenzial in der institutionalisierten demokratischen Auseinandersetzung einhegt (Lefort und Gauchet 1990, S. 91). Die Nichtidentität der Repräsentierten und Repräsentantinnen, aber auch „von politischer Form und sozialer Realität [...] [wird damit zur] Grundstruktur demokratischer Gesellschaft" (Bielefeld 2011, S. 54), der Umgang mit gesellschaftlichen Konflikten zum zentralen Prüfstein repräsentativ organisierter Politik. Dabei kann das Ziel nicht darin bestehen, diese aufzulösen, sondern einen diskursiven Rahmen der Austragung zu schaffen. Nichtsdestoweniger bleibt die repräsentative Demokratie darauf angewiesen, eine Idee geteilter Identität, des Allgemeinwohls, der Solidarität zu imaginieren (Näsström 2006, S. 328), gemeinsame Symbole und Mythen zu schaffen (Manow 2008, S. 120 ff.), welche jedoch in einer sich wandelnden, heterogenen Gesellschaft notwendigerweise unvollkommen bleiben. Erhebt man hingegen die Herstellung politischer Identität zum Ziel demokratischer Repräsentation, muss diese als bereits in ihren Grundzügen krisenhaft und im Ergebnis unmöglich gelten.

Dies gilt ebenfalls für die rein darstellende, *deskriptive* Vorstellung von Repräsentation. Zwar steht sie einer pluralistischen Gesellschaft nicht entgegen, sondern strebt im Gegenteil sogar deren maßstabsgetreue Abbildung in die politische Sphäre an. Sie stößt allerdings an theoretische und empirische Grenzen: So impliziert das radikal deskriptive Verständnis überspitzt die Vertretung von Wahnsinnigen durch andere Wahnsinnige. Eine unvermittelte Abbildung der Repräsentierten erscheint insofern nicht in allen Fällen erstrebenswert (Pitkin 1967, S. 89). Angesichts der jeweils individuellen Gruppenzugehörigkeiten und damit der Perspektiven und Interessen aller Repräsentierten, basiert zudem jeder Versuch, die exakte Entsprechung anhand von Gruppenrepräsentantinnen zu gewährleisten, auf einer unrealistischen Homogenitätsannahme dieser Gruppen. Die deskriptive Übertragung sozialer Merkmale einer Gesellschaft ist somit

---

[4]In diesem Sinne argumentieren auch Autoren der Totalitarismustheorie: Totalitäre Bewegungen gründen ihren Machtanspruch, den einzig wahren Volkswillen zu verkörpern, durch den Rückgriff auf ein identitäres Verständnis von Repräsentation (Bracher 1976).

zwangsläufig nur partiell möglich (Young 2000, S. 139 f.; Mansbridge 1999, S. 638). Aus der Notwendigkeit, politisch relevante Charakteristika zu ermitteln, resultieren aber unmittelbar auch spezifische, an das Handeln der Repräsentantinnen gestellte, Erwartungen, sodass jeder Ausschluss eines Kriteriums der Legitimation bedarf (Pitkin 1967, S. 60 f., 88).

Anhängerinnen eines deskriptiven Repräsentationsideals erliegen hierbei leicht der „lure of representative mimesis" (Marin 2001, S. 15). Vergleichbar der ästhetischen Repräsentation eines Gegenstands durch ein Gemälde, bei dem Bildausschnitt, Blickwinkel oder Entfernung zum Objekt gewählt werden, ist allerdings auch im politischen Sinne die *wahre* Repräsentation der Gesellschaft nicht von der jeweiligen Perspektive zu entkoppeln, bleibt ein objektiv ermittelbares Bild eine Illusion.[5] Eine streng mimetische, also an einer möglichst exakten Spiegelung orientierte Repräsentation einer allgemeinen Wählerinnenposition scheitert demnach ebenso zwangsläufig wie die Herstellung einer politischen Einheit an der Pluralität der Perspektiven.

2   Unmittelbarkeit und Distanz

Politische „Realität" wird demnach erst im Zusammenspiel individueller Standpunkte sichtbar. Durch das Schaffen einer „ästhetischen" Distanz zwischen Repräsentierten und Repräsentantinnen erlaubt Repräsentation einen Blick auf die relationalen Verhältnisse und Kontexte politischer Positionen. Erst durch die Entfernung vom Gegenstand werden neue Perspektiven, wird Kompromissbildung möglich (Ankersmit 2002, S. 118, 190 f.). Grundlegende gesellschaftliche Konflikte werden so erst manifest, aber auch politisch bearbeitbar. Denn Repräsentation erzeugt nicht nur Wissen über die Sichtweisen anderer, sondern zwingt auch dazu, eigene Einsichten auf für andere verständliche Weise mitzuteilen (Plotke 1997, S. 31). Bereits dem klassischen Repräsentationsverständnis liegt die Idee zugrunde, politische Auseinandersetzung durch Prozesse der Vermittlung, vor allem aber durch einen zahlenmäßig überschaubaren Rahmen zu mäßigen. So argumentiert James Madison: „In all very numerous assemblies, of whatever character composed, passion never fails to wrest the sceptre from reason. Had every Athenian citizen been a Socrates, every Athenian assembly would

---

[5]Nichtsdestoweniger können deskriptive Elemente demokratischer Repräsentation als notwendige Voraussetzungen der politischen Sichtbarmachung vor allem marginalisierter Gruppenperspektiven gelten (Young 2000, S. 136–140).

still have been a mob" (Madison 2009 [1788], S. 136). Gilt den Befürwortern einer unmittelbaren Demokratie gerade die möglichst unverfälschte Wiedergabe des „empirischen Volkswillens" als erstrebenswert, bedarf es „zur Erkenntnis des Gemeinwohls" (Fraenkel 1958, S. 14) – dem Ideal des Repräsentativsystems folgend – erst der parlamentarischen Vermittlung.

Und auch moderne demokratische Repräsentation nimmt den Verzicht auf Unmittelbarkeit nicht nur in Kauf. Die Vorstellung einer politischen Willensbildung durch Filterung, Verfeinerung und Mediation ist gar Teil des Grundverständnisses (Urbinati 2000, S. 760). Während die Forderung nach einem Abbau der Distanz zwischen Wählerinnen und Politik nicht selten dem Idealbild der politisch dauerpräsenten Bürgerin entspringt, dem im Flächenstaat nur die fehlende Realisierbarkeit der gleichzeitigen Anwesenheit aller entgegenstehe, beruht die politische Repräsentation gerade auf dem Ziel, die Bürgerinnen von einer ständigen Politisierung zu entlasten. Dieses Argument ist schon zu Beginn des 19. Jahrhunderts bei Abbé Siéyès zu finden, der auf die die Bedeutung repräsentativ organisierter Politik in einer arbeitsteiligen Gesellschaft verweist, und hat – vor dem Hintergrund weiter fortschreitender Ausdifferenzierung gesellschaftlicher Teilbereiche – seither für die Organisation demokratischer Partizipation an Relevanz gewonnen: Erst durch eine Professionalisierung politischer Tätigkeit erlangt der Großteil der Bevölkerung die Möglichkeit, sich anderen gesellschaftlichen Aufgaben zu widmen (Manin 1997, S. 3). Umgekehrt sind angesichts zunehmender Individualisierung und Spezialisierung für die Einzelne immer weniger Entscheidungen ohne Vermittlung durch Expertinnen zu treffen. Dies gilt nicht zuletzt auch für die Repräsentantinnen selbst. In der ausdifferenzierten Gesellschaft wird Stellvertretung auch im politischen System zur Notwendigkeit (Weiß 1998, S. 16). Diese Feststellung lässt sich auch gegen eine quasi-unmittelbare Umsetzung des politischen Willens durch ein imperatives Mandat wenden: Die eigentlichen Vorzüge der Arbeitsteilung gingen verloren, wenn Repräsentantinnen zum rein ausführenden, „technische[n] Glied" degradiert würden (Patzelt 2003, S. 19).[6]

Repräsentation kann allerdings nicht nur eine Entlastungs-, sondern auch eine Ermöglichungsfunktion zugesprochen werden: Indem politische Urteile inhaltlich und zeitlich verschoben werden und gerade kein unmittelbares Verhalten

---

[6]Auf der anderen Seite endet demokratische Repräsentation allerdings auch, wenn sich das politische System vollständig ausdifferenziert und sich nicht mehr demokratisch auf die repräsentierten Systeme bezieht. Um das adäquate Maß zwischen Gebundenheit und Autonomie der Abgeordneten dreht sich die sogenannte „mandate-independence controversy" (Pitkin 1967, S. 144 ff.).

notwendig ist, werden sie im Zuge der Wahlentscheidung auch für die nicht bereits politisch aktiven und kompetenten Bürgerinnen zugänglich (Urbinati 2000, S. 768). Die für demokratische Entscheidungen notwendigen Diskursräume werden so erst durch repräsentative Vermittlung ermöglicht, die Repräsentierten erst in die Lage versetzt, vom Objekt zum Subjekt der Repräsentation zu werden. Politische Repräsentation trägt zudem zur Schaffung von demokratischer Legitimität bei: Indem sie, im Gegensatz zu anderen Verfahren demokratischer Entscheidungsfindung, die ohne – informelle – Macht- und Vertretungsstrukturen ebenfalls nicht auskommen, die strukturellen Distanzen zwischen Repräsentierten und Repräsentantinnen klarer offenlegt, ermöglicht sie eine Legitimierung dieser, zumindest aber einen kenntnisbasierten Umgang damit (Plotke 1997, S. 24–27). Distanz zwischen Repräsentierten und Repräsentantinnen spielt demnach eine für die demokratische Repräsentation durch Entlastung und Ermöglichung in zweierlei Hinsicht funktionale Rolle. Eine auf dem Ideal der Unmittelbarkeit basierende Krisendiagnose verweist hingegen bereits auf ein von Repräsentation grundlegend disparates politisches Konzept.

3   Existenz und Konstruktion

Problematischer als die Mittelbarkeit politischer Entscheidung ist für die Anhängerinnen einer unmittelbaren Demokratie indes die Eigenlogik repräsentativer Vermittlung. Ausgehend von der Vorstellung eines sich in der Wahlentscheidung lediglich manifestierenden, aber bereits existenten Volkswillens muss jede Abweichung – etwa durch parlamentarische Aushandlungsprozesse – als Verfremdung oder gar Verfälschung gelten. In Ermangelung realisierbarer Alternativen wird eine gewisse Mediatisierung zwar als technisch notwendig, aber inhaltlich zu vermeiden angesehen. Demgegenüber liegt der politischen Repräsentation die Annahme zugrunde, dass ein nicht repräsentierter Wille des Volkes nicht existieren kann, sondern bestenfalls im Rahmen eines repräsentativen Aktes zutage tritt. Diese existenzielle Funktion politischer Repräsentation wird vor allem im Rahmen der Identitätsrepräsentation – etwa durch Carl Schmitt – hervorgehoben: „Grundsätzlich bedeutet Repräsentation, dass etwas Abwesendes zur Präsenz gebracht, etwas Unsichtbares sichtbar gemacht wird." (Schmitt 1928, S. 209) Für Schmitt bedürfen vor allem identitäre Vorstellungen dieser Art der Sichtbarmachung, um das Volk überhaupt als politische Gemeinschaft zu konstituieren. Diesen konstruktiven Akt beschreibt Hannah Pitkin als „the making present of something which is nevertheless not literally present"(Pitkin 1967, S. 144).

Konkreter gesprochen trägt die Repräsentation gemeinsamer Werte und Normen zu deren Anerkennung und Geltung bei (Göhler 2016, S. 26 f.). Die zu repräsentierenden Gegebenheiten – Identitäten, Interessen, Inklinationen – werden insofern auch im demokratischen Rahmen nicht einfach in eine politische Sprache übersetzt, sondern gewinnen erst durch das politische Hervortreten, durch Strukturierung und Kontextualisierung ihre Form. Jedes politische Verständnis geht damit fundamental auf Repräsentation zurück: „For without political representation we are without a conception of what political reality – the represented – is like; without it, political reality has neither face nor contours." (Ankersmit 2002, S. 115) Diese *performative* Rolle des Politischen ist indes kein Spezifikum demokratischer Repräsentation, sondern wird hier angesichts der omnipräsenten Frage, was und wie repräsentiert werden soll, nur besonders offenkundig. Vielmehr weist die Einsicht, dass politisches Handeln die Wirklichkeit konstituiert, darauf hin, dass die Annahme eines vorpolitischen Wählerinnenwillens generell problematisch ist.[7]

Die Konstruktion politischer Wirklichkeit beschränkt sich dabei nicht auf geteilte, gemeinsame Vorstellungen. Explizit verweist etwa Pierre Bourdieu auf die Bedeutung von Repräsentationen für die Sichtbarkeit und damit Entstehung politischer Gruppen: Erst durch die durch „Klassifizierungskämpfe" erfolgte Etablierung entsprechender „Sicht- und Teilungsprinzipien" (Bourdieu 2010, S. 110) werden bestimmte soziale Merkmale politisch relevant und erst durch das Auftreten einer als Repräsentantin anerkannten Akteurin – etwa in Form einer Partei – konstituiert sich die von ihr vertretene Gruppe, wird aus einer „wahrscheinlichen Klasse" (Bourdieu 2001b, S. 127) eine politisch mobilisierte reale (Bourdieu 2001a, S. 83 f., 96). Die Ansprüche politischer Repräsentation wirken dabei sowohl in Form einer (meist positiven) Definition der eigenen Gruppe als auch durch (häufig negative) Fremdzuschreibungen und strukturieren so den politischen Raum und dessen Konfliktachsen (Jentges 2010, S. 26, 196). Erst der so strukturierte Rahmen erlaubt es den Wählerinnen, sich selbst bestimmten Positionen zuzuordnen.

Die bespielten und dadurch mitgeformten politischen Konflikte werden hierbei nicht zuletzt strategisch gesetzt: Um dem eigenen Repräsentationsangebot Anerkennung zu verschaffen, versuchen Politikerinnen, besonders vielversprechende Teilungslinien zu identifizieren. Erfolgreiche Manifestationen lassen sich dabei allerdings nicht aus dem Nichts erschaffen, sondern sind auf die Referenz

---

[7]Vgl. hierzu auch den Beitrag von Andreas Rödder in diesem Band.

auf bereits Bestehendes und die Orientierung an den potenziell Repräsentierten angewiesen (Manin 1997, S. 218–226). Nichtsdestoweniger erweist sich die Performativität als elementarer Bestandteil repräsentativer Akte. Eine Kritik an der konstruierenden Wirkung politischen Handelns beinhaltet somit nicht nur bereits eine Kritik an der demokratischen Repräsentation, sondern auch am politischen Handeln selbst.

4   Zustand und Prozess

Der Rückgriff auf Vorangehendes und die in die Zukunft weisende Konstruktion als Grundlage demokratischer Repräsentation verweisen darauf, dass diese nicht allein als Vermittlung eines Zustands verstanden werden kann, sondern immer eine zeitliche Komponente beinhaltet. Deutlich wird dies etwa in dem von Hannah Pitkin (1967, S. 232–234) ins Zentrum ihrer Repräsentationsanalyse gestellten Konzepts der Responsivität, wonach sich die Handlungsautonomie der Repräsentantinnen erst durch die stete zumindest potenzielle Rückkopplung an die Repräsentierten legitimiert. Demokratische Repräsentation ist immer eine Beziehung im Zeitverlauf.

Während die vor allem im Rahmen der populistischen Kritik an der politischen Repräsentation vorgebrachten Hinweise auf Umfragen und Referenden auf einen konkreten Zustand gerichtet sind und somit eine Finalität des Politischen suggerieren, zeichnen sich die Verfahren der repräsentativen Demokratie gerade durch ihre Prozesshaftigkeit und Ergebnisoffenheit aus (Schlee 2015, S. 143). Demokratische Repräsentation bleibt dabei darauf angewiesen, Soziales und Politisches durch eine sich laufend aktualisierende zirkuläre Bezugnahme zu verbinden und so gegenseitig zu stabilisieren (Urbinati 2006, S. 18, 24). Dies gelingt nur dann, wenn die sich manifestierenden gesellschaftlichen Konflikte Teil der politischen Diskurse werden; wenn identitäre Differenzen integriert werden können, ohne der Auflösung zu bedürfen; wenn jede durch politische Entscheidung erfolgte Manifestierung Momentaufnahme, damit gleichsam reversibel, und der Repräsentationsprozess offen und unabgeschlossen bleibt.

5   Erwartungen und Eigengesetzlichkeiten (Fazit)

Die der repräsentativen Demokratie aktuell entgegenschlagende Krisenrhetorik beruht zu einem großen Teil auf der Grundannahme einer Repräsentation, der im demokratischen Staat keine andere Funktion zukomme als die im modernen

Flächenstaat nicht realisierbare unmittelbare Demokratie zu substituieren. Eine eigenständige Repräsentationsleistung ist einem solchen Verständnis nach bestenfalls sinnlos, wenn dadurch nämlich der bereits bekannte reale Wille der Repräsentierten reproduziert würde (Ankersmit 2002, S. 111). Jede Abweichung von einer *unmittelbaren Abbildung des bestehenden Volkswillens auf der politischen Ebene* muss hingegen als Defekt und potenziell krisenbehaftet gelten. Diese Auffassung von demokratischer Repräsentation deutet allerdings auf ein grundsätzliches Missverständnis bezüglich ihrer Voraussetzungen und Wirkungsweisen hin. Dem Konzept der repräsentativen Demokratie nach gelten die gesellschaftlich-politische Nichtidentität und Distanz, die Kreativität und Unendlichkeit repräsentativer Prozesse nicht als Hindernisse der Verwirklichung einer *wahren* Demokratie, sondern als deren elementare Bestandteile. Ihr Auftreten stellt insofern auch kein internes Krisenphänomen dar, sondern ist Voraussetzung, um der politischen Integration gesellschaftlicher Konflikte als originärer Funktion demokratischer Repräsentation gerecht zu werden. Im Gegenteil würde eine Überwindung der vier genannten Teilaspekte zum Scheitern der Repräsentation führen, sodass eine Krise demokratischer Repräsentation eher in ihrem Fehlen zu suchen wäre und auch eine Kritik am Zustand demokratischer Repräsentation an dieser Stelle ansetzen müsste.

Denn wiewohl zu große substanzielle wie strukturelle Entfernung von Repräsentierten und Repräsentantinnen auf eine funktionsgestörte Repräsentation hinweisen können, liegt der entscheidende Schlüssel hierbei in der Prozesshaftigkeit und Nichtendlichkeit: Gerade das Spezifikum der demokratischer Repräsentation, ihre Unabgeschlossenheit, ihre Fähigkeit, sich zu wandeln und neu zu erfinden (Diehl 2016b, S. 328), prädestiniert sie für die sich ständig aktualisierende Verbindung von Sozialem und Politischem. Anstelle eines Ergebnisses, das der Kongruenz von Repräsentierten und Repräsentantinnen zu einem bestimmten Zeitpunkt möglichst nahekommt, indiziert vielmehr die Erhaltung und Offenhaltung des Repräsentationsprozesses eine gelingende, weil das Verhältnis von sozialer und politischer Struktur stabilisierende Repräsentation. Erst durch die Revidierbarkeit demokratisch vollzogener Entscheidungen können sich wandelnde gesellschaftliche Konfliktstrukturen politisch integriert und dadurch eingehegt werden; kann einer dauerhaften politischen Entfremdung entgegengewirkt werden. In eine fundamentale Krise gerät die demokratische Repräsentation hingegen dann, wenn die Repräsentationsbeziehung abbricht – wenn politische Diskurse eingeschränkt, einseitig oder gar endgültig, also dauerhaft „hegemonial" (Laclau und Mouffe 1991), werden. Die monierte Entfernung von Repräsentierten und Repräsentantinnen ist dann meinem Dafürhalten nach zwar Symptom, nicht aber Ursache einer Krise der demokratischen Repräsentationsprozesse.

Gleichwohl kann eine dauerhafte Entfremdungskritik eine Krise der politischen Herrschaftsform der repräsentativen Demokratie hervorrufen, indem sie nämlich die Gegensätzlichkeit von Erwartungen und konkreter Funktionsweise der demokratischen Repräsentation nicht nur betont, sondern dadurch erst manifestiert. Verstetigte sich eine solch fundamentale Diskrepanz, müsste von einer Legitimationskrise der politischen Form die Rede sein, die ihrerseits eine Konfliktintegration in das politische System erforderlich machte.

Literatur

Ankersmit, Frank. 2002. *Political representation.* Stanford: Stanford University Press.

Bielefeld, Ulrich. 2011. Der Auftritt des Volkes auf der leer geräumten Bühne. *Mittelweg 36* 20 (3): 49–64.

Bourdieu, Pierre. 2001a. Die politische Repräsentation. In *Das politische Feld. Zur Kritik der politischen Vernunft,* Hrsg. P. Bourdieu, 67–114. Konstanz: UVK.

Bourdieu, Pierre. 2001b. Sozialer Raum und politisches Feld. In *Das politische Feld. Zur Kritik der politischen Vernunft,* Hrsg. P. Bourdieu, 127–132. Konstanz: UVK.

Bourdieu, Pierre. 2010. Das politische Feld. In *Politik. Schriften zur politischen Ökonomie 2,* Hrsg. P. Bourdieu, 97–112. Berlin: Suhrkamp.

Bracher, Karl Dietrich. 1976. Der umstrittene Totalitarismus. Erfahrung und Aktualität. In *Zeitgeschichtliche Kontroversen,* Hrsg. K.D. Bracher, 33–61. München: Piper.

Decker, Oliver, und E. Brähler, Hrsg. 2018. *Flucht ins Autoritäre. Rechtsextreme Dynamiken in der Mitte der Gesellschaft.* Gießen: Psychosozial-Verlag.

Diehl, Paula. 2016a. Rosanvallons Konzepte von Repräsentation und Volk und ihre Bedeutung für das Verstehen des Populismus. *Zeitschrift für politische Theorie* 7 (1): 73–89.

Diehl, Paula. 2016b. Die Krise der repräsentativen Demokratie verstehen. Ein Beitrag der politischen Theorie. *Zeitschrift für Politikwissenschaft* 26 (3): 327–333.

Fraenkel, Ernst. 1958. *Die repräsentative und die plebiszitäre Komponente im demokratischen Verfassungsstaat.* Tübingen: Mohr.

Göhler, Gerhard. 2016. Symbolische Repräsentation aus deutscher und französischer Sicht. In *Politische Repräsentation und das Symbolische. Historische, politische und soziologische Perspektiven,* Hrsg. P. Diehl und F. Steilen, 23–50. Wiesbaden: Springer VS.

Jentges, Erik. 2010. *Die soziale Magie politischer Repräsentation. Charisma und Anerkennung in der Zivilgesellschaft.* Bielefeld: Transcript.

Laclau, Ernesto, und C. Mouffe. 1991. *Hegemonie und radikale Demokratie. Zur Dekonstruktion des Marxismus.* Wien: Passagen Verlag.

Lefort, Claude. 1990. Die Frage der Demokratie. In *Autonome Gesellschaft und libertäre Demokratie,* Hrsg. U. Rödel, 281–297. Frankfurt a. M.: Suhrkamp.

Lefort, Claude, und M. Gauchet. 1990. Über die Demokratie. In *Autonome Gesellschaft und libertäre Demokratie,* Hrsg. U. Rödel, 89–122. Frankfurt a. M.: Suhrkamp.

Madison, James. 2009. Federalist no. 55. In *The Federalist Papers,* Hrsg. M. Genovese, 135–138. New York: Palgrave Macmillan. (Erstveröffentlichung 1788).

Manin, Bernard. 1997. *The principles of representative government.* Cambridge: Cambridge University Press.

Manow, Philip. 2008. *Im Schatten des Königs. Die politische Anatomie demokratischer Repräsentation.* Frankfurt a. M.: Suhrkamp.

Mansbridge, Jane. 1999. Should blacks represent blacks and women represent women? A contingent, "Yes". *The Journal of Politics* 61 (3): 628–657.

Marin, Louis. 2001. Theoretical Field and Symbolic Practice. In *On representation,* Hrsg. L. Marin, 14–37. Stanford: Stanford University Press.

Merkel, Wolfgang. 2015. Die Herausforderungen der Demokratie. In *Demokratie und Krise: zum schwierigen Verhältnis von Theorie und Empirie,* Hrsg. W. Merkel, 7–42. Wiesbaden: Springer VS.

Müller, Jan-Werner. 2016. Populismus. Symptom einer Krise der politischen Repräsentation? *Aus Politik und Zeitgeschichte* 66 (40–42): 24–29.

Näsström, Sofia. 2006. Representative democracy as tautology. Ankersmit and Lefort on representation. *European Journal of Political Theory* 5 (3): 321–342.

Patzelt, Werner. 2003. Parlamente und ihre Funktionen. In *Parlamente und ihre Funktionen,* Hrsg. W. Patzelt, 13–49. Wiesbaden: Westdeutscher Verlag.

Patzelt, Werner. 2017. Der 18. Deutsche Bundestag und die Repräsentationslücke. Eine kritische Bilanz. *Zeitschrift für Staats- und Europawissenschaften* 15 (2–3): 244–285.

Pitkin, Hannah. 1967. *The Concept of Representation.* Berkeley: University of California Press.

Plotke, David. 1997. Representation is democracy. *Constellations* 4 (1): 19–34.

Schlee, Thorsten. 2015. *Muster der Repräsentation. Zur Krise und Permanenz einer semantischen Figur.* Wiesbaden: Springer VS.

Schmid, Josef. 2011. Repräsentative Demokratie in der Krise? Deutschlandfunk Kultur. https://www.deutschlandfunkkultur.de/repraesentative-demokratie-in-der-krise.1005. de.html?dram:article_id=159223. Zugegriffen: 7. Jan. 2019.

Schmitt, Carl. 1928. *Verfassungslehre.* Berlin: Duncker & Humblot.

Urbinati, Nadia. 2000. Representation as advocacy. A study of democratic deliberation. *Political Theory* 28 (6): 758–786.

Urbinati, Nadia. 2006. Political representation as a democratic process. *Redescriptions: Political Thought, Conceptual History and Feminist Theory* 10 (1): 18–40.

Vollrath, Ernst. 1993. Identitätspräsentation und Differenzrepäsentation. *Rechtsphilosophische Hefte* 1:65–78.

Weiß, Johannes. 1998. *Handeln und Handeln lassen. Über Stellvertretung.* Wiesbaden: Westdeutscher Verlag.

Young, Iris. 2000. *Inclusion and Democracy.* Oxford: Oxford University Press.

Dipl.-math. Jakob Horneber, M.A., Wissenschaftlicher Mitarbeiter am Institut für Politische Wissenschaft und Soziologie, Universität Bonn.

Teil II
Diskurse

Die Kultur der Inklusion und der Schatten der Exklusion

Andreas Rödder

1 Rahmen: Die Grenzen des Sagbaren

Warum lassen sich Japaner in einen überfüllten Zug stopfen, während sich Menschen in England in eine Schlange stellen, wenn sie an eine Bushaltestelle kommen? Warum wurden in den sechziger Jahren Verkehrsschneisen durch Altstädte geschlagen, die einige Jahre später in Tempo 30-Zonen umgewandelt wurden? Und warum wurde ein Viersternegeneral der Bundeswehr in den 1980er Jahren mit dem Argument entlassen, ein Schwuler sei als General nicht tragbar, während der Chef des Internet-Unternehmens Mozilla 2014 zurücktreten musste, weil er bei einem Volksentscheid in Kalifornien die Gegner der „Homo-Ehe" unterstützt hatte?[1]

---

[1]Zur Wörner-Kießling-Affäre vgl. Wirsching 2006, S. 60; zum Rücktritt von Brendan Eich vgl. o.V. 2014a. – Dieser Beitrag ist die überarbeitete und gekürzte Version eines Beitrags der unter dem Titel „Der Rahmen des Sagbaren. Überlegungen zur Offenheit demokratischer Willensbildung aus zeitgeschichtlicher Perspektive", erschienen in: Uhle, Arnd, Hrsg. 2008. Information und Einflussnahme. Gefährdungen der Offenheit des demokratischen Willensbildungsprozesses. Buchreihe *Wissenschaftliche Abhandlungen und Reden zur Philosophie, Politik und Geistesgeschichte, Bd. 90,* Hrsg. Arnd Uhle. Berlin: Duncker & Humblot.

A. Rödder (✉)
Universität Mainz, Mainz, Deutschland
E-Mail: neuestegeschichte@uni-mainz.de

© Springer Fachmedien Wiesbaden GmbH, ein Teil von Springer Nature 2019
V. Kronenberg und J. Horneber (Hrsg.), *Die repräsentative Demokratie in Anfechtung und Bewährung,* Studien der Bonner Akademie für Forschung und Lehre praktischer Politik, https://doi.org/10.1007/978-3-658-26364-5_7

Um das Alltagsverhalten von Menschen zu erklären, hat der Soziologe
Erving Goffman das Konzept des „Rahmens" entwickelt (Goffman 1977 [1975],
S. 9–30). Rahmen organisieren Alltagserfahrungen auf der Ebene der Wahrnehmungen wie der des Handelns. Die Erkenntnisse der Sozialpsychologie
bestätigen die alte Volksweisheit, der Mensch sei ein Herdentier. Er richtet sich
in seinem sozialen Verhalten nach dem, was in seiner Umgebung als richtig
angesehen wird. Eindrücklich hat dies Salomon Asch Anfang der fünfziger Jahre
in einem Experiment gezeigt: eine Gruppe von Versuchspersonen sollte die Län-
gen von Linien vergleichen, die ihnen gezeigt wurden. Die Probanden, die ihre
Einschätzung als letzte abgaben, wussten nicht, dass die Teilnehmer vor ihnen
in das Experiment eingeweiht waren und absichtlich eine falsche Einschätzung
abgegeben hatten. Drei Viertel der Versuchspersonen richteten sich in ihrer Antwort nach der Mehrheit der zuvor abgegebenen Einschätzungen und gaben eine
offenkundig falsche Antwort; wenn sie die Aufgabe allein zu lösen hatten, gaben
sie hingegen die richtige Antwort (Asch 1951, S. 177–190). Solche Muster des
Denkens, Redens und Handelns sind den Beteiligten meist nicht bewusst. Rahmen umschreiben eine unhinterfragte, als solche wahrgenommene Normalität und
sind gerade deshalb von großer Verbindlichkeit.

Diese Erklärungsfigur lässt sich von der Mikroebene auf größere Gruppen und
Gesellschaften übertragen. Hier organisieren Rahmen, was Elisabeth Noelle-Neumann (1996, S. 91) als „öffentliche Meinung" beschrieben hat: „Meinungen im
kontroversen Bereich, die man öffentlich äußern kann, ohne sich zu isolieren".
Da Menschen die Isolation meist zu vermeiden suchen, orientieren sie sich an den
angenommenen Mehrheitsverhältnissen ihrer Umwelt und halten eine als Minder-
heitsposition empfundene Meinung tendenziell zurück (dies. 2009, S. 427–442;
Sander 2006, S. 278–281). Abweichende Meinungen sind nicht ausgeschlossen,
befinden sich aber von Anfang an in der Defensive und dringen gegen die
Mehrheitsmeinung nur schwer oder gar nicht durch. Rahmen überwölben auch
tagespolitische Konfliktlinien und parlamentarische Mehrheitsverhältnisse (jedenfalls wenn in der politischen Kultur kein Fundamentaldissens herrscht wie im
Deutschland der Weimarer Republik). Sie trennen das allgemein Akzeptierte vom
mehrheitlich Abgelehnten und unterscheiden den Generalkonsens der *ingroup*
von der abweichenden *outgroup*. Als „kulturelle Hegemonie" haben Ernesto
Laclau und Chantal Mouffe (1991 [1985]) dieses Phänomen beschrieben: als
Universalisierung von partikularen diskursiven Bedeutungsfixierungen durch
Grenzziehung von Regelhaftem und Regelwidrigem.

2 Die Kultur der Inklusion

Die Kultur der Inklusion geht zurück auf die Debatten um Poststrukturalismus und Dekonstruktivismus in den achtziger Jahren, die in erstaunlicher Geschwindigkeit von den akademischen Höhen der philosophischen Seminare in Paris und Berkeley in die Breite der westlichen Gesellschaften durchsickerten. Michel Foucault (1991 [1984], S. 16) erhob den Anspruch, grundsätzlich „anders zu denken", vor allem über Macht (ders. 1989 [1975], S. 250). Jacques Derrida (1967, S. 227) postulierte, „es gibt nichts außer Text". Und Jean-François Lyotard (1999, S. 112) verkündete: „Die große Erzählung hat ihre Glaubwürdigkeit verloren." Der gemeinsame Nenner all dieser Äußerungen liegt darin, dass sie grundlegende normative Ordnungsvorstellungen der westlichen Moderne wie Nation, Geschlecht oder den Westen infrage stellten.

Von Simone de Beauvoir stammte der Satz, als Frau werde man nicht geboren, zur Frau werde man gemacht (Beauvoir 1951 [1949], S. 285). Einen großen Schritt weiter ging Judith Butler (1990, 1993) mit ihrem radikalen Konstruktivismus. Körperliche Gestalt werde nicht durch eine vorgängige Materialität bestimmt, sondern durch Diskurse und performative Akte. In einem performativen Modell von Geschlecht gelten die Kategorien männlich und weiblich nicht als natürliche Größen, sondern als Produkte wiederholter Sprechakte, indem zum Beispiel einem Kind gesagt wird: „Du bist ein Junge." Dass der Konsens über die Zweigeschlechtlichkeit andere, nicht einzuordnende Formen ausschließt, ist die Grundlage der *queer*-Theorie. Sie betont die Nichtnotwendigkeit des Zusammenhangs von anatomischen Körpermerkmalen und performativer Geschlechtsidentität und orientiert sich stattdessen an alternativen Geschlechteridentitäten.

Neben der Geschlechterordnung fiel auch die klassisch-moderne Vorstellung der Nation der postmodernen Dekonstruktion zum Opfer. Nationen seien keine vorgegebenen, gleichsam natürlichen Einheiten, so Benedict Anderson (1983), sondern „imagined communities", also „vorgestellt" oder (so der etwas unpräzise Titel der deutschen Übersetzung) „erfunden". Instrumente dieser Erschaffung waren vor allem Mythen, in Deutschland insbesondere der Mythos von der deutsch-französischen „Erbfeindschaft", der nach der Rheinkrise von 1840 entstand (Hagemann 2005, S. 101–123; Nipperdey 1983, S. 300–313; Planert 2007, S. 471–619, 620–641).

Identitätsbildung durch Abgrenzung nach außen, Integration durch Exklusion des Anderen – das war nicht nur ein Phänomen der Nationalstaatsbildung in Europa, sondern auch des Kolonialismus und ein zentraler Gegenstand der postkolonialen Perspektive. In ihrem Fokus stehen nicht kulturelle Zivilisationsleistungen wie das

Verbot der Witwenverbrennung und der Tötung neugeborener Mädchen in Indien oder Entwicklungs- und Infrastrukturprojekte, wie sie dem westlichen Selbstbild und der Legitimation des Kolonialismus entsprechen. Im postkolonialen Fokus stehen vielmehr Unterwerfung und Ausbeutung, Rassismus und Zerstörung indigener Kulturen. Als Instrument der Machtausübung galt auch die Vorstellung, die europäische Entwicklung sei die gleichsam natürliche Entwicklung und ein globales Modell, der die Postkolonialisten unter der Devise „Europa provinzialisieren" (Chakrabarty 2000) das Konzept von gleichberechtigten „multiplen Modernen" entgegensetzten.

Das Prinzip der Ganzheit *(unitotalité)* diene dazu, Vielfalt auszuschließen, so Lyotard (1999, S. 39 f., 52, 59, 112, 119 f., 175–177), und das Prinzip des Konsenses sei ein Instrument, um das Dissente zu unterdrücken. Seine „Skepsis gegenüber Metaerzählungen" bewog ihn dazu, das Verbindliche zurückzuweisen und Zersplitterung *(éclatement)* an die Stelle von Ganzheit zu setzen. Solche „radikale Pluralität" (Welsch 2002, S. 5 f., 11, 39, 65) wurde in den achtziger Jahren, so etwa von Hans-Magnus Enzensberger, als Pluralisierung begrüßt:

> „Niederbayerische Marktflecken, Dörfer in der Eifel, Kleinstädte in Holstein bevölkern sich mit Figuren, von denen noch vor 30 Jahren niemand sich träumen ließ. Also golfspielende Metzger, aus Thailand importierte Ehefrauen, V-Männer mit Schrebergärten, türkische Mullahs, Apothekerinnen in Nicaragua-Komitees, Mercedes-fahrende Landstreicher, Autonome mit Biogärten, waffensammelnde Finanzbeamte, taubenzüchtende Kleinbauern, militante Lesbierinnen, tamilische Eisverkäufer, Altphilologen mit Warenterminingeschäft, Söldner auf Heimaturlaub, extremistische Tierschützer, Kokaindealer mit Bräunungsstudios und Dominas mit Kunden aus dem höheren Management […], Schreiner, die goldene Türen nach Saudi-Arabien liefern, Kunstfälscher, Karl-May-Forscher, Bodyguards, Jazz-Experten, Sterbehelfer und Pornoproduzenten" (Enzensberger 1988, S. 246).

Nun waren Pluralisierung und Pluralität an sich nichts Neues. Im Gegenteil, sie waren Phänomene der gesamten Moderne. Der Unterschied, den die Postmoderne machte, lag darin, so Lyotard (1999, S. 13 f., 112–122), dass nun nicht nur Ganzheit an sich verloren ging, sondern auch die *Sehnsucht* nach ihr.

Und genau hier irrte Lyotard. Denn das Ende der großen Erzählung führte zu einem neuen Hunger nach Ganzheit und brachte eine neue normative Ordnung hervor: eine Leitkultur von Antidiskriminierung und Diversität, Gleichstellung und Inklusion. Sie zielt auf die proaktive Anerkennung, die programmatische Gleichstellung und den Ausgleich der in der bisherigen Ordnung Benachteiligten: Frauen, Behinderten, Homo- und Transsexuellen, Minderheiten und Randgruppen.

Öffentliche Bekanntheit gewann der Begriff der Inklusion zunächst über die Schulpädagogik. Dort bezeichnet er die Einbeziehung von Kindern mit körperlicher oder geistiger Behinderung in die Regelbeschulung, im weiteren Sinne auch die Teilhabe von sozial schwachen Kindern und Jugendlichen, vor allem solchen mit Migrationshintergrund oder anderen Randständigkeiten. „Wenn alle mitmachen dürfen", so definierte die Aktion Mensch Inklusion (2012) in einem Comicspot, wenn „Nebeneinander zum Miteinander wird" und „wenn die Ausnahme zur Regel wird".

Zur vorrangigen Kategorie politisch-sozialer Ausgleichsbedürftigkeit wurde unterdessen das Geschlecht. *Gender mainstreaming* beruht auf der Unterscheidung zwischen angeborenem biologischem Geschlecht *(sex)* und dem kulturellen Geschlecht *(gender),* das historisch gewachsen, gesellschaftlich bedingt und politisch veränderbar ist, wobei die Vorstellungen darüber auseinandergehen, wie weit das biologische Geschlecht reicht. Während physiologische Merkmale lange Zeit weithin als gegebene Unterscheidung akzeptiert wurden, deklarierte Judith Butler auch das biologische Geschlecht als kulturelle Interpretation des Körperlichen, und die *queer theory* stellt das gesamte Schema der Zweiteilung der Geschlechter infrage.

Gemeinsam ist diesen Positionen die Überzeugung, dass Unterschiede der Lebenssituationen der Angehörigen verschiedener Geschlechter kulturell gemacht und gesellschaftlich bedingt und dass sie nicht Resultat individueller Lebensentscheidungen sind. Gesellschaftliche Geschlechterdifferenzen gelten als illegitim. Behördensprachlich formuliert bedeutet *gender mainstreaming,* „bei allen gesellschaftlichen Vorhaben die unterschiedlichen Lebenssituationen und Interessen von Frauen und Männern von vornherein und regelmäßig zu berücksichtigen, da es keine geschlechtsneutrale Wirklichkeit gibt. [...] Das Leitprinzip der Geschlechtergerechtigkeit verpflichtet die politischen Akteure, bei allen Vorhaben die unterschiedlichen Interessen und Bedürfnisse von Frauen und Männern zu analysieren und ihre Entscheidungen so zu gestalten, dass sie zur Förderung einer tatsächlichen Gleichstellung der Geschlechter beitragen" (Bundesministerium für Familie, Senioren, Frauen und Jugend 2012).

Die atemberaubende globale Karriere des *gender mainstreaming* begann mit der dritten Weltfrauenkonferenz in Nairobi 1985 (United Nations 1996). Ähnlich wie der Monetarismus in den siebziger Jahren hielt es in den politischen Entscheidungszentren Einzug und wurde als bürokratischer Top-Down-Prozess implementiert (Stiegler 2002, S. 27). Der Amsterdamer Vertrag von 1997 verpflichtete die Staaten der Europäischen Union, bei allen Tätigkeiten darauf hinzuwirken, „Ungleichheiten zu beseitigen und die Gleichstellung von Männern und Frauen zu fördern" (Art. 8 AEUV). Schon 1994 hatte der Deutsche Bundestag den Artikel 3 des Grundgesetzes über die Gleichberechtigung von Männern und Frauen um den Zusatz ergänzt, dass der Staat „die tatsächliche Durchsetzung der

Gleichberechtigung von Frauen und Männern" fördert und „auf die Beseitigung bestehender Nachteile" (Art. 3 Abs. 2 GG) hinwirkt.[2] Und im Juli 2000 gab die Gemeinsame Geschäftsordnung den Bundesministerien die Aufgabe, Gender-Mainstreaming bei allen politischen, normgebenden und verwaltenden Maßnahmen der Bundesregierung zu berücksichtigen (Die Bundesregierung der Bundesrepublik Deutschland 2011, S. 6).

Während die Kultur der Inklusion mit einer wertschätzenden Kommunikation verbunden ist, die scharfe Kontroversen meidet, haben sich zugleich neue sprachliche Dichotomien wie „Gleichstellung" versus „Diskriminierung" verbreitet. Paradoxerweise hat die Dekonstruktion von Geschlechterdifferenz dabei zu einer moralisch-normativen Aufladung von Geschlechterstereotypen geführt. Die geschlechtergerechte Schreibweise des großen Binnen-I wird zwar für ProfessorInnen und ManagerInnen, weniger hingegen für BetrügerInnen und MörderInnen verwendet. Der Genderforscher Stefan Hirschauer (2014) schrieb: „Der Kern des feministischen Bekenntnisses liegt in einer großen, stillen Hoffnung: das Böse in der Welt in einem Geschlecht verorten zu können und insofern selbst ‚das andere' zu bleiben."

3   Sprache und Macht

Die Paradoxie hat freilich ihre Logik, und sie liegt in der reflexiven Anwendung des postmodernen Dekonstruktivismus: Diskurse sind Machtformationen (Foucault), und das Prinzip des Konsenses ist ein Mechanismus zur Unterdrückung des Dissenten (Lyotard). Die Deutsche Forschungsgemeinschaft verpflichtet die Antragsteller auf bestimmte Gleichstellungsstandards (Deutsche Forschungsgemeinschaft 2017), ansonsten folgt Ausschluss von der Mittelvergabe. Auch der Diskurs über Inklusion ist ein Machtdiskurs: Für wen gelten welche Quoten? Die Frauenquote für Aufsichtsräte in börsennotierten Unternehmen gibt einer kinderlosen Unternehmertochter aus München-Bogenhausen den Vorzug vor einem vierfachen Familienvater aus einer Einwandererfamilie in Berlin-Neukölln, denn als ausgleichsbedürftiges Kriterium ist das Geschlecht festgelegt, nicht soziale oder ethnische Herkunft, Kinderzahl oder anderes. Der frühere Personalvorstand der Telekom Thomas Sattelberger, selbst ein Beförderer von *gender mainstreaming,* spricht von einer Hierarchie der Diversity-Themen: an erster Stelle die Frauen, zuletzt die Behinderten (Astheimer und Lindner 2017).

---

[2]Vgl. dazu auch Sachs 2010, S. 844.

Schon der amerikanische Soziologe Talcott Parsons hat festgestellt, dass Exklusion jeder Inklusion als „logischer Schatten" (zit. nach Luhmann 1995, S. 262) folgt.[3] Ein Homosexueller lebt in der Bundesrepublik 2018 unvergleichlich viel freier als dreißig Jahre zuvor, während sich eine Vollzeitmutter von der Bundesfamilienministerin sagen lassen muss, ihr Lebensentwurf sei „problematisch" (o.V. 2014b).

Die Frage, welche Kriterien als inklusions- oder ausgleichsberechtigt gelten, ist immer auch eine Machtfrage, die durch Sprache ausgetragen wird. Das Konzept der *ever closer union* immunisierte sich durch suggestive Sprachformeln wie derjenigen vom Fahrrad, das immer bewegt werden müsse, damit es nicht umfällt (Kohl 2012, S. 191), oder durch Eindeutigkeit suggerierende sprachliche Dichotomien: Die Alternative zur europäischen Währungsunion, so Helmut Kohl 2012, „heißt zurück zu Wilhelm II., das bringt uns nichts" (Deutscher Bundestag 1991, S. 5797). Auch Angela Merkels „scheitert der Euro, scheitert Europa" (ders. 2010, S. 4126) oder Mario Draghis „whatever it takes" (Europäische Zentralbank 2012) dienten der sprachlichen Konstruktion von Alternativlosigkeit, mit der sich die europäische Integration zugleich um Kritikfähigkeit und Korrekturbereitschaft brachte. Ein Musterbeispiel der Verbindung von Inklusion und Exklusion stellte die deutsche „Willkommenskultur" des Herbstes 2015 dar, als Regierungsparteien, Kirchenvertreter und Massenmedien über mehrere Wochen hinweg einen diskursiven Konsens zugunsten offener Grenzen etablierten, der Kritiker moralisch delegitimierte (Haller 2017).

Kritiker beklagten dies als Diktat der *„political correctness"*, und so formierten sich Gegenbewegungen gegen den Konsens der Kultur der Inklusion, der als Ausgrenzung des Dissenten erfahren wurde. Auf philosophischer Ebene ist dies ein neuer Realismus, auf politischer Ebene sind es die populistischen Bewegungen. Wenn dabei die Geschlechterordnung (in Form der Kritik an der „Ehe für alle"), Staat und Nation (in der Kritik an einer Politik offener Grenzen oder der Aussage, der Staat können seine Grenzen nicht schützen) oder die deutsche Geschichte (in Form der Kritik an der deutschen Gedenkkultur an historische Schuld) thematisiert werden, dann geht es um eine Neuaushandlung des Sagbaren und seiner Grenzen, die nicht durch Zufall an den zentralen Gegenständen des postmodernen Dekonstruktivismus der achtziger Jahre ansetzt.

---

[3]Zur Gleichzeitigkeit von Inklusion und Exklusion als unhintergehbares Problem vgl. auch Stichweh 2009, S. 29–42, bes. S. 37.

Es geht also um Grundsätzliches, wobei Auseinandersetzungen um den Rahmen des Sagbaren ein zentrales Element demokratischer Öffentlichkeiten sind. Gerade Michel Foucault und die Dekonstruktivisten haben dabei die Einsicht befördert, dass Sprache kein herrschaftsfreier Raum ist, sondern eine Arena von Machtkonflikten. Der Rahmen des Sagbaren bedarf daher der permanenten Selbstreflexion und der Revision durch eine kritische Öffentlichkeit – und einer „Kultur offener Diskussion und robuster Zivilität" (Garton Ash 2016, S. 145) anstelle selbstgewisser Affirmation und Reproduktion durch eine sich selbst definierende und damit immer auch ausgrenzende, moralisierende Mitte.

Literatur

Aktion Mensch. 2012. Inklusion. YouTube. http://www.youtube.com/watch?v=COJyb3D_JjA. Zugegriffen: 14. Jan. 2019.

Anderson, Benedict. 1983. *Imagined communities: Reflections on the origins and spread of nationalism.* London: Verso.

Asch, Salomon E. 1951. Effects on group pressure upon the modification and distortion of judgements. In *Groups, leadership and men,* Hrsg. Harold S. Guetzkow, 177–190. Pittsburgh: Carnegie Press.

Astheimer, S., und R. Lindner. 2017. Hauptsache, Vielfalt. FAZ.NET. https://stellenmarkt.faz.net/karriere-lounge/orientierung/hauptsache-vielfalt/. Zugegriffen: 15. Jan. 2019.

Beauvoir, Simone de. 1951 [franz. 1949]. *Das andere Geschlecht. Sitte und Sexus der Frau.* Hamburg: Rowohlt.

Bundesministerium für Familie, Senioren, Frauen und Jugend. 2012. Strategie „Gender Mainstreaming". http://www.bmfsfj.de/BMFSFJ/gleichstellung,did=192702.html?view=renderPrint. Zugegriffen: 31. März 2014.

Butler, Judith. 1990. *Gender trouble. Feminism and the subversion of identity.* New York: Routledge.

Butler, Judith. 1993. *Bodies that matter. On the discursive limits of „Sex".* New York: Routledge.

Chakrabarty, Dipesh. 2000. *Provincializing Europe: Postcolonial thought and historical difference.* Princeton: Princeton University Press.

Derrida, Jacques. 1967. *De la grammatologie.* Paris: Les Éditions de Minuit.

Die Bundesregierung der Bundesrepublik Deutschland. 2011. *Gemeinsame Geschäftsordnung der Bundesministerien.* Berlin: Bundesministerium des Inneren.

Deutsche Forschungsgemeinschaft. 2017. Die „Forschungsorientierten Gleichstellungsstandards" der DFG. http://www.dfg.de/download/pdf/foerderung/grundlagen_dfg_foerderung/chancengleichheit/forschungsorientierte_gleichstellungsstandards_2017.pdf. Zugegriffen: 15. Jan. 2019.

Deutscher Bundestag. 1991. *Stenographischer Bericht. 12. Wahlperiode, 68. Sitzung, Bonn, Freitag, den 13. Dezember 1991.* Bonn: Verlag Dr. Hans Heger.

Deutscher Bundestag. 2010. *Stenographischer Bericht. 17. Wahlperiode, 42. Sitzung, Berlin, Mittwoch, den 19. Mai 2010.* Köln: Bundesanzeiger Verlagsgesellschaft.

Enzensberger, Hans Magnus. 1988. *Mittelmaß und Wahn. Gesammelte Zerstreuungen.* Frankfurt a. M.: Suhrkamp.

Europäische Zentralbank. 2012. Speech by Mario Draghi, President of the European central bank at the global investment conference in London, 26. Juli. https://www.ecb. europa.eu/press/key/date/2012/html/sp120726.en.html. Zugegriffen: 3. Dez. 2017.

Foucault, Michel. 1989 [franz. 1975]. *Überwachen und Strafen. Die Geburt des Gefängnisses,* 8. Aufl. Frankfurt a. M.: Suhrkamp.

Foucault, Michel. 1991 [franz. 1984]. *Sexualität und Wahrheit, Bd.: Der Gebrauch der Lüste,* 2. Aufl. Frankfurt a. M.: Suhrkamp.

Ash, Garton, und Timothy Garton. 2016. *Redefreiheit. Prinzipien für eine vernetzte Welt.* München: Hanser.

Goffman, Erwin. 1977 [engl. 1974]. *Rahmen-Analyse. Ein Versuch über die Organisation von Alltagserfahrungen.* Frankfurt a. M.: Suhrkamp.

Hagemann, Karen. 2005. Aus Liebe zum Vaterland. Liebe und Hass im frühen deutschen Nationalismus. In *Gefühl und Kalkül. Der Einfluss von Emotionen auf die Politik des 19. und 20. Jahrhunderts,* Hrsg. Birgit Aschmann, 101–123. Stuttgart: Steiner.

Haller, Michael. 2017. *Die „Flüchtlingskrise" in den Medien. Tagesaktueller Journalismus zwischen Meinung und Information. Eine Studie der Otto Brenner Stiftung, OBS-Arbeitsheft 93.* Reihe Frankfurt a. M.: Otto Brenner Stiftung.

Hirschauer, S. 2014. Wozu Gender Studies? *Forschung & Lehre 11/2014.*

Kohl, Helmut, G. Buchstab, K. Gotto, H.G. Hockerts, R. Morsey, und H.-P. Schwarz, Hrsg. 2012. *Berichte zur Lage 1982–1989. Der Kanzler und Parteivorsitzende im Bundesvorstand der CDU Deutschlands. Bearb. v. G. Buchstab und H.-O. Kleinmann,* Bd. 65., Forschungen und Quellen zur Zeitgeschichte Düsseldorf: Droste Verlag.

Laclau, Ernesto und C. Mouffe. 1991 [engl. 1985]. *Hegemonie und radikale Demokratie. Zur Dekonstruktion des Marxismus.* Wien: Passagen-Verlag.

Luhmann, Niklas. 1995. *Soziologische Aufklärung, Bd. 6: Die Soziologie und der Mensch.* Opladen: Westdeutscher Verlag.

Lyotard, Jean-François, und Peter Engelmann, Hrsg. 1999. *Das postmoderne Wissen. Ein Bericht,* 4. Aufl. Wien: Passagen-Verlag.

Nipperdey, Thomas. 1983. *Deutsche Geschichte 1800–1866. Bürgerwelt und starker Staat.* München: Beck.

Noelle-Neumann, Elisabeth. 1996. *Öffentliche Meinung. Die Entdeckung der Schweigespirale.* Berlin: Ullstein.

Noelle-Neumann, Elisabeth. 2009. Öffentliche Meinung. In *Das Fischer Lexikon Publizistik Massenkommunikation,* 5., aktual., vollst. überarb. u. erg. Aufl., Hrsg. Elisabeth Noelle-Neumann, J. Wilke, und W. Schulz, 427–442. Franfurt a. M.: FISCHER Taschenbuch.

o.V. 2014a. Spende gegen Homo-Ehe zwingt Mozilla-Chef zum Rücktritt. ZEIT Online. http://www.zeit.de/digital/2014-04/mozilla-eich-ruecktritt. Zugegriffen: 20. Mai 2018.

o.V. 2014b. „Mütter, geht mehr arbeiten!", Interview mit Bundesfamilienministerin Manuela Schwesig, SPD, und Eric Schweitzer, Präsident des DIHT. *Frankfurter Allgemeine Sonntagszeitung,* 6. April.

Planert, Ute. 2007. Der Mythos vom Befreiungskrieg. Frankreichs Kriege und der deutsche Süden. Alltag – Wahrnehmung – Deutung 1792–1841. Buchreihe *Krieg in der Geschichte, Bd. 33.* Paderborn: Schöningh.

Rödder, Andreas. 2018. Der Rahmen des Sagbaren. Überlegungen zur Offenheit demo-
    kratischer Willensbildung aus zeitgeschichtlicher Perspektive. In Information und
    Einflussnahme. Gefährdungen der Offenheit des demokratischen Willensbildungs-
    prozesses. In *Buchreihe Wissenschaftliche Abhandlungen und Reden zur Philosophie,
    Politik und Geistesgeschichte*, 90. Aufl, Hrsg. Arnd Uhle, 241–261. Berlin: Duncker &
    Humblot.
Sachs, Michael. 2010. § 182 Besondere Gleichheitsgarantien. In *Handbuch des Staats-
    rechts der Bundesrepublik Deutschland, Bd. 8: Grundrechte. Wirtschaft, Verfahren,
    Gleichheit*, 3. Aufl, Hrsg. J. Isensee und P. Kirchhof, 839–933. Heidelberg: C. F. Müller.
Sander, Uwe. 2006. Theorie der Schweigespirale. In *Handbuch Medienpädagogik*, Hrsg.
    Uwe Sander, F. von Gross, und K.-U. Hugger, 278–281. Wiesbaden: VS Verlag.
Stichweh, Rudolf. 2009. Leitgesichtspunkte einer Soziologie der Inklusion und Exklusion.
    In *Inklusion und Exklusion. Analysen zur Sozialstruktur und sozialen Ungleichheit*,
    Hrsg. Rudolf Stichweh und P. Windolf, 29–42. Wiesbaden: VS Verlag.
Stiegler, Barbara. 2002. Wie Gender in den Mainstream kommt. Konzepte, Argumente und
    Praxisbeispiele zur EU-Strategie des Gender Mainstreaming. In *Gender Mainstreaming
    – Eine Innovation in der Gleichstellungspolitik. Zwischenberichte aus der politischen
    Praxis*, Hrsg. S. Bothfeld, S. Gronbach, und B. Riedmüller, 19–40. Frankfurt a. M.:
    Campus.
United Nations. 1996. *Report of the fourth world conference on women, Beijing, 4.–15.
    September 1995*. New York: United Nations Publications.
Welsch, Wolfgang. 2002. *Unsere postmoderne Moderne*, 6. Aufl. Berlin: Akademie.
Wirsching, Andreas. 2006. *Abschied vom Provisorium. Geschichte der Bundesrepublik
    Deutschland 1982–1990*. München: Deutsche Verlags-Anstalt.

Dr. Andreas Rödder, Professor für Neueste Geschichte, Universität Mainz.

Demokratie in Zeiten entpolitisierter Diskurse

Ursula Münch

1 Genese und Anspruchs des Konzepts der Demokratie

Zentrales Moment der von vielen Brüchen und Umwegen gekennzeichneten Demokratieentwicklung ist der Bedeutungsgewinn der Idee der Freiheit, die in einer wechselseitigen Beziehung zur Demokratie steht: Einerseits stellt die Durchsetzung individueller Freiheit eine wesentliche Voraussetzung für die Etablierung der sog. liberalen Demokratie dar und andererseits gilt eine demokratische Herrschaftsordnung als Garant für die Wahrnehmung dieser Freiheit. Die verfassungsrechtlich festgeschriebenen Institutionen der liberalen Demokratie beschränken die Volkssouveränität durch ihre Bindung an Menschen- bzw. Grundrechte, durch Verfassungsgerichtsbarkeit sowie weitere Elemente der Gewaltenteilung. Der freiheitliche Charakter der Demokratie ist jedoch nicht nur ihr zentrales Wesensmerkmal, sondern zugleich mögliche Quelle ihrer Bedrohung. Auf den Umstand, dass die Gefahr eines Machtmissbrauchs nicht automatisch mit der Zahl der Beteiligten sinkt, wies bereits Alexis de Tocqueville hin: Entsprechend seinem Verständnis, dass Politik sich immer evolutionär entwickelt und politische Ordnungen damit Übergangsphänomene sind, sah Tocqueville im freiheitlichen Charakter der Demokratie die Quelle ihres Übergangs in einen „demokratischen Despotismus", und zwar zu einer paternalistisch motivierten Tyrannei (de Tocqueville 2002 [1835], S. 341 ff.). Einfallstor dieses

U. Münch (✉)
Akademie für Politische Bildung, Tutzing, Deutschland
E-Mail: u.muench@apb-tutzing.de

© Springer Fachmedien Wiesbaden GmbH, ein Teil von Springer Nature 2019
V. Kronenberg und J. Horneber (Hrsg.), *Die repräsentative Demokratie in Anfechtung und Bewährung,* Studien der Bonner Akademie für Forschung und Lehre praktischer Politik, https://doi.org/10.1007/978-3-658-26364-5_8

Despotismus sei die der modernen Gesellschaft innewohnende Tendenz zur iso-
lierenden Vereinzelung ihrer Bürger; die „Fügsamkeit kleiner Seelen in einer
sich rational-sachlich, durch immer mehr Daseinsvor- und – fürsorge legitimie-
renden Herrschaftsordnung" (Hennis 2000, S. 327). Die freiheitliche Demokratie
birgt also sowohl strukturell als auch durch menschliche Dispositionen bedingte
Schwachstellen, die unter den verschärften Bedingungen der Globalisierung offen
zutage treten (Kronenberg 2017).

Indem die Französische Revolution 1789 die überkommene Herrschaftsordnung radikal infrage stellte, schuf sie die Grundlage für eine veränderte Sicht
auf die öffentlichen Belange und „eröffnete eine Vorstellung, die bis heute grundlegend für die Demokratie ist: Traditionen müssen nicht gelten; die Welt ist
dynamisch und von Menschen gestaltbar" (Nolte 2012, S. 49). Der Aspekt der
Gestaltbarkeit steht in einem direkten Zusammenhang zur Bedeutung des Politischen für die Demokratie: Da grundsätzlich jeder gesellschaftliche Sachverhalt einer kollektiv verbindlichen Entscheidung zugeführt werden kann (Greven
2009), stehen die damit verbundenen politischen Entscheidungen zwangsläufig
immer unter Rechtfertigungsdruck. Schließlich hätte ja auch eine andere Entscheidung getroffen werden können – und zwar nicht nur über den Sachverhalt
als solchen, sondern bereits schon über die Frage, ob etwas kollektiv verbindlich (und damit politisch) reguliert werden soll oder nicht. Diese Kontingenz
politischen Entscheidens macht die Demokratie nicht nur politisch, sondern
birgt gleichzeitig das Element des Unpolitischen in sich: Um ein Übermaß an
Komplexität zu vermeiden, ist ein gewisses Maß an Entpolitisierung schon aus
funktionalen Gründen erforderlich. So werden, da nicht alle Entscheidungen
gleich wieder zur Disposition gestellt werden dürfen, politische Ämter nicht nur
auf Zeit besetzt, sondern eben auch durch bestimmte Vorkehrungen vor der ständigen Gefahr des destruktiven Zugriffs volatiler Mehrheiten geschützt. Auch eine
Verfassung dient dazu, bestimmte Entscheidungen einer ständigen Politisierung
zu entziehen (Selk 2011, S. 195).

2   Die Warnungen vor einer entpolitisierten „Postdemokratie"

Die stets präsente Gefahr des Machtmissbrauchs sowie die phasenweise Konfrontation mit einer Legitimationskrise der liberalen Demokratie erfordern
nicht nur institutionelle Sicherungen wie verfassungsrechtlich geschützte Kon-
troll- und Minderheitenrechte oder Vorkehrungen zum Schutz von Pluralismus,
sondern zusätzliche politisch-kulturelle Rahmenbedingungen. So gehört es zur

Grundbedingung jeder freiheitlichen Demokratie, dass ein ausreichend großer Anteil der Bevölkerung zur demokratischen politischen Partizipation sowohl fähig als auch willens ist. Der hohe Stellenwert von Wahlen für die Demokratie kommt also nicht von ungefähr, sondern erschließt sich aus der engen Verbindung zwischen der Demokratie und dem Grundsatz der politischen Gleichheit. Dennoch stellt sich die Situation in der demokratischen Alltagspraxis kompliziert dar: Während sich ein Teil der Bevölkerung konsequent von der Politik abwendet, fordert ein anderer vehement mehr Beteiligung und Abstimmung ein und begründet dies etwa mit der Feststellung, die Umsetzung „neoliberaler" Politik habe zu einer „Kolonisierung" des Staates durch die Interessen von Unternehmen und Verbänden geführt. Als Folge würden wichtige politische Entscheidungen immer häufige außerhalb der traditionellen demokratischen Kanäle gefällt. Mitglieder so unterschiedlicher Protestbewegungen wie Attac, Occupy-Bewegung, Pegida oder auch der französischen „Gelbwesten"-Bewegung vermeinen zu erkennen, dass die Demokratie ausgehöhlt und erschöpft sei und gerade die Parlamente immer mehr ins Hintertreffen gerieten. Womöglich berufen sich sowohl die Politikverweigerer als auch die Politikaktivisten zur Begründung ihrer Haltung auf eine Diagnose, die seit mehr als einem Jahrzehnt unter dem polemisch anmutenden Stichwort der Postdemokratie diskutiert wird (Crouch 2008): Obwohl die demokratischen Institutionen funktionstüchtig sind und auch grundsätzlich funktionieren, die institutionelle Ordnung also unangetastet bleibt, stellten sich politische Muster ein, die dem Prinzip der Demokratie zuwiderliefen (Wolin 2004, S. 596–599). Ihre Institutionen und Prozesse würden unter der Decke formal intakter Institutionen von Degenerationserscheinungen wie „Elitenzentriertheit, mangelnder Responsivität und Partizipationsapathie" geprägt (Schmidt 2010, S. 635). Die Wahrnehmung, jede Wahl sei eine Frage, „die die ‚politische Klasse' dem Volke stellt" (Sternberger 2008, S. 119) passt auf diese Beschreibung einer „Postdemokratie" nicht mehr: Selbst wenn die Fragen von den verschiedenen Parteien antithetisch gestellt werden, verwischt die für das politische System der Bundesrepublik geradezu konstitutive Notwendigkeit zur Koalitionsbildung unter der inzwischen regelmäßig auftretenden Bedingung einer knappen Mehrheit auch ursprünglich klarer Positionen.

An dieser Stelle sollte jedoch zumindest erwähnt werden, dass keineswegs „nur" die Entpolitisierung ihrer Institutionen und Prozesse als Bedrohung für die liberale Demokratie gelten muss. Auch das Gegenteil – wenn also der politische Wettstreit zu „Kriegsführung" verkommt und „aus rivalisierenden Parteien Feinde werden" (Levitsky und Ziblatt 2018, S. 249) – gefährdet sie. Die spätestens seit der Wahl von Donald Trump aktuelle Diagnose, dass der „demokratische Rückschritt .. heute an der Wahlurne" beginnt (Levitsky und Ziblatt 2018, S. 13), verweist darauf, dass demokratische Institutionen und Verfassungsgrundsätze allein den Bestand der liberalen Demokratie dann womöglich nicht ausreichend schützen, wenn „gegenseitige Achtung und institutionelle Zurückhaltung" fehlen (Levitsky und Ziblatt 2018, S. 249).

3   Die Funktion von Öffentlichkeit für die liberale Demokratie

Ob es sich bei einer politischen Ordnung um eine liberale Demokratie handelt oder nicht, hängt nicht allein davon ab, wem die Befugnis zur Regelung der öffentlichen Angelegenheiten übertragen ist, sondern vor allem von der Qualität der öffentliche Diskurs in einem Gemeinwesen: Dominiert und kontrolliert ein einzelner Herrscher bzw. eine Clique oder eine Staatspartei den Prozess der Meinungs- und Willensbildung oder lassen sich Besitz und Ausübung der Staatsgewalt in möglichst intakten Legitimationsketten von den Vollbürgern herleiten, die nicht nur zur Teilnahme an freien und gleichen Wahlen berechtigt sind, sondern sich ebenso frei aus einem pluralistischen Angebot informieren und dazu – auch kontrovers – äußern können? Öffentlichkeit ist die Voraussetzung dafür, ein der liberalen Demokratie angemessenes Maß an Gemeinsinn herstellen zu können. Im Rahmen des freien öffentlichen Diskurses bestimmen die Bürger die Themen der öffentlichen Debatte maßgeblich mit und in seinem Verlauf wird geklärt, welche Probleme und Herausforderungen von der Politik aufgegriffen und gelöst werden sollen. Auch wenn über diese Zusammenhänge Einigkeit bestehen dürfe, ist nicht zu übersehen, dass die digital befeuerte Fragmentierung der Öffentlichkeit inzwischen eine Dimension erreicht hat, die es nicht mehr sinnvoll erscheinen lässt, von „der" demokratischen Öffentlichkeit zu sprechen (Schaal 2014, S. 117). Stattdessen wird die Existenz demokratischer Öffentlichkeiten festgestellt, die verstreut über unterschiedliche Medien und Sphären versuchen, Relevanz zu erlangen. Selbst das ständige Empfangen von Botschaften und die Möglichkeiten zu Zustimmung, Ablehnung oder Kommentierung ändern nichts daran, dass Politiker und Volk aneinander vorbei reden, dass es sogar zur „Kontaktvermeidung" kommt: Man wähnt sich im kontinuierlichen Austausch, täuscht sich aber darüber, was beim jeweiligen Gegenüber ankommt. Dieses Phänomen der sogenannten Projektion ist keineswegs neu. Zu einer Herausforderung für die Demokratie wird sie vor allem deshalb, weil sich die Anforderungen der Wählerschaft gegenüber der Politik im Zuge der Bildungsexpansion und des wachsenden gesellschaftlichen Wohlstands verändert haben.

4 Die Entpolitisierung öffentlicher Diskurse

Wenn demokratische Entscheidungsprozesse durch die wachsende Komplexität von Interessen- und Problemkonstellationen undurchschaubar zu werden scheinen, reagieren die Akteure unter Umständen mit einer „Entpolitisierung" öffentlicher Diskurse: Sie entziehen bestimmte Themen dem politischen Streit und setzen im Sinne einer Komplexitätsreduktion darauf, „die Sache" technokratisch anzugehen. Solche Entpolitisierungsprozesse sind für eine Demokratie schon deshalb ein Problem, weil nicht Konsens und Harmonie, sondern Dissens und Konflikt das Wesen von Politik ausmachen.

5 Entpolitisierung durch Akteure der „Zivilgesellschaft"

Die nationalen Parlamente waren ihren Exekutiven immer schon hoffnungslos unterlegen; zum einen aufgrund der Komplexität und Technisierung von Gesetzgebungsmaterien eines modernen Staates, zum anderen angesichts der Personalisierungstendenzen in der inzwischen digitalisierten Mediendemokratie. Der Machtverlust der Parlamente ist aber schon seit geraumer Zeit nicht mehr auf ihr Verhältnis gegenüber der Regierung und der Ministerialbürokratie beschränkt. Vielmehr ist festzustellen, dass politische Entscheidungen und Entwicklungen zusätzlich aus den Parlamenten in andere Institutionen verlagert werden: In den USA sind Interessenvertretung und Interessendurchsetzung mittels PR-Kampagnen und Gerichtsprozessen („advocacy and litigation") ein seit längerem bekanntes Phänomen, das sich in der Selbstbeschreibung der Nichtregierungsorganisation „ClientEarth" (übersetzt) wie folgt liest: „Wir nutzen das Gesetz, um das Gleichgewicht zugunsten des Gemeinwohls zu verschieben. Dieser Ansatz ist innovativ, mutig und ein Meilenstein im globalen Kampf für den Umweltschutz. Wir verklagen Regierungen vor Gericht – und gewinnen. Wir zwingen die umweltbelastenden Industrien zur Schließung. Wir schützen unersetzliche Wälder und gefährdete Arten. Wir befähigen Menschen und NGOs mit den gesetzlichen Rechten, eigene Umweltkämpfe zu führen. Die Anwendung des Gesetzes bedeutet, dass wir einen echten, dauerhaften und nachhaltigen Wandel schaffen" (ClientEarth 2018). Expertenbasierter Lobbyismus nutzt Strategien der Verrechtlichung um das zu tun, was bislang in erster Linie Gegenstand des politischen Wettbewerbs in der massenmedial geprägten Demokratie war: Bestimmte Themen werden mithilfe des Rechts auf der politischen Agenda nach vorne gebracht, und die dafür verantwortlichen Mitglieder der „Zivilgesellschaft", allen

voran Nichtregierungsorganisationen wie zum Beispiel „Foodwatch", „Finan-
cewatch" oder auch die „Deutsche Umwelthilfe" nehmen für sich in Anspruch,
„Netzwerke und Kooperationen" zu bilden „um der Macht der Konzerne etwas
entgegen zu setzen" (Deutsche Umwelthilfe 2018). Ungeachtet ihres Anspruchs
am Prozess der politischen Meinungs- und Willensbildung teilzunehmen und
sogar einen Beitrag zum Gemeinwohl zu leisten, erscheint diese Verrechtlichung
ursprünglich politischer Auseinandersetzungen unter demokratietheoretischen
Aspekten problematisch: Das aktivistische Auftreten demokratisch nicht legiti-
mierter Organisationen, die von einer vergleichsweise kleinen Zahl von Bürgerinnen und Bürgern unterstützt werden, gerät in Widerspruch zum demokratischen
Gleichheitsgedanken. Wenn jedoch nicht die gewählten Repräsentanten, sondern
politisch nicht legitimierte „zivilgesellschaftliche" Lobbygruppen mit Hilfe der
Justiz politisch wirksame Entscheidungen erwirken, verliert nicht nur die institutionelle Ordnung des demokratischen Rechtsstaates ihre Balance, sondern
die Parlamente, Parteien und Exekutive geraten unter den Druck populistischer
Anfeindung und erleiden in der Folge einen eklatanten Verlust an Autorität.

6   Entpolitisierung durch Europäisierung

Die Institutionenordnung der Europäischen Union, allen voran die „geheime
Kabinettsdiplomatie" im Rat sowie der notwendige Konsens zwischen den Orga-
nen, tragen maßgeblich dazu bei, dass politische Konflikte selten offen und argu-
mentativ ausgetragen werden. Obwohl die zu treffenden Entscheidungen alle
Bürgerinnen und Bürger der Europäischen Union betreffen, werden alternative
politische Konzepte und Lösungsmöglichkeiten schon deshalb selten öffentlich
diskutiert, weil es gilt, Irritationen im mühsamen Abstimmungsprozess zwischen
den Mitgliedstaaten zu vermeiden.

Die Dominanz der konsens- und verhandlungsorientierten Entscheidungsfindung in der Europäischen Union hat die Entpolitisierung der europäischen Politik
zur Folge. In dem Maße, in dem Konflikte europäisch „verarbeitet" werden, geht
ihnen das Konflikthafte verloren, das die öffentlichen Meinungsbildungsprozesse
in Gang hält und das Interesse der Medien und der Öffentlichkeit wecken könnte.
Dieses Umgehen der politischen Auseinandersetzung durch die Abstimmung in
informellen Expertennetzwerken reduziert die europäischen politischen Prozesse
zur bloßen Technik der Problemlösung; ihr demokratischer Gehalt gerät dadurch
noch weiter ins Hintertreffen, weil es den nationalen Parlamenten schon aus strukturellen Gründen nicht gelingt, ihre Informations- und Zustimmungsrechte zu nutzen und etwa der Aushöhlung ihrer Haushalts- und Kontrollrechte im Zuge der

europäischen Überarbeitung der Regeln des Stabilitäts- und Wachstumspaktes wirksame Maßnahmen entgegenzusetzen (Rittberger und Winzen 2015, S. 453).

Vor diesem Hintergrund erscheint die Globalisierung als „strategisch inszeniertes ‚neoliberales' Projekt", das nicht nur die Souveränität der Nationalstaaten, sondern damit eben auch die Demokratie aushöhle (Nolte 2015, S. 150). Nicht nur die Freiheitsrechte, sondern auch das Wahlrecht und die Parlamente verlören, so die Verfechter der These vom wachsenden Demokratiedefizit, gegenüber den Finanzmärkten, den Institutionen des Europäischen Stabilitätsmechanismus (ESM), den internationalen (Internet-) Konzernen und sonstigen „anonymen Mächten" an Wirkmächtigkeit. In der liberalen Demokratie zeigt sich die Schwierigkeit, unter enormen Zeitdruck und bei hohem nationalem und internationalem Abstimmungsbedarf sachgerechte politische Entscheidungen zu treffen. Der damit verbundene Druck stellt die Institutionen und Verfahrenswege der Demokratie vor große Probleme: War die Demokratie zunächst der „Motor der gesellschaftlichen Modernisierung", hat sich das Verhältnis umgedreht: Da ihr „Verarbeitungstakt" hinter den Erfordernissen einer globalisierten Finanzwelt zurückbleibe, scheint sich die Demokratie – gerade im Vergleich zu „effizienten" Systemen wie der Volksrepublik China zum Bremsklotz zu entwickeln (Schaal 2014, S. 117).

7 Entpolitisierung durch Moralisierung und Ökonomisierung

Während wir die Jahrzehnte vor dem Fall der Mauer und des Ostblocks als grundsätzlich politisierte Zeiten erinnern, scheint heute nicht mehr der Parteienwettbewerb, sondern eine expertokratische Politik der Alternativlosigkeit zu dominieren. Hinzu kommt, dass sowohl die Mechanismen der digitalen Kommunikation als auch die Vielschichtigkeit der politischen und ökonomischen Zusammenhänge die politische Auseinandersetzung in den Hintergrund treten lassen. Obwohl „Intentionalität als Steuerungsinstrument hochkomplexer Gesellschaften nicht funktioniert" (Münkler 2011) und die gute Absicht nie ausreicht, treten an die Stelle politischer Argumente häufig Emotionen und Moralisierung. Der momentane Herrschaftsanspruch des Meinens gemäß dem Motto „Es kann doch nicht sein, dass ...." verzichtet nicht nur auf die Begründung, warum ein Sachverhalt zu kritisieren ist, sondern erspart es sich auch Vorschläge zu benennen, auf welche Weise die kritisierte Situation geändert werden könnte: „Die wollen Politik nicht unter den Bedingungen des Machtkampfes, sondern unter der Formel ‚Piep, piep, piep, wir haben uns alle lieb' organisieren. Das Schlimme an ihrem Moraldünkel ist, dass sie die Erfordernis der ethischen Grundlage einer Gesellschaft faktisch in die politische Kampfressource einer bestimmten Gruppierung verwandeln und so desavouieren" (Münkler 2011). Diese Entpolitisierung durch Moralisierung ermöglicht (wie auch die Politisierung) Zugehörigkeit und Abgrenzung. Wenn Moralismus die politischen Diskurse prägt, gerät das genuin Politische, nämlich der Konflikt zwischen verschiedenen Interessen und die Notwendigkeit, diese in einem politischen Entscheidungsprozess möglichst in einen gewissen Ausgleich zu bringen, zumindest vorübergehend in den Hintergrund: „In der säkularen Welt ist die Behauptung, besonders moralisch zu agieren, das Substitut der alten Behauptung, mit Gott zu sprechen. Und weil es nur ein Substitut, also schwächer als das Original ist, muss diese Behauptung besonders laut, aufdringlich sowie permanent kommuniziert werden." (Münkler 2011).

Nicht nur die Moralisierung einer eigentlich politischen Auseinandersetzung, sondern auch ihre Behandlung entlang der Kategorien von Kosten und Nutzen tragen zur Entpolitisierung bei: In vielen Feldern wurden die Politik und die politische Auseinandersetzung um die richtige Lösung durch die Frage nach der Rentabilität und dem Kosten-Nutzen-Faktor sowie einen Verweis auf die Alternativlosigkeit der ökonomisch besten Lösung ersetzt. Entwicklungen in der Gesellschaft, in der nationalen und internationalen Politik, in Medizin und Technik werden mehr denn je nach ökonomischen Kriterien beurteilt. Wenn der Staat auf diese Weise zum modernen Dienstleistungsunternehmen und Demokratie damit vor allem am „outcome" gemessen wird, gerät der Kerngehalt der Demokratie – nämlich Freiheit, Gleichheit, Gewaltenteilung und Gemeinwohlorientierung – in die Defensive. Je mehr sich das Kosten-Nutzen-Denken in alle Lebensbereiche ausdehnt, desto größer wird die Gefahr, dass das darin zum Ausdruck kommende grundsätzliche Misstrauen auch die Politik selbst ergreift und sich als Vertrauensverlust niederschlägt.

8 Ausblick

Die Entpolitisierung der Demokratie ist eine Folge der Unzufriedenheit mit den Mechanismen des demokratischen Prozesses. Es wäre aber ein folgenreicher Fehlschluss zu hoffen, die Demokratie könnte den politikverdrossenen Bürgerinnen und Bürger womöglich durch eine Entpolitisierung wieder attraktiver gemacht werden. Das Gegenteil ist der Fall: Entpolitisierte Diskurse, in denen Moralkeulen und die Ausrichtung an Effizienzkriterien an die Stelle unvermeidlicher Interessenskonflikte treten, berauben die liberale Demokratie ihres Nährbodens.

Die Gegenrezepte zu diesem Trend liegen nahe: Etwas Einfaches wie die Erfordernis zu begründen statt zu behaupten gehört ebenso dazu wie deutlich Schwierigeres: das belebende Bekenntnis zur Parteiendemokratie.

Literatur

ClientEarth. 2018. What we do. https://www.clientearth.org/what-we-do/. Zugegriffen: 27. Dez. 2018.

Crouch, Colin. 2008. *Postdemokratie*. Berlin: Suhrkamp.

Deutsche Umwelthilfe. 2018. „Gegenwind gehört dazu". https://www.duh.de/aktuell/interviews-und-statements/aktuelle-meldung/news/gegenwind-gehoert-dazu/. Zugegriffen: 27. Dez. 2018.

Greven, M.T. 2009. *Die politische Gesellschaft. Kontingenz und Dezision als Probleme des Regierens und der Demokratie*. Wiesbaden: VS Verlag.

Hennis, Wilhelm. 2000. *Politikwissenschaft und politisches Denken. Politikwissenschaftliche Abhandlungen II*. Tübingen: Mohr Siebeck.

Kronenberg, Volker. 2017. Demokratie. In *Bonner Enzyklopädie der Globalität*, Bd. 2, Hrsg. L. Kühnhardt und T. Mayer, 1071–1079. Wiesbaden: Springer VS.

Levitsky, Steven, und D. Ziblatt. 2018. *Wie Demokratien sterben. Und was wir dagegen tun können*. München: Deutsche Verlags-Anstalt.

Münkler, Herfried. 2011. Im Interview: Niccolò Machiavelli. Moralvirtuosen sind gefährlich. brand eins 9. https://www.brandeins.de/magazine/brand-eins-wirtschaftsmagazin/2011/gut-boese/moralvirtuosen-sind-gefaehrlich. Zugegriffen: 20. Dez. 2018.

Nolte, Paul. 2012. *Was ist Demokratie? Geschichte und Gegenwart*. München: Beck.

Nolte, Paul. 2015. *Demokratie. Die 101 wichtigsten Fragen*. München: Beck.

Rittberger, Berthold, und Thomas Winzen. 2015. Parlamentarismus nach der Krise: Die Vertiefung parlamentarischer Asymmetrie in der reformierten Wirtschafts- und Währungsunion. *Politische Vierteljahresschrift* 56 (3): 430–456.

Schaal, Gary S. 2014. Die Zukunft der Demokratie. Ein pessimistischer Ausblick. In *Zukunft der Demokratie. Ende einer Illusion oder Aufbruch zu neuen Formen?* Hrsg. M. Reder und M. Cojocaru, 109–124. Stuttgart: Kohlhammer.

Schmidt, Manfred G. 2010. *Wörterbuch zur Politik*, 3. Aufl. Stuttgart: Kröner.

Selk, Veith. 2011. Die Politik der Entpolitisierung als Problem der Politikwissenschaft und der Demokratie. *Zeitschrift für Politische Theorie* 2 (2): 185–200.

Sternberger, Dolf. 2008. Verfassungspatriotismus. In *Über die Freiheit. Festvorträge zur Gründung und zu den Jubiläen der Akademie. 50 Jahre Akademie für Politische Bildung*, Hrsg. H. Oberreuter, 109–119. München: Olzog.

Tocqueville, Alexis de, H.C. Mansfield, und D. Winthrop, Hrsg. 2002. *Democracy in America*. Chicago: University of Chicago Press. (Erstveröffentlichung 1835).

Wolin, Sheldon S. 2004. *Politics and Vision. Continuity and Innovation in Western Political Thought*, Erweiterte Aufl. Princeton: Princeton University Press.

Ursula Münch ist Professorin für Politikwissenschaft an der Universität der Bundeswehr München (derzeit beurlaubt) und Direktorin der Akademie für Politische Bildung, Tutzing.

Die Überforderung der Demokratie durch den Bürger. Überlegungen zum Dilemma einer aktiven Zivilgesellschaft

Manuel Becker

„Mehr Partizipation wagen!" So könnte man in Abwandlung der berühmten Parole von Willy Brandt aus seiner ersten Regierungserklärung von 1969 eines der wesentlichen Leitmotive der öffentlichen Debatte in den vergangenen Jahren benennen. Sei es im Zusammenhang infrastruktureller Großprojekte wie Stuttgart 21, sei es beim Protest gegenüber Windrädern im Zuge der Energiewende oder sei es die populäre Forderung, bei der Auswahl politischer Spitzenkandidaten mehr Bürger mit einzubeziehen – überall lässt sich die Erwartung einer stärkeren Beteiligung der Bürger deutlich herauslesen. Auch die beinahe schon wieder in Vergessenheit geratene Piratenpartei bezog einen beträchtlichen Teil ihrer Attraktivität nicht nur aus dem von den etablierten Parteien stiefmütterlich behandelten Thema der Netzpolitik, sondern vor allem aus der Ankündigung, die Bürger jenseits von Wahlen verstärkt in den politischen Prozess einbinden zu wollen – schlussendlich kulminierend im Konzept der so genannten „liquid democracy" (Vogelmann 2012). Auch wenn die Piratenpartei schon längst wieder aus dem Fokus öffentlicher Aufmerksamkeit verschwunden ist und unter den so genannten „sonstigen Parteien" bei Wahlen kaum mehr erwähnenswerte Ergebnisse erzielt, so hat sie doch mit ihrem Anspruch einer erneuerten und erweiterten Partizipationskultur sowie moderneren, interaktiv angelegten Webportalen Spuren

M. Becker (✉)
Institut für Politische Wissenschaft und Soziologie, Universität Bonn, Bonn, Deutschland
E-Mail: manuel.becker@uni-bonn.de

© Springer Fachmedien Wiesbaden GmbH, ein Teil von Springer Nature 2019
V. Kronenberg und J. Horneber (Hrsg.), *Die repräsentative Demokratie in Anfechtung und Bewährung*, Studien der Bonner Akademie für Forschung und Lehre praktischer Politik, https://doi.org/10.1007/978-3-658-26364-5_9

bei den etablierten Parteien hinterlassen.[1] Darüber hinaus wurde so genannte „Engagementpolitik" auf unterschiedlichen Ebenen des deutschen Föderalstaates mit nicht unerheblichen Mitteln in den vergangenen Jahren gefördert.

Nun würde es sicher zu weit gehen, von einer inkrementellen Krise des klassischen Repräsentativitätspostulats – als ein Grundprinzip der demokratischen Legitimation staatlicher Organisation in modernen Flächenstaaten – zu sprechen. Dass allerdings die Akzeptanz der repräsentativen Demokratie schwindet, wird man kaum in Abrede stellen können. Markus Linden und Winfried Thaa nennen in diesem Zusammenhang fünf typische Argumentationsmuster, mit denen die These von der Krise der Repräsentation gestützt wird: die systematische Benachteiligung allgemeiner Interessen und Anliegen, die Disparität bei der Vermittlung und Durchsetzung verschiedener gesellschaftlicher Anliegen, die Privatisierung und Entfremdung von Bürger und Staat, die Unterstellung einer Steuerungskrise sowie die Unterstellung einer Legitimitätskrise (Linden und Thaa 2001). All diese Argumentationsmuster sind im Grunde nicht neu, entfalteten allerdings im öffentlichen Diskurs der aktuellen Dekade etwa seit der Zeit um 2010/2011 herum einen ganz neuen Impetus.

In diesem Kontext wurde immer wieder die Forderung nach mehr Partizipation, mehr Beteiligung der Bürger am demokratischen Prozess erhoben. Nicht selten wurden dabei repräsentative und direkte Demokratie als konträr zueinander stehende Konzepte verhandelt. Dabei kann eine Ausweitung partizipativer Elemente jedoch stets nur als eine Ergänzung und Weiterentwicklung der repräsentativ verfassten Demokratie verstanden werden, niemals als deren Gegensatz (Decker 2016). Ungeachtet dessen wurde selten die Grundfrage thematisiert, ob eine stärker partizipativ orientierte politische Kultur überhaupt zu einer Belebung der Demokratie beizutragen vermag und insofern überhaupt als adäquates Gegenmittel gegen eine schleichende Akzeptanzkrise repräsentativer Demokratien wirken kann. Es wurde vielmehr unhinterfragt unterstellt, dass eine aufgeklärte Bürgerschaft über mehr Beteiligung gleichsam automatisch heilsam auf den demokratischen Prozess innerhalb der politischen Institutionen einwirken könne.

An diesem Punkt setzen die vorliegenden Ausführungen an. Es bliebe erst einmal zu klären, ob zivilgesellschaftliches Engagement aus sich heraus zwingend zu einer gemeinwohlorientierteren Demokratie führt. Denn nur dann kann die Frage bejaht werden, ob bürgerschaftliche Partizipation per se ein erstrebenswertes Gut ist, für das politische Anstrengungen unternommen werden sollten

---

[1]Vgl. die hierzu die einschlägigen Portale der Parteien CDU (2012); SPD (2018); FDP (2012); Bündnis 90/Die Grünen (2016).

und in das finanzielle Mittel zu investieren wären. Hinter eben diesen Zusammenhang kann man nämlich mit guten Gründen ein kritisches Fragezeichen setzen. Um der oftmals verworrenen und verwirrenden Eigenlogik tagesaktueller Debatten zur Basis der demokratischen Kultur zu entkommen, um eine neue Perspektive einzunehmen und die Dinge aus einem anderen Blickwinkel zu betrachten, wirkt oftmals der Blick in politikwissenschaftliche Grundlagenliteratur aus anderen Zeiten wohltuend. Dies gilt auch für die hier interessierende Thematik der unterstellten einseitig positiven Wirkung eines „Mehr Partizipation wagen!".

Als hilfreich erweist es sich hier, noch einmal eine der Pionierstudien zur politischen Kulturforschung zur Hand zu nehmen und sich damit zu befassen, wie Themen der politischen Partizipation zu einer ganz anderen Zeit in einem anderen zeithistorischen Kontext verhandelt und welche Schlüsse seinerzeit daraus gezogen wurden. Die politische Kulturforschung ist ein eigenständiger Teilbereich der Politikwissenschaft. Sie setzt beim Zwischenbereich von politischem System und allgemeiner gesellschaftlicher Kultur an und versucht, Begriffe und Theorien zu den Wahrnehmungen und Deutungen des politischen Systems in der Bevölkerung zu entwickeln (Greiffenhagen und Greiffenhagen 1997). Gabriel Almond definierte in diesem Sinne den Begriff politische Kultur bereits im Jahr 1956: „Every political system is embedded in a particular pattern of orientations to political action. I have found it useful to refer to this as *political culture.*" (Almond 1956, S. 396) Dies zu erforschen, gleicht natürlich – wie Max Kaase es einmal in eine eindrückliche Metapher gekleidet hat – dem berühmten Versuch, einen Pudding an die Wand zu nageln (Kaase 1983). Und dennoch kommt an der politischen Kulturforschung niemand vorbei, der sich mit aktuellen Fragen der Bürgergesellschaft und der partizipativen Einbindung von Bürgern in politische Prozesse beschäftigt. Denn die Kenntnis von Zusammenhängen zwischen den politischen Institutionen und dem politischen Bewusstsein der Bevölkerung, d. h. die subjektive Verarbeitung von objektiven politischen Strukturen bei den Bürgern über Meinungen, Einstellungen und Werte, befähigt erst dazu, kohärente und gehaltvolle Konzepte zur Bürgerbeteiligung zu entwickeln.

Ganz grob lassen sich zwei verschiedene Forschungstraditionen der politischen Kulturforschung benennen: der qualitativ-heuristische Ansatz, als dessen wichtigste Vertreter David Elkins, Richard Simeon und mit Blick auf die Bundesrepublik Karl Rohe benannt werden können, (Elkins und Simeon 1979; Rohe 1987) sowie der quantitativ-empirische Ansatz, dessen zentrale Repräsentanten Gabriel Almond, Sidney Verba, Robert D. Putnam und Ronald Inglehart sind (Inglehart 1977; Putnam 1976). Das oben erwähnte, für die heutigen Debatten Orientierung bietende Grundlagenwerk „The Civic Culture" (Almond und Verba 1963) stammt aus der Feder von Gabriel Almond und Sidney Verba

und ist die vielleicht wichtigste Pionierstudie der modernen politischen Kulturforschung. Mit diesem Werk ebneten Almond und Verba nicht nur den Weg für
die Forschungstradition der demoskopischen Abfrage von politischen Einstellungen und Interpretationen sowie deren empirischer Auswertung, sondern
wir verdanken dieser Studie auch grundsätzliche Erkenntnisse qualitativ-inter-
pretatorischer Natur, die für aktuelle Herausforderungen einer aktiven Einbindung der Zivilgesellschaft nach wie vor von Bedeutung und keinesfalls
überholt sind. Leider scheint manches davon in Vergessenheit geraten zu sein.

Zu ihren in „The Civic Culture" gebündelten Forschungsbemühungen wurden
die Autoren Gabriel Almond und Sidney Verba durch die faschistischen Regime
und totalitären Erfahrungen in der ersten Hälfte des 20. Jahrhunderts motiviert
(Kaase 2007, S. 4). Die damit verbundenen politischen Verwerfungen setzten
gleichsam automatisch die Frage auf die Forschungsagenda, warum manche politischen Systeme sich als resilienter als andere gegenüber den in dieser Epoche
nahezu allgegenwärtigen Totalitarismen und Faschismen erwiesen. Bzw. noch
konkreter formuliert ging es um die Kernfrage, worin die wesentlichen kulturellen Voraussetzungen für eine stabile Demokratie bestehen. Dabei konzipieren die
Autoren ihre Grundidee sozialpsychologisch: „When we speak of political culture of a society, we refer to the political system as internalized in the cogniti-
ons, feelings and evaluations of its population." (Almond und Verba 1963, S. 13)
Politische Kultur konkretisieren Almond und Verba in ihrer Studie entsprechend
als „particular distribution of patterns of orientation toward political objects
among the members of a nation" (Almond und Verba 1963, S. 13–14). Das heißt,
sie wählen als Bezugsrahmen keine abstrakten kulturellen Räume wie später
besonders prominent etwa Samuel Huntington u. a., sondern beziehen sich ganz
konkret auf den jeweiligen Nationalstaat. Ihr Ansatz besteht darin, persönliche
Orientierungen politischen Objekten zuzuordnen. In Bezug auf Orientierungen
differenzieren sie zwischen drei verschiedenen Dimensionen: einer kognitiven
Dimension (Wissen), einer affektiven Dimension (Gefühle) und einer evaluativen
Dimension (Bewertungen), die in ihrer Gesamtheit die politische Kultur abbilden.
Bei den politischen Objekten differenzieren Almond und Verba zwischen vier
verschiedenen Ebenen: 1) dem politischen System allgemein, 2) dessen *input*-
Strukturen, die sich v. a. aus der Interessensartikulation und der Partizipation am
politischen Prozess speisen, 3) dessen *output*-Strukturen, die sich auf die mae-
riellen und immateriellen Leistungen des politischen Systems beziehen, sowie
schließlich 4) der Rolle des Individuums und dessen Selbstbild im politischen
Prozess.

Aus der Verbindung dieser drei Orientierungs- und vier Objekttypen entwickeln Almond und Verba die in Tab. 1 dargestellte Matrix:

Tab. 1 Orientierungs- und Objekttypen politischer Kultur. (Eigene Darstellung in Anlehnung an Almond und Verba 1963, S. 17)

	Politisches System	Input-Objekte	Output-Objekte	Individuum
Parochiale politische Kultur	0	0	0	0
Untertanenkultur	1	0	1	0
Partizipative Kultur	1	1	1	1

Sie generieren drei Varianten von politischer Kultur (Almond und Verba 1963, S. 17–20). Der erste Typus ist die sogenannte „Parochialkultur": In ihr sind die Bürger sehr stark auf einen schmal bemessenen politischen Kontext orientiert, nämlich nur auf ihr engeres Umfeld. Eine auf die Gesamtnation bezogene Kultur ist kaum zu erkennen, die Bürger selbst begreifen sich nur sehr eingeschränkt als politische Individuen. Den zweiten Typus bildet die „Untertanenkultur": In ihr haben die Bürger durchaus einen Bezug zum politischen System, sind aber in erste Linie nur an dessen *output* interessiert; sie haben keine Motivation bzw. keine Vorstellung davon, partizipativ und in Eigeninitiative am politischen Geschehen mitzuwirken. Schlussendlich bildet die „partizipative Kultur" den dritten Typus: In ihr ist die Bevölkerung sehr stark *input*-orientiert. Sie will sich aktiv am politischen Geschehen beteiligen und fordert dies gegenüber dem politischen System auch ein.

Für die hier interessierenden Zusammenhänge ist nun weniger der Befund von Almond und Verba von Belang, dass in Deutschland lange Zeit eine Untertanenkultur vorherrschend war und dass die beiden Autoren darin eine der wesentlichen Ursachen für die Anfälligkeit für den Totalitarismus in Deutschland vermuten. Deutschland attestierten die Forscher noch auf Grundlage der 1959 mithilfe repräsentativer Bevölkerungsbefragungen erhobenen Daten eine *output*-orientierte politische Kultur, was als latent bedrohlich für die Stabilität des demokratischen Systems gewertet wurde (Verba 1965, S. 169) – eine Befürchtung, die aus heutiger Sicht überzogen erscheint. Eine andere, scharfsinnige Beobachtung ist viel bedeutsamer: Hinter der skizzierten Typologie stand immer die Frage danach, welche Form von politischer Kultur am besten gegen faschistische und totalitäre Versuchungen immunisiert. Rein intuitiv würde man mit einem etwas simpel gestrickten politischen Weltbild *prima facie* zunächst argumentieren, dass die partizipative Kultur das beste Korrektiv darstelle und dass nur sie allein die aufklärerisch-moderne Form von zukunftsfähiger Demokratie tragen könne, da nur die partizipative Demokratie den Bürger als rationales und gestaltendes Individuum ernst nehme.

Es spricht jedoch für die politische Klugheit und Weitsicht von Almond und Verba, dass sie genau diese naheliegende und eben nur auf den ersten Blick schlüssige Antwort ausdrücklich nicht geben. Vielmehr verweisen die beiden Pioniere der politischen Kulturforschung auf die Schwierigkeiten und Herausforderungen, die für die Demokratie mit einer partizipativen Kultur verbunden sind: Eine solche Kultur ist eben nur sehr schwer kompromissfähig und kann den demokratischen Prozess sogar in hohem Maße irritieren und letzten Endes überfordern.

Aus diesem Grund schwebt den beiden Forschern ein ganz anders ausgerichtetes Modell vor: „The maintenance of these more traditional attitudes *and their fusion* with the participant orientations lead to a balanced political culture in which political activity, involvement, and rationality exist but are balances by passivity, traditionality, and commitment to parochial values." (Almond und Verba 1965, S. 30) Almond und Verba favorisieren als Idealmodell eine Kombination aus allen drei erarbeiteten Idealtypen: die dem Standardwerk den Titel gebende „civic culture" (Almond und Verba 1965, S. 30). In dieser Form der politischen Kultur wird das partizipatorische Element mit Subjekt- und Parochialorientierungen kombiniert und damit letzten Endes auch eingehegt. Es ist also gerade nicht das Partizipationsgebot über allem, sondern eine ausgewogene Mischung aus Beteiligung, Traditionalismus und – man muss es so deutlich sagen – auch einem gesunden Maß an politischer Indifferenz und politischem Desinteresse, welche die beste Grundlage für die Stabilität eines politischen Systems konstituiert. Diese wichtige Beobachtung aus der frühen politischen Kulturforschung ist in hohem Maße anschlussfähig für aktuelle Debatten zur Bürgerbeteiligung.

In die gleiche Kerbe wie Almond und Verba schlug jüngst der Göttinger Politologe Franz Walter in einem großen Essay für die Frankfurter Allgemeine Zeitung. Wenngleich er auch nicht direkt auf die beiden Pioniere der politischen Kulturforschung Bezug nimmt, so beschäftigt sich auch Walter von einem anderen Standpunkt aus und vor allem aus zeithistorischer Perspektive mit der These, dass ausgeprägtes bürgerschaftliches Engagement per se zu einer Stabilisierung und Vertiefung von Demokratie und zu gesellschaftlichem Zusammenhalt führe (Walter 2018). Walter hält es für grob fahrlässig, diesen Zusammenhang unhinterfragt zu postulieren.

Er führt unter Rekurs auf die beiden historischen Krisenjahre 1873 und 1923 in unterschiedlichen politischen Regimen mit beeindruckender historischer Detailkenntnis vor, inwiefern die Formation und Mobilisierung von Zusammenschlüssen freier und in der Regel gut gebildeter Bürger abseits klassischer Staats- und Parteistrukturen jeweils antiliberale Effekte nach sich gezogen und damit das genaue Gegenteil von dem bewirkt haben, was die Befürworter eines Mehrs an zivilgesellschaftlicher Partizipation an politischen Prozessen sich von solchen Bewegungen versprechen und erhoffen. Walter resümiert in der rückblickenden Bilanz:

> „Hier kehrte sich der Januskopf der oft in verklärtes Licht getauchten Zivilgesellschaft heraus. Die neuen freiwilligen Assoziationen brachten Einzelne für gemeinsame Vorhaben zusammen, förderten mithin bürgergesellschaftliches Engagement und Selbstinitiative. Aber ein kommunitär-solidarisches, republikanisches Gemeinwesen musste sich daraus nicht formieren. Im Gegenteil, die zivilgesellschaftliche Mobilisierungs- und Organisationsenergie vervielfältigte Dynamik, Disziplin und Durchsetzungsfähigkeit von Antisemitismus und Antiliberalismus erheblich. Die krisengetriebenen Modernisierungsschübe bewirkten ebenfalls eine Modernisierung der politischen Techniken im restaurativen Lager, das dadurch an plebiszitärer Schlagkraft erheblich zulegte." (Walter 2018).

Es ist eine geschichtswissenschaftliche Binsenweisheit, dass die Weimarer Republik nicht an zu vielen Extremisten, sondern an zu wenigen überzeugten Demokraten gescheitert ist. Dies ist jedoch gewissermaßen nur die halbe Wahrheit, wofür Franz Walter den geneigten Leser sensibilisiert: Es habe in Weimar bei Leibe nicht an Aktivisten, an Teilhabe, an Leidenschaften, an politischer Kritik, an Demonstrationsbereitschaft, an Zielen, an Freiwilligen – kurzum: an alldem, was gerne als tragende Elemente zivilgesellschaftlicher Mitwirkung partizipatorisch bewegter Bürger gepriesen werde, gemangelt (Walter 2018). All diese Elemente waren in Weimar gegeben und dennoch hat diese aktive Zivilgesellschaft die Republik nicht retten können, sondern sogar ganz im Gegenteil ihren Beitrag zu deren Untergang geleistet.

Franz Walter glaubt bei den Befürwortern der Bürgergesellschaft eine strukturelle Parallele zu marktorthodoxen Wirtschaftsliberalen zu erkennen. So wie diese im Gefolge von Adam Smith an die „invisible hand" des freien Marktes glauben, so projizieren engagierte Freunde der Bürgergesellschaft all ihre Hoffnungen auf die unsichtbare Hand des selbstorganisierten dritten Sektors, der gleichsam von selbst Gemeinwohl und Bürgersinn produzieren werde. Dieser Unterstellung setzt Franz Walter die historischen Erfahrungen der Krisenzeiten im Kaiserreich und in der Weimarer Republik entgegen.

Nun soll die Quintessenz der vorliegenden, an der politisch-kulturellen Forschung von Almond und Verba und an der zeithistorischen Perspektive von Walter geschulten Überlegungen nicht darin bestehen, bürgerschaftliches Engagement, zivilgesellschaftliches Einmischen und den Ausbau partizipativer Elemente grundsätzlich zu verteufeln. Dies hieße, das berühmte Kind mit dem Bade auszuschütten. Ganz im Gegenteil: Natürlich können von der Leitparole „Mehr Partizipation wagen" wertvolle Impulse für die repräsentative Demokratie ausgehen, um der Akzeptanzkrise ein Stück entgegen zu wirken. Umgekehrt wird ein Schuh daraus: Für die Demokratie gilt schließlich auch, dass man nur dann als überzeugter Demokrat denken und handeln kann, wenn man um die Schwächen der Demokratie, wie beispielsweise die Kurzfristigkeit des Problemlösungsverhaltens, die Anfälligkeit für Populismus, die Unzulänglichkeiten des Mehrheitsprinzips etc. weiß. Und genau so kann vielleicht gerade das Wissen um die Unzulänglichkeiten eines schlichten „Immer mehr" an Bürgerbeteiligung und eine Sensibilität dafür, dass mehr Partizipation nicht automatisch mehr Demokratie bedeuten muss, gerade dazu führen, dass man dergleichen Elemente klüger, nachhaltiger gehaltvoller ausgestaltet.

Literatur

Almond, Gabriel. 1956. Comparative political systems. *The Journal of Politics* 18:391–409.
Almond, Gabriel, und S. Verba. 1963. *The Civic culture. Political attitudes and democracy in five nations.* Princeton: SAGE.
Almond, G. und S. Verba. 1965. *The Civic Culture. Political Attitudes and Democracy in Five Nations.* Princeton: Princeton University Press.
Bündnis 90/Die Grünen. 2016. Das Grüne Netz. https://www.gruene.de/ueber-uns/2016/das-gruene-netz.html. Zugegriffen: 29. Jan. 2019.
CDU. 2012. CDUplus. https://www.cduplus.cdu.de/. Zugegriffen: 29. Jan. 2019.
Decker, Frank. 2016. *Der Irrweg der Volksgesetzgebung.* Bonn: Dietz.
Elkins, David, und R. Simeon. 1979. A cause in search of its effect. *Comparative Politics* 11:127–145.
FDP. 2012. Meine Freiheit. https://network.meine-freiheit.de/page/about. Zugegriffen: 29. Jan. 2019.
Greiffenhagen, Martin, und S. Greiffenhagen. 1997. Politische Kultur. In *Grundwissen Politik*, 3., völlig überarb. u. erw. Aufl., Hrsg. Bundeszentrale für Politische Bildung, 176–237. Bonn: bpb.
Inglehart, Ronald. 1977. *The silent revolution. Changing values and political styles among western publics.* Princeton: University Press.
Kaase, Max. 1983. Sinn und Unsinn des Konzepts „Politische Kultur" für die Vergleichende Politikforschung, oder: Der Versuch, einen Pudding an die Wand zu nageln. In *Wahlen und politisches System*, Hrsg. M. Kaase und H.-D. Klingemann, 144–172. Opladen: Westdeutscher Verlag.
Kaase, Max. 2007. Gabriel A. Almond/Sidney Verba The civic culture political attitudes and democracy in five nations, Princeton 1963. In *Schlüsselwerke der Politikwissenschaft*, Hrsg. S. Kailitz, 4–8. Wiesbaden: VS Verlag.
Linden, Markus, und W. Thaa. 2001. Krise und Repräsentation. In *Krise und Reform politischer Repräsentation*, Hrsg. M. Linden und W. Thaa, 11–45. Baden-Baden: Nomos.

Putnam, Robert D. 1976. *The comparative study of political elites englewood cliffs.* New Jersey: Prentice Hall.

Rohe, Karl. 1987. Politische Kultur und der kulturelle Aspekt von politischer Wirklichkeit. *PVS-Sonderheft* 18:39–49.

SPD. 2018. Lust auf Morgen. https://www.spd.de/lust-auf-morgen/. Zugegriffen: 29. Jan. 2019.

Verba, Sidney. 1965. Germany. The remaking of political culture. In *Political culture and political development,* Hrsg. L.W. Pye und S. Verba, 130–170. Princeton: University Press.

Vogelmann, Fieder. 2012. Flüssige Betriebssysteme. Liquid democracy als demokratische Machttechnologie. *Aus Politik und Zeitgeschichte* 48:40–46.

Walter, F. 2018. Kritik der Zivilgesellschaft. *Frankfurter Allgemeine Zeitung,* 16. April.

Dr. Manuel Becker, Geschäftsführer und wissenschaftlicher Mitarbeiter am Institut für Politische Wissenschaft und Soziologie, Universität Bonn.

„Auf uns hört ja keiner"

Die populistische Herausforderung der deutschen Demokratie

Bodo Hombach

Bei Niklas Luhmann kann man lesen: „Alle Zukunft gibt Anlass zu Besorgnis. Das ist ihr Sinn, und das gilt natürlich auch für die Zukunft der Demokratie. Je mehr in der Zukunft möglich ist, desto größer wird die Besorgnis; und das gilt nun in besonderem Maße für die Demokratie, denn sie ist, wenn irgendetwas Besonderes, ein ungewöhnliches Offenhalten von Möglichkeiten zukünftiger Wahl." (Luhmann 1987, S. 126).

Dieser in dialektischer Weise pessimistischen Diagnose hätte Alexis de Tocqueville entgegengehalten, es gebe den „nahen, unaufhaltsamen, allgemeinen Aufstieg der Demokratie in der Welt." (1976, S. 3). Eine damals gewiss verfrühte Vision, aber das haben Visionen so an sich. Sie sind immer verfrüht. Sie geschehen in ihrer Zeit, eilen ihr aber voraus. Wir stellen auch heute noch fest: Der Aufstieg war weder unaufhaltsam noch allgemein.

Speziell obrigkeitsaffine Deutsche waren beim Lernziel „Demokratie" keine sonderlich begabten und ehrgeizigen Schüler. Ein erster zaghafter Versuch in den Bauernkriegen, der sich auf Luthers „Freiheit eines Christenmenschen" berief, endete im Gemetzel von Frankenhausen, zu dem der gleiche Luther die Landesherren ermuntert hatte. Der zweite – durchaus enthusiastische – Versuch beschränkte sich auf die Paulskirche, bis ihn Bismarck an die preußische Kandare nahm. Die Freiheit des Handels erschien wichtiger als die Freiheit des Denkens. Die Ur-Katastrophe des 1. Weltkriegs bewirkte den Systemwechsel von 1918, aber auch der Weimarer Demokratie fehlte es an Demokraten. 1933 überließen

B. Hombach (✉)
Institut für Politische Wissenschaft und Soziologie, Universität Bonn, und Bonner Akademie für Forschung und Lehre praktischer Politik (BAPP), Bonn, Deutschland
E-Mail: ellen.adam@broststiftung.org

© Springer Fachmedien Wiesbaden GmbH, ein Teil von Springer Nature 2019
V. Kronenberg und J. Horneber (Hrsg.), *Die repräsentative Demokratie in Anfechtung und Bewährung,* Studien der Bonner Akademie für Forschung und Lehre praktischer Politik, https://doi.org/10.1007/978-3-658-26364-5_10

sich die Deutschen dem „Führerstaat", der sie in den totalen Zusammenbruch führte. Auf dessen Trümmern entstand das gegenwärtige System, auf Befehl der Besatzungsmächte, aber im „hellen Moment" des knappen Überlebens mit der freiheitlichsten Verfassung der deutschen Geschichte. Deren Basis ist ein viermaliges „Nie wieder": Nie wieder Krieg. Nie wieder Diktatur. Nie wieder Unrechtsstaat. Nie wieder soziale Ungerechtigkeit.

Das Experiment gelang. Selbst die Funktionäre der sozialistischen Einheitspartei Deutschlands (SED) mit ihren Stasihelfern haben den Begriff Demokratie im Staatsnamen nicht so sehr entkernen und pervertieren können, dass demokratische Gesinnung und Freiheitslust im Volke wirksam zerrüttet wurde. Heute zählt das vereinigte Deutschland zur Minderheit der stabilen Demokratien in der Welt. Dazu rechnet man Staaten mit einer liberal-demokratischen Verfassung und einer Ordnung, die seit mehreren Jahrzehnten verankert ist. Die Machtwechsel vollziehen sich friedlich und nach dem Regelwerk der Verfassung. Es gibt eine politische Kultur, in der sich breite Schichten verwirklichen können. Mögliche Anti-System-Parteien stehen einem starken Rechtsstaat gegenüber. Die Bürgerrechte sind wirksam geschützt, und der wirtschaftliche Wohlstand ermöglicht sozialen Ausgleich. Weitere Eigenschaften kommen hinzu: Institutionen mit kollektiver Handlungsfähigkeit, eine Rechtskultur, die Recht und Gesetz über alle Machtkonflikte stellt, eine säkulare Neutralität gegenüber Religionen und Weltanschauungen und nicht zuletzt eine unabhängige Presse.

Wenn es so wäre, wäre alles gut, aber ein vernünftiges „System" ist nur die halbe Miete. Die Legitimation demokratischer Institutionen beruht auf der Zustimmung der Regierten (Input) und der Handlungsfähigkeit der Regierung (Output). Beide agieren in einem „geregelten Konflikt", also kritisch aufeinander bezogen. Auch inhaltlich richtige und notwendige Entscheidungen bedürfen der Akzeptanz ihrer Adressaten. Sie dürfen nicht diametral mit deren Lebenswirklichkeit kollidieren. Und sie brauchen geeignete Input-Strukturen, um wirksam zu werden. Fehlt es an dieser Akzeptanz, entsteht Protest, der sich zum Loyalitätsentzug durch die Betroffenen steigern kann. Ein hoher Prozentsatz an Nichtwählern ist mit politischem Desinteresse nicht hinreichend erklärt. Er kann – Betriebe kennen und fürchten das – auch Symptom der „inneren Kündigung" sein. Am Ende steht eine Art passiver Sabotage. Man freut sich „klammheimlich", wenn die Dinge gegen die Wand laufen.

Unverkennbar steht die Demokratie gegenwärtig unter Druck. Schuldenkrise, Klimawandel, Dieselskandal, Pflegenotstand, Flüchtlinge und Armutswanderung, soziale Ungerechtigkeit, Wohnungsnot, informationelle Selbstbestimmung sind nur einige Punkte der aktuellen Agenda. Die Regierung scheint in den Augen vieler den Herausforderungen nicht mehr gewachsen zu sein. Trotz guter

Wirtschaftslage und komfortabler fiskaler Spielräume wirkt ihre Handlungsfähigkeit wie gefesselt. In dem blockierten System verwechselt man häufig
Irrationalität mit Emotionalität. In der Situation der Großen Koalition, die eigentlich die Ausnahme sein sollte und durch lange Dauer demokratisch kränkelt,
wurden Konflikte selten sachbezogen benannt und ausgetragen, sondern eher
ausgesessen, höflich vertagt oder in personalisierten Rankünen sichtbar. Der
lahmende Entscheidungseifer wird in fast allen gesellschaftlichen Bereichen
zunehmend schmerzhaft empfunden. Die Gestaltungsarmut steht für viele in
keinem Verhältnis zur Wucht der anstehenden Aufgaben. Der Eindruck einer
blockierten Gesellschaft verschärfte sich durch personales Gegeneinander im
eigenen Lager und Großprojekte, die pompös starteten, um dann aber bis zur
Peinlichkeit zu scheitern. Gleichzeitig verdüstert sich der Horizont durch die
Rückkehr des Kalten Krieges, drohendes Wettrüsten, Zerfall der internationalen
Sicherheitsarchitektur und neue Handelskriege. Eine technische Revolution wie
die Digitalisierung wird nicht als „new deal", sondern als Fanal empfunden.
Schlecht erzählt und erklärt überfordern solche Umbrüche Menschen, die in ihrer
Biografie schon zu viele davon verkraften mussten.

Bei alledem sind insbesondere durch die neuen Kommunikationsformen des
Netzes die subjektiven Befindlichkeiten wichtiger als die Sachverhalte. Gefühltes
Missbehagen ist – zumindest in seinen Wirkungen – ein reales Faktum. Es lässt
sich durch statistische Gegenargumente nicht besänftigen. Es heißt, in Deutschland sinke statistisch die Gewalt- und Einbruchskriminalität. Gleichzeitig steigt
der Angstpegel, Opfer zu werden, deutlich ablesbar auch an der Aufrüstung mit
Gas-Spray oder Kleinwaffen.

In den östlichen Bundesländern kommen weitere Faktoren hinzu. Umbau und
Abwicklung der DDR haben tiefe Verwundungen hinterlassen. Den Menschen
wurde 1989 eine Anpassung abgefordert, die kaum zu leisten war. Gut qualifizierte
und junge Fachkräfte wanderten in den Westen ab. Verbliebene fühlten sich zu
einem großen Prozentsatz so gedemütigt, dass sie sich jeder Bewegung zuwenden,
die ihren Verdruss bestätigt und bedient. Der nichtregulierte, globale Kapitalismus
weckt neue Ängste, verstärkt durch die Überalterung der Gesellschaft. Die äußert
sich halt nicht immer in reichen Erfahrungen, Weisheit und Duldsamkeit. Sie kann
auch als Starrsinn und Intoleranz daherkommen. Menschen mit zunehmender
Gebrechlichkeit werden oft ängstlich. An deren Haustür hängen Schilder wie
„Keine Experimente" und „Bitte nicht stören!" Wer die Endlichkeit der eigenen
Existenz vor Augen hat, neigt dazu, die Vergangenheit zu verklären als das, was
sie nie war. Aber Jungsein definiert sich nicht durch eine biologische Altersgrenze,
sondern durch die Fähigkeit und Bereitschaft, sich auf Neues einzulassen, Probleme pragmatisch zu bearbeiten und sich den Sinn für Utopien zu bewahren.

Das Vertrauensverhältnis etlicher Bürger zu den Regierenden ist gestört. Das äußert sich in Protestformen, die sich nicht mehr nur innerhalb des Systems (Opposition, Machtwechsel) abspielen, sondern sich mehr und mehr gegen das System selbst wenden (Wahlverweigerung, Radikalisierung, autokratische Bewegungen). Die natürliche Überlegenheit der Demokratie gegenüber autoritären Systemen gerät in Zweifel.

Auch Medien vermitteln den Eindruck, Regierende könnten, ja sollten sich, wenn es opportun scheint, über das Gesetz rechtlicher, traditioneller oder parlamentarischer Regeln hinwegsetzen. Eine vordemokratische, altmonarchische Vorstellung vom „guten Regenten", der auch mal Despot sein darf.

Geringschätzung von Konsens und Dialog äußert sich auch in Umgangsformen der Auseinandersetzung. Höflichkeit, Respekt und geduldige Argumentation werden verstärkt durch Hass und Hetze verdrängt. Der politische Gegner wird vielfach zum Feind. Öffentliches Eigentum wird zunehmend hemmungslos beschädigt. Auch helfende Ordnungskräfte wie Polizei, Feuerwehr und Rettung werden gewalttätig attackiert.

Seit einigen Jahren bieten sich populistische Bewegungen verschiedener Richtungen und Intentionen erfolgreich an, das vielfältige Unbehagen vieler Bürgerinnen und Bürger aufzunehmen und es in einfachen Feindbildern zuzuspitzen. Sie bündeln diffusen Protest in griffige Parolen, Symbole oder Verabredungen zu gemeinsamen Aktionen. Ihre bevorzugte Antwort auf komplexe Fragen ist es, Schuldige auszumachen und zur Jagd zu blasen. Sie schüren Ängste und setzen auf den „starken Mann", der „reinen Tisch" macht und die Probleme beseitigt, anstatt sie zu lösen. Sie fordern ein bedingungsloses „Entweder-oder" und bitten zum Bekenntnis und zur demonstrativen Haltung. Die bunte Vielfalt der Möglichkeiten, der kurvenreiche Weg zum lebbaren Ausgleich der Interessen und ein humanes „Sowohl-als auch" sind ihnen zuwider oder verschwinden im blinden Fleck ihrer ideologisierten Wahrnehmung. Sie haben in der Regel nur ein spezielles Ziel, das ihnen jedoch die Welt bedeutet: Kampf gegen das „Establishment", das „Machtkartell" der „Alt-Parteien", das „System". Dabei wissen sie sich einig mit den Vertretern so genannter „illiberaler Demokratien" in Europa und der Welt. Da sie ihre Gefolgschaft für die „schweigende Mehrheit" halten, setzen sie auf das plebiszitäre Element.

Die Bundesrepublik Deutschland ist jedoch eine repräsentative Demokratie. Sie ist es nicht aus Zufall oder Versehen, sondern aus historischer Einsicht. Sie geht von der Erfahrung aus, dass die einzige Wahrheit nie das einzig Wahre ist. Fast jede Entscheidung muss abwägen zwischen (vielleicht) richtig und (vielleicht) falsch. Die systemische Langsamkeit der demokratischen Institutionen ist manchmal lästig, aber nicht per se von Übel. Sie hat auch den Zweck, durch geduldiges Pro und Kontra Irrtümer zu vermeiden oder wenigstens zu minimieren. Schlimme Folgen sind frühzeitig erkennbar. Man kann gegensteuern, bevor irreparabler Schaden entsteht.

Das plebiszitäre Element ist daher auf die kommunale und Länderebene beschränkt und auch dann noch mit hohen Hürden bewehrt. Das ist kein Makel, den es zu überwinden gilt. Es soll die immer virulente Neigung hemmen, den Schwachen zu unterdrücken und dem Lautesten nachzulaufen.

In seiner Festrede zur Eröffnung der Salzburger Festspiele 2017 brachte der Schriftsteller Ferdinand von Schirach diese Erkenntnis in gestanzte Sätze: „Der Volkszorn ist wild und brutal und kann jederzeit aufgestachelt werden. Natürlich werden wir auch nicht immer von Weisen regiert. Aber so wie das Ziel der Rechtsprechung nicht Gerechtigkeit ist, sondern Rechtssicherheit, ist das Prinzip unserer parlamentarischen Demokratie nicht die Herrschaft der Besten, sondern die Möglichkeit, Regierungen friedlich wieder abzuwählen. Dagegen sind Volksentscheide – wie Theodor Heuss einmal sagte – eine Prämie für Demagogen. Unser einziger sicherer Halt sind die Verfassungen der freien Länder. Auch wenn es langweilig klingt: Nur ihre komplizierten Regeln, nur ihre Ausgewogenheit und Langsamkeit, nur das, was die Amerikaner ,checks and balances' nennen, ordnen unsere schwankenden Gefühle. Sie lehnen Wut und Hass als Ratgeber ab. Sie achten den Schwächeren, und am Ende sind sie es, die uns selbst vor uns schützen."

Rousseaus Dictum, das Volk könne sich nicht irren, war ein verhängnisvoller Irrtum. Das zeigte sich schon in der Terrorphase der Französischen Revolution. Auch Hitler kam per „Volksentscheid" an die Macht. Auch die Wahl etlicher Despoten und Autokraten sind erklärbare, aber keine richtigen Entscheidungen. Es gibt nicht nur eine Schwarm-Intelligenz, sondern auch eine Schwarm-Dummheit und eine Schwarm-Gemeinheit. Fischschwärme auf Irrwegen schwimmen sich regelmäßig in die tödliche Schwarm-Tragödie. Victor Adlers Ausspruch „Es ist besser, mit dem Volk zu irren, als gegen das Volk Recht zu haben" meinte wohl, die Befindlichkeit des Volkes als Tatsache anzuerkennen. Victor Adler war Anfang des 19. Jahrhunderts Begründer der österreichischen Sozialdemokratie. Er hatte die Fähigkeit, Menschen von Kompromissen zu überzeugen. Zwischen Radikalen und Reformern schmiedete er eine gestaltungsfähige Einheit. Heute würde er wohl formulieren, dem Volk dabei zu dienen, Recht zu behalten. Er würde Wert darauf legen, Verhältnisse zu schaffen, die das Vertrauen auf die Machbarkeit politischer Versprechen reanimieren.

Wer an nichts und niemanden mehr glaubt, durchlebt nicht den Zustand unabhängiger Glückseligkeit. Wer den Leuten Glaube und Hoffnung nimmt, wird keine emanzipierten Bürger ernten. Verunsicherte suchen neue Sicherheit.

Orientierungshilfe und Aufklärung sind mehr und anders als oberlehrerhaftes Besserwissen mit der Gestik von Ignoranz und Arroganz.

Die Masse der Bevölkerung ist durch demagogischen Einfluss und eine gesteuerte oder naiv mitschwimmende Presse manipulierbar. „So wenig wie der Einzelne ist sie im Besitz der Wahrheit. Keine Zukunft ist alternativlos. Im Gegenteil. Sie ist prinzipiell offen. Es lohnt sich, kleine Schritte zu gehen. Jede Veränderung muss korrigierbar sein. Einfache Wahrheiten gibt es nicht. Es gab sie noch nie. Alle Macht geht vom Volke aus, es übernimmt sie nicht. Es überträgt sie auf Widerruf den Abgeordneten des Parlaments. Diese sind frei in ihren Entscheidungen, aber verantwortlich ihren Wählern." (Schirach 2017).

Im plebiszitären Rausch fühlt sich jeder berufen oder aufgerufen, die Dinge „selbst" zu entscheiden. Menschen wird glauben gemacht, sie könnten es besser als die gewählten Vertreter. Es sei „ihr" Staat, und niemand dürfe ihnen dreinreden. Das Mittel der Wahl sei daher der Volksentscheid.

Wer jedoch auf komplexe Fragen nur noch mit „Ja" oder „Nein" antworten darf, löscht mit jeder neuen Mehrheitsentscheidung viele Minderheiten aus. Das Ergebnis ist ein gefährlicher Wirklichkeitsverlust durch rasche Verarmung des öffentlichen Meinungsspektrums und des politisch erlaubten Handelns. Es wirkt als eine Art Autoimmunabwehr der Demokratie. Es benutzt das System, um es zu zerstören. Autokratische Machtjunkies sammeln die Trümmer ein. Eine Diktatur von 51 über 49 % ist nicht demokratisches Leitbild.

Dieser Befund ist nicht neu. Gegenwärtig verschärft er sich jedoch durch neue Techniken, Methoden und Strukturen, die das demokratische System an der Wurzel attackieren.

Das Internet – eigentlich ein wunderbares Instrument grenzenloser Information und Kommunikation – hat mit großen Schritten begonnen, das Gefüge der Demokratien grundlegend zu verändern. Jeder hat nicht nur einen Volksempfänger, sondern auch einen Weltsender in der Tasche.

Wohin ein Referendum führt, das aus parteipolitischem Kalkül losgetreten und mit allen demagogischen Tricks moderner Massenbeeinflussung betrieben wurde, zeigt der Brexit. Kein britischer Bauer wurde gefragt, ob er in Zukunft kein Fleisch mehr in der EU verkaufen wolle. Kein Unternehmer sollte seine Entschlossenheit bekennen, die Wirtschaft des Landes in eine Rezession zu stürzen. Kein Nordire wurde gefragt, ob er sich den alten und unter dem Dach der EU befriedeten Konflikt zurückwünscht. Und kein junger Brite durfte auf den Zettel schreiben: „Ja. Ich bin gegen die Chancen offener Grenzen und eine Zukunft in einem modernen Europa."

Stattdessen wurde das Terrain gezielt sturmreif geschossen. Nicht nur ein 20-jähriges Trommelfeuer der gleichgetakteten Murdoch-Presse gegen die EU.

Die Kampagne der Brexiteers wurde wesentlich über die „sozialen" Netzwerke gesteuert. Cambridge Analytica hatte den millionenschweren Auftrag, bei Facebook die Persönlichkeitsprofile derjenigen britischen Bürger abzugreifen, die erkennbar noch unentschieden waren. Sie wurden täglich mit falschen Informationen und gezielten Botschaften „versorgt" und manipuliert. Diese wurden über ein raffiniertes „Framing" so formuliert, dass sie Sorgen und Ängste auslösten, gegen die dann der Brexit als einzige Lösung erschien. Unter dem Eindruck, zur Mehrheit zu gehören, eine drohende Gefahr (Überfremdung, sozialer Abstieg) abzuwenden und so einer patriotischen Pflicht zu genügen, setzten viele das gewünschte Kreuz.

Trotzdem blieb die Mehrheit so knapp, dass sich die ebenso knappe Minderheit mit diesem Ergebnis nicht abfinden kann. Sie kann es umso weniger, als es nur eine relativ geringe Beteiligung gab und vor allem die gebildete jüngere Generation nicht mitgestimmt hatte. Sie unterließ es im naiven Glauben, das Ganze sei eine Farce und würde selbstverständlich abgeschmettert.

Das gleiche Verfahren spielte auch bei der amerikanischen Präsidentschaftswahl eine große Rolle. Die von Steve Bannon gesteuerte Kampagne konzentrierte sich auf die wahlentscheidenden Swing-Staaten. Auch hier wurden die von Facebook, Twitter und Instagram gesammelten Profile der erkennbar schwankenden Wähler abgegriffen und gezielt in die Accounts gesendet. Diese sind die Echokammern von Millionen Bürgern. Dort fühlen sie sich heimisch, privat und geliebt. Und dort gab man ihrer tendenziellen Neigung den entscheidenden „Spin".

Die Gefahren werden immer deutlicher sichtbar. Aber – frei nach Hölderlin – wächst das Rettende auch?

Die demokratische Kultur in Deutschland ist bei weitem nicht so reif, wie es das Selbstbildnis behauptet. Aufreger wie der Hype um Thilo Sarrazins Buch „Deutschland schafft sich ab" zeigten eine verzerrte Wahrnehmung der Realität und – synchron dazu – einen Mangel an Gelassenheit in der öffentlichen Debatte. Es wird gehasst, ausgegrenzt und vermieden statt diskutiert. Regressiv-konservative Gazetten schrieben den Autor zum Helden hoch, der endlich einmal ausgesprochen habe, was mal gesagt werden müsse. Die Gegenseite zeichnet ihn als Volksverhetzer und Rassist, dessen Polemik nur einen Popanz erzeuge, auf den er dann selber schösse.

Souveräne demokratische Kultur geht anders. Sie lebt von der freien Meinung. Um Selbsttäuschungen und Feindbilder abzubauen, übt sie sich in Methoden der Auseinandersetzung, welcher pragmatischen Argumentation den Vorrang geben vor emotionalem „Dampf-ablassen". Sie beharrt auf dem Kerngedanken der Aufklärung: Entfaltung der freien Persönlichkeit und öffentlichen Kontrolle der

Macht. Beides, obwohl immer wieder angegriffen und beschädigt, ist das Erfolgs-
geheimnis des modernen Europas.

Der demokratische Staat ist ein Gefäß, eine Schablone, die sich erst durch
bestimmte Inhalte und Ziele konkretisiert. Man könnte von einer Art „Träger-
welle" sprechen, die aufgrund von Modulationen Botschaften sendet. Diese
werden von den Bürgern – zum Teil widersprüchlich – decodiert und ergeben so
den realen Zustand der Gesellschaft. In diesem Bild fungieren die Institutionen
und geregelten Verfahren als „Equalizer". Sie begrenzen extreme Höhen, Tiefen,
Lautstärken, um eine Beschädigung des Systems zu verhindern. Dadurch ermöglichen sie erst den Strömungen in der Gesellschaft, sich angstfrei zu artikulieren
und politisch wirksam zu werden.

Ein schwärmerisches Vertrauen auf das „Wertesystem des Westens" haben
wir verlernt. Zu oft wurden dessen Ideale verraten durch desaströse militärische
Interventionen von Vietnam bis Afghanistan, Irak und Syrien, durch dauerhafte
Skandale oder Ausspähpraktiken. Auch der gegenwärtige Rückzug der westlichen
Führungsmacht aus ihrer Verantwortung als Konsequenz für verantwortungs-
loses Handeln in der Vergangenheit fordert von jedem Optimisten Tapferkeit
und Durchhaltewillen. Man kann es kaum besser formulieren als der Politologe
Carlo Sprenger in seinem nachdenklichen Essay „Zivilisierte Verachtung. Eine
Anleitung zu Verteidigung unserer Freiheit." (2015, S. 17):

> „Will der Westen seine Werte und seine Lebensweise nicht nur militärisch, sondern
> auch argumentativ verteidigen, besteht die einzige Möglichkeit in der Rückbesinnung
> auf die Prinzipien der Aufklärung. Der Geist der Kritik, das Beharren auf individu-
> eller Autonomie, die Ablehnung jeder Autorität, die sich weigert, sich vertraglich zu
> binden oder diskursiv zu legitimieren, und das Recht auf den ,aufrechten Gang' sind
> Ideen, die zwar im Westen formuliert wurden, die aber nicht essenziell an bestimmte
> Ethnien, Hautfarben oder Religionen geknüpft sind."

Rechte populistische Bewegungen betonen vorwiegend nationale oder gar völ-
kische Interessen. Linke populistische Bewegungen mobilisieren Sozialneid
und gegen vermeintlich einengende staatliche und wirtschaftliche Fesseln. Alle
setzen sie auf Lautstärke und Polarisierung. Sie sind nicht zu verwechseln mit
gesellschaftlichen Gruppierungen, die um Zustimmung und Gefolgschaft für
ein Thema werben, um sich schließlich als Partei aufzustellen und Parlaments-
mandate zu erobern. Diese vertreten ihr Anliegen innerhalb des politischen Systems und seines legitimen Kräftespiels. Fundamentalopposition verlässt die
logische Ebene der Mitwirkung und betritt diejenige der Alleinherrschaft. Für sie
gilt die Partei nur als „trojanisches Pferd", mit dem das System von innen heraus
beseitigt werden soll. Flügelparteien sind in ihren jeweiligen Milieus verwurzelt.

Auf der Straße wollen sie Druck auf die Regierenden machen, im Bundestag als parlamentarischer Arm wirken und mitwirken. Aggressives und provokatives Auftreten ist dann nicht erfrischender Meinungsstreit und Ringen um die bessere Lösung, sondern Signal nach außen. Das soll den außerparlamentarischen Machtanspruch mit anderen Mitteln befördern. Nutzen oder Ausnutzen der im liberalen System gebotenen Spielräume ist Konzept.

Diskurs und Argument sind da nur hinderlich. Den Meinungsgegner will man nicht überzeugen, sondern nach Möglichkeit loswerden. Man wähnt sich im Meinungskrieg, und dort sind Lügen und manipulierte Fakten fast bedenkenlos akzeptiertes Mittel der Auseinandersetzung. Propaganda statt Argumentation.

Die demokratischen Parteien müssen dagegenhalten. Spiegelfechtereien, wo die eine Seite immer nur auf den Stoß der anderen regiert und sie dadurch eher aufwertet als schwächt, sind allerdings kontraproduktiv.

Wenn regierende Politiker Wählern keine Alternative und glaubwürdig wirkende Lösungen anbieten, graben sie Populisten nicht das Wasser ab, sondern überlassen ihnen das Feld.

Das tut er auch durch selbstverordnete Denkverbote wie politisch „korrekte" Posen, die auf die Sünden der Vergangenheit mit „laissez-faire" oder „anything goes" reagieren. Man ist noch kein Sekundant des Trumpismus, wenn man nichts von Tugendwächtern und Wortpolizei hält. Politische Korrektheit als formelhafte Pose beschreibt weniger das Nötige, sondern oft die Denkfaulheit ihrer Nachbeter. Politcal correctness als Panikraum der Denkfaulen sei eine „reale Gefahr für die Demokratie", schrieb Josef Joffe in DIE ZEIT (2. Februar 2017). Das Risiko sei „unsere tatsächliche Neigung, die Realität, nicht zu beschreiben". Medien und Politik sollten wieder lernen, sich in diesem Punkt nicht von Demagogen oder Populisten vorführen zu lassen.

In einer Zeit massenhafter Möglichkeit, sich zu äußern und zu artikulieren, höre ich öfter als zuvor den Satz „Auf uns hört ja keiner". Entfremdung politischer Institutionen, Gremien und gestaltender Eliten, aber auch von Medien wird beklagt. Begegnung, Austausch, Dialog, Verstehen ist hier angesagt.

„Mehr Staat" darf nicht heißen: noch mehr Einfluss der Zentralgewalt auf die regionalen Verhältnisse, sondern mehr Subsidiarität. Die Bedürfnisse werden vor Ort empfunden, artikuliert und nach Kräften befriedigt. Das gelingt nur mit transparenten Strukturen und unter Beteiligung der betroffenen Bürgerinnen und Bürger. Nur wo deren Kräfte nicht ausreichen, steht die nächsthöhere Ebene bereit, vernünftige Entwicklungen „mit Wohlwollen" zu fördern und abzusichern. Sie kann dann erfolgreiche Modelle in die nationale oder supranationale Weite kommunizieren, sodass sie auch anderswo einen ähnlich gelagerten Bedarf befriedigen können; nicht als Oktroi, sondern als Ideen-Börse und Messe guter Lösungen.

Die Weimarer Verfassung war eine der freiesten in der deutschen Geschichte. Sie war so frei, sich selbst abzuschaffen. Daraus hat die Bundesrepublik Deutschland ihre Schlüsse gezogen. Sie versteht sich als „wehrhafte" Demokratie mit der Spannkraft, innerhalb des Verfassungsrahmens viele Lebensentwürfe nebeneinander existieren zu lassen. Jeder Mensch hat mehrere Seelen in seiner Brust. Die meisten sind vielen Wahrheiten nacheinander treu. Es tut ihnen gut, wenn man ihnen das nicht allzu übelnimmt.

Literatur

de Tocqueville, Alexis. 1976. *Über die Demokratie in Amerika*. dtv: München. (Erstveröffentlichung 1848).
Joffe, Josef. 2017. Im Wunderland der Korrektheit. *Die Zeit* Nr. 6, 2. Februar.
Luhmann, Niklas. 1987. *Soziologische Aufklärung*, Bd. 4. Opladen: Westdeutscher Verlag.
Schirach, Ferdinand von. 2017. *Festrede zur Eröffnung der Salzburger Festspiele* vom 27. Juli 2017.
Sprenger, Carlo. 2015. *Zivilisierte Verachtung – Eine Anleitung zur Verteidigung unserer Freiheit*. Berlin: Suhrkamp.

Bodo Hombach, Honorarprofessor am Institut für Politische Wissenschaft und Soziologie, Universität Bonn, und Präsident der Bonner Akademie für Forschung und Lehre praktischer Politik (BAPP).

(Repräsentative) Demokratie in der Krise? Der Umgang mit der AfD

Eckhard Jesse

1 Einleitende Überlegungen

Die Bundesrepublik Deutschland ist mit dem Inkrafttreten des Grundgesetzes am 23. Mai 2019 70 Jahre alt geworden. Das autoritäre Kaiserreich bestand fast 48 Jahre, ehe es durch die Revolutionswirren Ende 1918 hinweggefegt wurde, die erste deutsche Demokratie, die Weimarer Republik, ganze 14 Jahre, die NS-Diktatur, das „Tausendjährige Reich", zwölf. Wer die Übergangszeit von 1945 bis 1949 hinzuzählt, gelangt zu dem Ergebnis, dass die Existenz der deutschen Nachkriegsdemokratie ebenso lang ist wie drei politischen Systeme zuvor. Und: Der Beitritt der DDR, die 40 Jahre eine Diktatur war und nach der Freiheitsrevolution 1989 schnell eine Einheitsrevolution vollzog (Rödder 2009), löste im westlichen Deutschland keine Erschütterungen aus, wenngleich manche Erscheinungen wie die Dresdener Protestbewegung Pegida (auch) Spätfolgen der Vereinigung sein mögen. Die „große Vereinigung" 1990 (die „kleine" gab es 1957 mit dem Saarland) verlief alles in allem erfolgreich. Die Einheit hat die Bundesrepublik vor allem erweitert (Tuchscheerer 2010), ungeachtet gewisser Veränderungen. Eine „Berliner Republik" ist nicht entstanden, selbst wenn dieser Terminus zuweilen Verwendung findet. Bei aller Kritik an manchen Formen der Vereinigung: Niemand will heute (mehr) zwei deutsche Staaten haben. Das ist die eine Seite, die positive.

Die andere, die weniger positive: Das Vertrauen in die etablierten Kräfte hat sichtlich nachgelassen, ablesbar u. a. an den Wahlergebnissen. Deutschland erlebt

E. Jesse (✉)
Technische Universität Chemnitz, Chemnitz, Deutschland
E-Mail: eckhard.jesse@phil.tu-chemnitz.de

© Springer Fachmedien Wiesbaden GmbH, ein Teil von Springer Nature 2019
V. Kronenberg und J. Horneber (Hrsg.), *Die repräsentative Demokratie in Anfechtung und Bewährung*, Studien der Bonner Akademie für Forschung und Lehre praktischer Politik, https://doi.org/10.1007/978-3-658-26364-5_11

seit einigen Jahren eine rechte Protestbewegung, wie noch nie seit dem Zweiten Weltkrieg. Die erst 2013 ins Leben gerufene Alternative für Deutschland ist davon ein Ausdruck. Sie konnte bei der Bundestagswahl 2017 mit 12,6 % mehr als jede achte Stimme gewinnen. Vor allem das Thema Migrationspolitik erregt die Gemüter, sorgt für Verunsicherung, die der AfD zugute kommt. Ähnliches, wiewohl nicht so stark, gilt für die „Europapolitik".

Dieser Beitrag will anhand dreier Komplexe die Frage nach Defiziten beantworten: am Beispiel der Wahlen, der Parteien und der Debattenkultur. Die Veränderungen der letzten Jahre springen etwa mit Blick auf die AfD ins Auge. Der Umgang mit ihr steht im Vordergrund. In den abschließenden Überlegungen sollen neben der Antwort auf die Frage, ob es sich um eine Krise der repräsentativen Demokratie handelt, einige Anregungen, die manche als provokativ empfinden mögen, zur Abhilfe gegeben werden.

2   Wahlen

Bei den beiden Landtagswahlen 2018 – am 14. Oktober in Bayern und am 28. Oktober in Hessen – büßten die beiden großen Parteien jeweils 21,8 Prozentpunkte ein, die SPD in beiden Ländern jeweils 10,9 Punkte, die hessische CDU 11,3 Punkte, die CSU 10,5. Bei einem Blick auf die Prozentangaben sieht dies jedoch etwas anders aus: Die CSU verlor in Bayern „nur" gut 20 % (trotz der dort starken Freien Wähler), die SPD über 50 %. In Hessen ging der Stimmenanteil der CDU um 30 % zurück, jener der SPD um knapp 40 %. Solche Ergebnisse – die AfD wurde jeweils zweistellig – sind eine Art Weckruf. Die Bundeskanzlerin Angela Merkel hatte nach der Wahl in Hessen folgerichtig erklärt, nicht wieder für das Amt der Parteivorsitzenden zu kandidieren. So provozierte sie eine Kampfabstimmung um ihre Nachfolge. Eine solche war keine Schwäche, sondern eine Stärke, zumal die Delegierten nicht nur eine personelle, sondern auch eine inhaltliche Perspektive besaßen.

Bei der Bundestagswahl 2017 hatten die Union und die SPD im Vergleich zur vorherigen Bundestagswahl jeweils 20 % verloren, die Union ging von 41,5 % auf 32,9 % zurück, die SPD von 25,7 auf 20,5 % (Jesse 2018). Die AfD schnitt in den neuen Bundesländern (21,9 %) mehr als doppelt so gut ab wie in den alten (10,7 %).[1] Im Vergleich zur Bundestagswahl 2017 haben die beiden größten Parteien allein innerhalb eines Jahres wieder jeweils 20 % verloren,

---

[1]Gleiches gilt für die Partei Die Linke, die insgesamt auf 9,2 % kam (Ost: 17,8 %, West: 7,4 %).

jedenfalls nach den Meinungsumfragen. Die Union rutscht auf unter 30 % ab, die SPD auf 15 %. Ein Extremwert: Nach einer insa-Umfrage vom 5. November 2018 lag der Stimmenanteil für Union (24,5 %) und SPD (13,5 %) bei 38 %. Noch bei der Bundestagswahl 2002 hatte die Union und die SPD jeweils 38,5 % erreicht. Auch wenn mittlerweile (Ende 2018) in den Umfragen die Zahlen für Union und SPD etwas gestiegen sind, dürften sie bei den Wahlen zum Europäischen Parlament am 26. Mai 2019 nicht annähernd das Ergebnis vom letzten Mal erhalten (Union: 35,3 %; SPD: 27,3 %). Es ist sogar sehr wahrscheinlich, dass die beiden Parteien zusammen keine 50 % erreichen, wie dies bereits bei einigen jüngsten Landtagswahlen der Fall war: in Thüringen 2014, Baden-Württemberg 2016, Sachsen-Anhalt 2016, Mecklenburg-Vorpommern 2016, Berlin 2016, Bayern 2018, Hessen 2018. In Sachsen lag die SPD hinter der Partei Die Linke, in Thüringen ebenso, in Baden-Württemberg hinter den Grünen und der AfD, in Sachsen-Anhalt hinter der AfD und der Partei Die Linke, in Bayern hinter den Grünen, den Freien Wählern und der AfD. Die CDU fiel in Baden-Württemberg hinter die Grünen zurück und in Mecklenburg-Vorpommern hinter die AfD. In einigen Ländern reichte es damit arithmetisch nicht einmal zu einer Großen Koalition.[2] Bei den drei ostdeutschen Landtagswahlen (Brandenburg, Sachsen, Thüringen) im September und Oktober 2019 könnten die AfD und Die Linke zusammen über 40 % der Stimmen erreichen. Schwierigkeiten bei der Koalitionsbildung sind programmiert.

Heutzutage ist die Wählerfluktuation stark gestiegen, und die Zahl der Bundestagsparteien hat sich gegenüber den 1960er und 1970er Jahren allmählich erhöht (Probst 2018). 1983 zog die Partei der Grünen erstmals in den Bundestag ein, 1990 die PDS, 2017 die AfD. 1990 gelangten die Grünen nicht in das Parlament, 2002 nicht die Postkommunisten und 2013 nicht die Liberalen. Zum einen ist die Bindung der Wähler an die Parteien stark zurückgegangen, zum anderen sind diese – insgesamt gesehen – „offener" geworden, nicht mehr auf ihre Stammwählerschaft fixiert. Beide Sachverhalte erklären die Bildung von schwarz-grünen Koalitionen. Noch vor zwei Jahrzehnten wurde dies nicht als realistisch angesehen, galt ein solches Szenario als eine Gespensterdebatte. In den neuen Bundesländern gibt es ohnehin ein größeres Ausmaß an Volatilität, weniger Stamm- als Wechselwähler, und die Quote der Nichtwähler ist höher.

Das Elektorat ist im Kern durch zwei Konfliktlinien geprägt: durch eine sozio-ökonomische und eine sozio-kulturelle. Bei der sozio-ökonomischen Dimension sind die Pole Marktfreiheit und staatliche Umverteilung, bei der

---

[2]Wäre in Sachsen-Anhalt nicht Bündnis 90/Die Grünen mit 5,2 % in den Landtag eingezogen, hätten AfD und Die Linke (zusammen 40,6 %) eine knappe Mandatsmehrheit gehabt, da CDU und SPD zusammen nur auf 40,4 % gekommen waren. Dieser Kelch ist an dem Land vorübergegangen.

sozio-kulturellen Kosmopolitismus und Kommunitarismus.[3] „Kosmopoliten"
präferieren offene Grenzen, „Kommunitaristen" rücken Sicherheit stärker in
den Vordergrund (Merkel 2017). Die Konfliktlinien gelten für Parteien und für
Wähler, wobei es Unterschiede geben kann. Die Wählerschaft der beiden großen Parteien, Union und SPD, liegt in ihren Positionen nicht weit auseinander,
die der vier Oppositionsparteien im Bund nimmt jeweils den Pol bei den beiden
Dimensionen ein. In sozio-ökonomischer Hinsicht gilt dies für die FDP („weniger Staat") und Die Linke („mehr Staat"), in sozio-kultureller für die AfD (für
„Heimat") und Bündnis 90/Die Grünen (für „Weltoffenheit"). Das Thema
„Migration" betrifft beide Konfliktlinien.

3   Parteien

Die großen Parteien sind seit Jahren in keiner guten Verfassung. Ihre wenig souveräne Haltung zeigt sich beim Umgang mit dem Wahlsystem, das in der jetzigen
Form zu einer Aufblähung des Bundestages, aber bis jetzt trotz offenkundigen
Reformbedarfs[4] keine Revision erfahren hat. Die Fragmentierung des Parteiensystems ist überdeutlich erkennbar. Seine Asymmetrie sorgt dafür, dass – jedenfalls im Bund – eine Ablösung der Unions-Hegemonie nicht zu erwarten sein
dürfte. Hat die Polarisierung auf dem rechten Spektrum zugenommen, ist sie auf
dem linken geschrumpft.

Für die schweren Verluste der zwei Volksparteien gibt es strukturelle wie situa-
tive Gründe. An den strukturellen ist wenig zu ändern – die sozialen Milieus,
wie das gewerkschaftlich gebundene oder das kirchlich gebundene, schmelzen
weg –, an den situativen schon. Die großen Parteien müssen ihren Markenkern
stärker herausarbeiten. Und: Große Koalitionen nützen ihnen ganz und gar nichts,
zumal dann nicht, wenn sie in der große Teile der Bevölkerung aufwühlenden
„Flüchtlingsfrage" kaum unterschiedliche Akzente setzen. Insofern wäre die Bildung von Parteien aus einem „Lager" besser, auch aus demokratietheoretischen

---

[3]Dieses Gegensatzpaar ist normativ weitaus weniger belastet als das gemeinhin verwendete
Gegensatzpaar „libertär" und „autoritär", das sich im Kern mit kosmopolitisch und kom-
munitaristisch weithin deckt. Im ersten Fall („libertär") ist die Konnotation positiv, im
zweiten Fall („autoritär") negativ.

[4]Bei der Bundestagswahl 2017 zogen nicht 598 Abgeordnete in den Bundestag ein, sondern
709. Dies war absehbar. Das unausgesprochene Motto der Parteien: Wenn wir schon Stimmen verlieren, wollen wir wenigstens möglichst viele Mandate behalten. Vgl. zu diesem
Komplex Behnke et al. (2017).

Gründen, denn ein demokratischer Verfassungsstaat profitiert von einer starken parlamentarischen Opposition.[5]

Im Vergleich zum Jahr der deutschen Einheit ist die Zahl der Mitglieder drastisch zurückgegangen, bei der CDU um knapp 400.000, bei der SPD um 500.000. Die CDU wie SPD hat heute nur noch etwas mehr als 400.000 Mitglieder – mit einem Durchschnittsalter von jeweils 60. Mehr als 30 % sind älter als 71 Jahre. In den neuen Bundesländern ist die Rekrutierungsfähigkeit deutlich schlechter. So gehörten Ende 2016 im Westen 0,81 % der Parteibeitrittsberechtigten der CDU an und 0,67 der SPD, im Osten 0,36 % der CDU und 0,18 % der SPD (Niedermayer 2018a, S. 351, 359, 354). Bei der AfD ist die Diskrepanz zwischen Wähler- und Mitgliederanteil (Ende 2017: knapp 28.000 Mitglieder) besonders groß, offenbar deshalb, weil manche Anhänger sich zu einer wenig angesehenen Partei nicht öffentlich bekennen wollen.

Am Beispiel der Präsidentenfrage soll gleich in dreifacher Hinsicht das problematische Verhalten zumal der großen Parteien in jüngster Zeit erhellt werden. Zum Bundespräsidenten: Nachdem Joachim Gauck zum Leidwesen der politischen Klasse erklärt hatte, für eine zweite Amtsperiode nicht zur Verfügung zu stehen, erlebte Deutschland 2016/2017 mit der Suche nach einem „Konsenskandidaten" durch die Parteien der Großen Koalition ein Trauerspiel. Schließlich preschte der damalige SPD-Vorsitzende Sigmar Gabriel vor – die Kandidatur Frank-Walter Steinmeiers propagierend, den angesehenen Außenminister aus der eigenen Partei. Die Union, offenkundig ohne Führungsanspruch, wartete mit keinem eigenen Vorschlag auf, wohl aus Angst vor einer Niederlage in der Bundesversammlung. So einigten sich in einer „Dreierrunde" Merkel, Gabriel und Seehofer auf Frank-Walter Steinmeier. Gewiss, Steinmeier ist eine Persönlichkeit von hoher Reputation, dessen Integrationsfähigkeit außer Zweifel steht, doch die Art und Weise, wie er im „Hinterzimmer" der Macht auf den Schild gehoben wurde, nährte Vorurteile gegenüber dem Establishment, zumal FDP und Grüne sich der Entscheidung durch Union und SPD anschlossen. Daher durfte es nicht verwundern, dass die drei Außenseiter, Albrecht Glaser (AfD), Alexander Hold (Freie Wähler) und Christoph Butterwegge (Die Linke), etwas mehr Stimmen bekamen, als ihre Parteien in der Bundesversammlung besaßen.

Bei der Wahl des Bundestagsvizepräsidenten (jeder Fraktion steht einer zu) fiel der Kandidat der AfD Albrecht Glaser im Oktober 2017 dreimal durch – wegen Islamfeindlichkeit, wie es hieß. Er sieht den Islam nicht als eine Religion an, sondern als eine Ideologie. Der Versuch der AfD, mit ihrer neuen Kandidatin

---

[5]Allerdings ist dies in den meisten Fällen arithmetisch gar nicht möglich.

Marianna Harder-Kühnel Erfolg zu haben, scheiterte dreimal, ohne dass gegen sie als Person Einwände vorgebracht wurden. Dieses Verhalten, das die AfD ausgrenzt, ist nur schwer nachvollziehbar und kaum zu rechtfertigen.

Im Sommer 2017 wurde beschlossen, Alterspräsident des Deutschen Bundestages solle nicht mehr der an Jahren älteste Abgeordnete sein, sondern das dem Parlament am längsten angehörende Mitglied. Die Begründung, der Alterspräsident müsse parlamentarische Erfahrung besitzen: offenkundig vorgeschoben. Ohne Änderung wäre nämlich Wilhelm von Gottberg aus den Reihen der AfD Alterspräsident geworden, nicht Wolfgang Schäuble. Union und SPD stimmten dafür, Die Linke enthielt sich, die Grünen votierten dagegen. Auch diese Entscheidung stellte kein Ruhmesblatt für die großen Parteien dar.

Ein angemessener Umgang mit der AfD fällt der politischen Konkurrenz schwer. Dabei muss ihr klar sein, dass Geschäftsordnungstricks weder fair noch wirksam sind. Nach den Landtagswahlen 2018 ist die AfD in allen Landtagen vertreten, ungeachtet heftiger interner, auch nach außen getragener Differenzen, zum Teil personell bedingt, zum Teil politisch, gewählt mit mehr zweistelligen als einstelligen Ergebnissen: 2014 in die der drei ostdeutschen Länder Sachsen (9,7 %), Thüringen (10,6 %) und Brandenburg (12,2 %), 2015 in die der beiden nördlichen Stadtstaaten Hamburg (6,1 %) und Bremen (5,5 %), im März 2016 in die von Sachsen-Anhalt (24,3 %), Baden-Württemberg (15,1 %) und Rheinland-Pfalz (12,6 %), im September 2016 in die Mecklenburg-Vorpommerns (20,8 %) und Berlins (14,2 %). Im März 2017 gelangte die AfD in den saarländischen Landtag (6,2 %), im Mai in den von Schleswig-Holstein (5,9 %), im Oktober in den von Niedersachsen (6,2 %). Im Oktober 2018 erhielt sie in Bayern 10,2 und in Hessen 13,1 %. Das Erstaunliche: Die Partei schneidet sowohl dort gut ab, wo sie radikal populistisch auftritt wie in Sachsen-Anhalt, als auch bei einem gemäßigteren Erscheinungsbild (Baden-Württemberg, Mecklenburg-Vorpommern, Berlin). Selbst ihre Radikalisierung (von Bernd Lucke zu Frauke Petry 2015, von Petry zu Alexander Gauland 2017)[6] scheint der AfD nicht zu schaden.

Wer die Erfolge der AfD ausschließlich mit der Flüchtlingspolitik erklärt, argumentiert monokausal (Jesse 2019). Die Last der leidvoll-schlimmen Vergangenheit erschwerte das Entstehen einer dezidiert konservativen Kraft. Und das ist die Partei, unabhängig davon, dass ihr Elektorat sich aus früheren Wählern aller Gruppierungen zusammensetzt (vor allem von der CDU und der Partei Die Linke, auch von der SPD, am wenigsten von der FPD und Bündnis 90/Die Grünen).

---

[6]Jörg Meuthen, Spitzenkandidat für die Europawahl 2019, repräsentiert als weiterer Bundessprecher (seit Juli 2015) die Kontinuität der Partei.

Deutschland holt eine Entwicklung nach, wie sie sich in den meisten anderen Staaten Europas längst vollzogen hat. Das Aufkommen der AfD ist ohne den Wandel der Union (mehr der CDU als der CSU) schwerlich erklärbar. Sie hat Wähler der „rechten Mitte" zu wenig eingebunden und eine „Repräsentationslücke" (Patzelt 2018) hinterlassen. Auch die Integration der Partei Die Linke durch Einbeziehung in Koalitionen provozierte Protestwähler, die nun zur AfD abwander(te)n.

4   Debattenkultur

Die hiesige Debattenkultur lässt zu wünschen übrig: zum einen dadurch, dass oft brisante Themen, die in der Bevölkerung rumoren, nicht zur Sprache kommen; zum anderen durch ein „Blockdenken", das mangelnde Äquidistanz im Umgang mit Flügelparteien erhellt. Ein Beispiel, das wiederum die Haltung gegenüber der AfD betrifft: „Wir als demokratische Parteien werden im Wahlkampf gemeinsam rassistischen, rechtsextremen und rechtspopulistischen Positionen die Rote Karte zeigen und uns entschieden gegen sie stellen, wo auch immer sie auftreten. Wir werden rechtsextremen und rechtspopulistischen Parteien von unserer Seite aus kein Podium verschaffen" (Berliner Konsens, S. 2). Und wie ist es mit „linksextremistischen und linkspopulistischen Parteien"? Dieser Auszug aus einem allenthalben als „Konsens gegen rechts" apostrophierten Aufruf vom Juli 2016, unterzeichnet von der SPD, der CDU, Bündnis 90/Die Grünen, der Partei Die Linke, der Piratenpartei und der FDP, ist nicht Ausdruck eines antiextremistischen Konsensus, sondern eines antirechtsextremistischen. Er ist weder mit dem Geist der Liberalität vereinbar noch erfüllt er seinen Zweck, ist doch eine Solidarisierung von Leuten wahrscheinlich, denen ein solches Vorgehen, das nicht auf Äquidistanz gegenüber Extremismus basiert, gegen den Strich geht. Das Papier forderte alle Berliner zur Teilnahme an der Wahl auf, um ein Zeichen gegen rechtspopulistische und rechtsextremistische Parteien zu setzen. Gewiss lässt es sich nicht beweisen, aber es spricht mehr dafür, dass ein solcher Aufruf eher Wähler der AfD zugeführt als abgeschreckt hat. Die Parteien bedankten sich eigens bei der „Mobilen Beratung gegen Rechtsextremismus Berlin", mit deren Hilfe sich dieser Konsens hatte aushandeln lassen. Es ist dieselbe Einrichtung, die Jahre zuvor nicht bereit war, eine Erklärung gegen Extremismus zu unterschreiben, weil sie dies als unzumutbare Gesinnungsüberprüfung verstand. Ein halbherziger Versuch der CDU und der FDP, einen „Konsens gegen Linksextremismus" zu initiieren, blieb erfolglos. Andere Parteien antworteten auf die Initiative nicht einmal.

Diese Art der Konsenspolitik lähmt, führt nicht zu offener Diskussion. Wer Angst vor dem „falschen Beifall" hegt oder vor Kritik von der „richtigen Seite", lässt ein harmonistisches, wenig entfaltetes Demokratieverständnis erkennen.

Dies ist freilich kein Plädoyer für Polarisierung, die die politische Atmosphäre vergiften kann. Wir benötigen in Deutschland ernsthafte Diskussionen über Probleme, die Bürger bewegen und verunsichern. Nichts darf unter den Tisch gekehrt werden. Im Internet-Zeitalter ist dies ohnehin unmöglich. Beispielsweise: Warum blieb eine offensive Information über den UN-Migrationspakt durch die Regierungsparteien aus? Verschwörungstheorien ist dann viel leichter der Boden zu entziehen – so aber bestimmte die AfD teilweise die Agenda. Eine Konsenskultur führt nicht zu mehr Liberalität und Weltoffenheit, eine Kultur des Verdachts schüchtert ein, fördert Wagenburgmentalität. Wer dies ausspricht, ist deswegen noch lange kein Anhänger der AfD oder der Partei Die Linke. Mehr Konflikte, sofern sie nicht Ressentiments schüren, nützen der Demokratie. Und: Entscheidend für die Bewertung einer Argumentation ist nicht, wer sie vorbringt und wo sie vorgebracht wird. Was einzig und allein der Maßstab sein sollte: die Stimmigkeit der jeweiligen Position.

Man muss weder die Grundposition der „Postmarxistin" Chantal Mouffe noch ihr Plädoyer für linken Populismus teilen, aber mit ihrer Kritik am grassierenden Konsensdenken nicht nur in Deutschland hat sie im Kern Recht. Wer eine Sichtweise, die nicht dem Mainstream entspricht, einnimmt, erfährt oft ein abschätziges Urteil. Sie befürwortet keineswegs ein Freund-Denken-Denken, doch möchte sie den konfrontativen Charakter von Politik erhöhen. Gleichwohl verbietet es sich, das Kind mit dem Bade auszuschütten. „Alle, die sich diesem ‚Konsens der Mitte' und dem Dogma, die neoliberale Globalisierung sei alternativlos, entgegenstellen, werden als ‚Extremisten' gebrandmarkt oder als ‚Populisten' disqualifiziert" (Mouffe 2018, S. 27). So ist es nun nicht! Kritik am „Neoliberalismus" gilt keineswegs von vornherein als „populistisch" oder gar als „extremistisch".

„Ein gleichermaßen offener wie offensiver Umgang mit Extremisten wie Populisten läuft nicht auf deren Legitimation (Verständnis ist nicht Einverständnis), auf Wertrelativismus oder auf den Verzicht von Grenzen der Debattenkultur hinaus: Man muss sich weder alles bieten lassen, noch die komplette Kommunikationsverweigerung befürworten" (Mannewitz 2018, S. 285). Auf diese Weise kann eine populistische Kraft wie die AfD, die auch extremistische Positionen aufweist, im Osten mehr als im Westen, weniger in eine Opfer- oder gar eine Märtyrerrolle geraten.

5   Abschließende Überlegungen

Wer ein Fazit zieht, kommt zu keinem sonderlich guten Ergebnis im Vergleich zur deutschen Vergangenheit, jedenfalls nach dem Zweiten Weltkrieg. Die Zeit der Stabilität mit Blick auf Parteien und Wahlen scheint zunächst vorbei zu sei.

Dieser Befund stellt zugleich eine Herausforderung für die etablierten Kräfte dar. Die Einschätzung fällt deutlich positiver aus, wird als Maßstab die Praxis westlicher Demokratie zugrunde gelegt. In vielen Ländern ist das Ausmaß an Labilität und Illiberalität größer. Insofern verbietet sich Schwarzmalerei.

Und erst recht verbietet sich die Parallelisierung zur Weimarer Republik (Wirsching et al. 2017). Deren Nieder- und Untergang spielt als Hintergrundfolie bisweilen eine Rolle. Gleich in doppelter Hinsicht fallen die Unterschiede krass aus: Zum einen erhielt die erste deutsche Demokratie nur halbherzige Unterstützung in politisch und wirtschaftlich turbulenten Krisenzeiten bei etablierten Kräften, zum anderen handelt es sich bei der Partei Die Linke und die AfD um Kräfte, die nicht annähernd über das antidemokratische Potenzial von KPD und NSDAP verfügen.

„Krise" ist ein großes Wort, mit dem oft Missbrauch getrieben wird. Es gibt beide Phänomene: Von Krise sprechen Kritiker, ohne dass eine vorliegt. Und umgekehrt wird eine solche durch Gesundbeterei geleugnet, obwohl es sie gibt. Die Wahrnehmung von Sachverhalten mag höchst unterschiedlich ausfallen. Nicht jeder Wandel muss ein Krisensymptom sein. Allerdings ist der „Drang der Volksparteien zur Mitte" wenig hilfreich. „Er ließ ein Vakuum an den rechten und linken Rändern des Parteiensystems entstehen, in das kleinere Parteien erfolgreich hineinstoßen konnten. Die Volksparteien mussten sich insofern fragen, ob sie ihre Fangnetze nicht an den falschen Stellen ausgeworfen hatten" (Decker 2018, S. 6). Die etablierte Demokratie kann einerseits durch ein überzogenes Konfliktdenken, das Freund-Feind-Denken schürt, gefährdet werden, andererseits durch ein überzogenes Konsensdenken, das gesellschaftliches Brodeln nicht ernst nimmt. Insofern gibt es eine gewisse Akzeptanzkrise unserer Demokratie.

Wer eine kritische Diagnose stellt, ist auch verpflichtet, etwas zur Therapie beizutragen – und zwar im Hinblick auf den Umgang mit der AfD. Die Strategie „alle gegen einen" ist unfair und verfängt nicht, wie erwähnt. Die Linke (im Bund) und die AfD (im Bund und in den Ländern) werden bei der Koalitionsbildung übergangen. Herkömmliche Lagerkoalitionen können mithin schon aus arithmetischen Gründen kaum noch entstehen. Wolfgang Rudzio wirft daher zu Recht die Frage auf, ob es nicht angängig sein kann, „Partner mit zweifelhaften Flecken" (Rudzio 2019, S. 104) in die Regierung einzubinden.

Eine parlamentarische Existenz der AfD und der Partei Die Linke kann die Demokratie beleben. Das Spektrum der Positionen verbreitert sich. Sogar der Gedanke einer Integration dieser Parteien in die Regierung ist erwägenswert. Dies führt zum einen wohl zu einer Mäßigung, zum andern wahrscheinlich zu einer Entzauberung. Jedenfalls galt dies für die PDS bzw. später für Die Linke. Nach der erstmaligen Aufnahme in die Regierung (in Mecklenburg-Vorpommern 1998, in Berlin 2002 und in Brandenburg 2009) brach die Partei in diesen Ländern ein. So verlor sie bei der nächsten Wahl in Mecklenburg-Vorpommern 2002 8,0 Punkte, in Berlin 2006 9,2 Punkte, in Brandenburg 2014 8,6 Punkte. Ob dies nach den Wahlen in Thüringen auch so zutrifft (dort stellt Die Linke seit 2014 den Ministerpräsidenten)? Für die PDS bzw. Die Linke war es intern nicht ganz einfach, den Schritt in die Regierung zu tun. Es gab in Teilen Kräfte, so aus dem fundamentalistischen Lager, die das nicht wollten. Und dies dürfte ebenso bei der AfD der Fall sein, wenn – nicht zu erwartende – Avancen der CDU auf sie zukämen. Der bewegungsorientierte Teil (Niedermayer 2018b) würde sich ausgesprochen schwertun, sie anzunehmen. Sollte das Zustandekommen eines solchen Bündnisses dann an der AfD scheitern, würde das ein Teil ihrer Wählerschaft keineswegs nur mit Wohlgefallen wahrnehmen.

Wer sich von der AfD inhaltlich abgrenzt, muss sie nicht öffentlich ausgrenzen. Ihre Einbindung ist für sie keineswegs ohne Risiken. In anderen europäischen Ländern sind rechtspopulistische Parteien an der Regierung beteiligt oder sie tolerieren diese. Ein derartiger Sachverhalt kann nicht nur das außerparlamentarische Protestpotential schwächen, sondern auch das parlamentarische. Und wenn Regierungen mit populistischen Parteien scheitern, weil inhaltliche Gegensätze nicht mehr zu kitten sind, müssen diese nicht davon profitieren, wie manche Wahlergebnisse belegen. Ein freilich keineswegs zu verallgemeinerndes Extrembeispiel: Die Schill-Partei, die in Hamburg bei der Bürgerschaftswahl 2001 19,4 % erzielt hatte, verschwand nach dem Bruch der dortigen Koalition 2003 faktisch von der Bildfläche.

Die Kehrseite: Solche Parteien erfahren eine Aufwertung, erhalten Ministerposten, gelten als salonfähig. Und es ist nicht zu leugnen, dass eine derartige Variante in einem Spannungsverhältnis zum vom Verfasser nach wie vor hochgehaltenen antiextremistischen Konsens steht. In Frage kommen bei einer Strategie der Einbindung daher nur Kräfte, die das demokratische System nicht in toto ablehnen. Wenn Parteien wie die AfD und Die Linke 20 bis 25 % der Wählerschaft repräsentieren, vermag ein derartiges inklusives Unterfangen eine Variante zu sein. Große Koalitionen oder heterogene Dreier- bzw. Viererkoalitionen stellen für parlamentarische Demokratien ebenfalls Risiken dar.

Literatur

Behnke, Joachim, F. Decker, F. Grotz, R. Vehrkamp, und P. Weinmann. 2017. *Reform des Bundestagswahlsystems. Bewertungskriterien und Reformoptionen.* Gütersloh: BertelsmannStiftung.
Decker, Frank. 2018. Parteiendemokratie im Wandel. In *Handbuch der deutschen Parteien*, 3. Aufl, Hrsg. F. Decker und V. Neu, 3–39. Wiesbaden: Springer VS.

Jesse, Eckhard. 2018. Die Bundestagswahl 2017 und die Regierungsbildung. Zäsur im Wahlverhalten, im Parteiensystem und in der Koalitionsbildung. *Zeitschrift für Politik* 65 (2): 168–194.

Jesse, Eckhard. 2019. Das Aufkommen der Alternative für Deutschland. Deutschland ist kein Auslaufmodell mehr. In *Rechtspopulismus in Einwanderungsgesellschaften. Die politische Auseinandersetzung um Migration und Integration in westlichen Industriegesellschaften*, Hrsg. H.U. Brinkmann und I.-C. Panreck, 97–131. Wiesbaden: Springer VS.

Konsens, Berliner. 2016. Öffentliche Erklärung der Berliner demokratischen Parteien SPD, CDU, Bündnis 90/Die Grünen, Die Linke, Piratenpartei und FDP. mobile beratung gegen rechtsextremismus berlin. https://www.mbr-berlin.de/wp-content/uploads/2016/06/Berliner_Konsens_2016.pdf. Zugegriffen: 20. Dez. 2018.

Mannewitz, Tom. 2018. Der Paria unter uns. Wettbewerbsstrategien gegenüber Rechtsextremisten und -populisten. In *Demokratie in unruhigen Zeiten. Festschrift für Eckhard Jesse*, Hrsg. S. Liebold, T. Mannewitz, T. Thieme, und M. Petschke, 275–285. Baden-Baden: Nomos.

Merkel, Wolfgang. 2017. Kosmopolitismus versus Kommunitarismus. In *Parties, governments and elites*, Hrsg. P. Harst, I. Kubbe, und T. Poguntke, 9–23. Wiesbaden: Springer VS.

Mouffe, Chantal. 2018. *Für einen linken Populismus*. Berlin: Suhrkamp.

Niedermayer, Oskar. 2018a. Parteimitgliedschaften im Jahre 2017. *Zeitschrift für Parlamentsfragen* 49 (2): 346–371.

Niedermayer, Oskar. 2018b. Die AfD in den Parlamenten der Länder, des Bundes und der EU. Bipolarität im Selbstverständnis und im Verhalten. *Zeitschrift für Parlamentsfragen* 49 (4): 896–908.

Patzelt, Werner J. 2018. Mängel in der Responsivität oder Störungen in der Kommunikation? Deutschlands Repräsentationslücke und die AfD. *Zeitschrift für Parlamentsfragen* 49 (4): 885–895.

Probst, Lothar. 2018. Geschichte der Parteienlandschaft der Bundesrepublik. *Aus Politik und Zeitgeschichte* 68 (46–47): 14–20.

Rödder, Andreas. 2009. *Deutschland einig Vaterland. Geschichte der Wiedervereinigung*. München: Beck.

Rudzio, Wolfgang. 2019. *Das politische System der Bundesrepublik Deutschland*, 10. Aufl. Wiesbaden: Springer VS.

Tuchscheerer, Heike. 2010. *20 Jahre vereinigtes Deutschland: eine „neue" oder „erweiterte Bundesrepublik"?* Baden-Baden: Nomos.

Wirsching, Andreas, B. Kohler, und U. Wilhelm, Hrsg. 2017. *Weimarer Verhältnisse? Historische Lektionen für unsere Demokratie*. Ditzingen: Reclam.

Dr. Eckhard Jesse, emeritierter Professor für Politische Systeme, Politische Institutionen, Technische Universität Chemnitz.

Teil III
Perspektiven

Subsidiarität und Demokratie

Arnd Küppers

Im Gegensatz zur Demokratie gehört die Subsidiarität nicht zu den traditionellen Ideen und Begriffen der Staatstheorie und der Politischen Philosophie (Höffe 1997, S. 49). Vielmehr fand der Diskurs zur Subsidiarität lange Zeit fast ausschließlich in der Sozialethik statt bzw. – noch genauer gesagt – in der katholischen Soziallehre.

1 Das Subsidiaritätsprinzip in der katholischen Soziallehre

Den „authentischen Text" (Isensee 2001, S. 335) bietet die Enzyklika *Quadragesimo anno* von Papst Pius XI. aus dem Jahr 1931. Dort heißt es in der klassischen Formulierung:

> „Wie dasjenige, was der Einzelmensch aus eigener Initiative und mit seinen eigenen Kräften leisten kann, ihm nicht entzogen und der Gesellschaftstätigkeit zugewiesen werden darf, so verstößt es gegen die Gerechtigkeit, das, was die kleineren und untergeordneten Gemeinwesen leisten und zum guten Ende führen können, für die weitere und übergeordnete Gemeinschaft in Anspruch zu nehmen; zugleich ist es überaus nachteilig und verwirrt die ganze Gesellschaftsordnung. Jedwede Gesellschaftstätigkeit ist ja ihrem Wesen und Begriff nach subsidiär; sie soll die Glieder des Sozialkörpers unterstützen, darf sie aber niemals zerschlagen oder aufsaugen." (*Quadragesimo anno* 79)

A. Küppers (✉)
Katholische Sozialwissenschaftliche Zentralstelle Mönchengladbach,
Mönchengladbach, Deutschland
E-Mail: a.kueppers@ksz.de

© Springer Fachmedien Wiesbaden GmbH, ein Teil von Springer Nature 2019
V. Kronenberg und J. Horneber (Hrsg.), *Die repräsentative Demokratie in Anfechtung und Bewährung*, Studien der Bonner Akademie für Forschung und Lehre praktischer Politik, https://doi.org/10.1007/978-3-658-26364-5_12

Der Subsidiaritätsgedanke selbst ist freilich älter als diese Enzyklika, aber er hat auch in den älteren Schichten begriffsgeschichtlich eine eindeutig katholische Provenienz. Als sozialethischer Begriff begegnet das Adjektiv subsidiär bereits im 19. Jahrhundert bei Wilhelm Emmanuel von Ketteler (1811–1877), einer der zentralen Vorläufergestalten der kirchlichen Sozⁱallehre. In verschiedenen Schriften kritisierte der zu seinen Lebzeiten prominente und renommierte „Arbeiterbischof" und Politiker die Tendenz, die Zuständigkeiten des Staates zulasten der Selbstbestimmungsrechte der Bürger und intermediärer gesellschaftlicher Gruppen immer weiter auszuweiten. So liege beispielsweise die Erziehung der Kinder primär in der Verantwortung der Eltern, wohingegen der Staat in diesem Bereich lediglich das „subsidiäre Recht" (Ketteler 1977, S. 210) habe, im Interesse der Kinder die Eltern in dieser Aufgabe zu unterstützen und bei deren Versagen korrigierend einzugreifen.

Vordergründig ging es Ketteler und dem gesamten politischen Katholizismus bei solchen Stellungnahmen natürlich um die althergebrachten Vorrechte der Kirche, etwa im Erziehungs- und Schulwesen. Aber das geschah eben in Auseinandersetzung mit dem modernen Staat, der im Verlauf des 19. Jahrhunderts mehr und mehr Zuständigkeiten für sich beanspruchte. Und während auf diese Weise der Etatismus immer stärker in das Denken der kontinentaleuropäischen Liberalen einsickerte, kämpfte der politische Katholizismus plötzlich für ein klassisch liberales Anliegen, nämlich für die Begrenzung staatlicher Macht – ein wunderbares Beispiel für das, was Raymond Aron einmal sehr treffend als die „Dialektik historischer Konflikte" (Aron 1981, S. 124) bezeichnet hat.

Schon diese Begriffs- und Ideengeschichte der Subsidiarität legen nahe, dass es keinen direkten Zusammenhang mit der Demokratie gibt. Denn bekanntlich stand die katholische Kirche im 19. Jahrhundert keineswegs auf der Seite der Demokratiebewegung. Aber nicht nur in historischer, sondern auch in systematischer Perspektive gibt es keinen solchen direkten Zusammenhang zwischen dem Subsidiaritäts- und dem Demokratieprinzip. Während es beim Subsidiaritätsprinzip um die Frage geht, auf welcher gesellschaftlichen oder staatlichen Ebene (politische) Entscheidungen getroffen und vollzogen werden sollen, geht es beim Demokratieprinzip um die Frage, wie solche politischen Entscheidungen zustande kommen. Es ist einerseits durchaus ein demokratischer Staat ohne subsidiäre Ordnung der Institutionen und andererseits sogar auch eine nach dem Subsidiaritätsprinzip verfasste Staatsordnung ohne Demokratie vorstellbar (Kerber 1981, S. 84).

Tatsächlich findet sich in der Enzyklika *Quadragesimo anno* mit der „Berufsständischen Ordnung" ein Gesellschaftskonzept, das zumindest so interpretiert werden kann (und seinerzeit auch so interpretiert wurde), als werde hier nicht nur eine korporatistische Ordnung der Wirtschaft zur Lösung des Konflikts von Arbeit und Kapital angezielt, sondern eine korporatistische Gesellschafts- und Staatsordnung insgesamt, die zwar strikt dem Subsidiaritätsprinzip folgt, aber keineswegs demokratisch sein muss. Nicht ganz grundlos haben sich deswegen sowohl der austrofaschistische Ständestaat unter den Kanzlern Engelbert Dollfuß und Kurt Schuschnigg als auch der *Estado Novo* António Salazars in Portugal durch *Quadragesimo anno* gerechtfertigt gesehen.

Diese historischen Zusammenhänge haben dazu geführt, dass das Subsidiaritätsprinzip lange Zeit gar nicht und dann auch nur allmählich von der katholischen Soziallehre in den Diskurs der anderen Sozialwissenschaften gewandert ist. Und die Positionierung zu diesem Sozialprinzip verlief dann noch lange Zeit entlang der konfessionellen Grenzen.

Erst die Tatsache, dass das Subsidiaritätsprinzip durch den 1992 unterzeichneten Vertrag von Maastricht zu einem Rechtsgrundsatz der Europäischen Union geworden ist und seitdem auch in Artikel 23 Absatz 1 Grundgesetz ausdrücklich Erwähnung findet, hat dazu geführt, dass sich der sozialwissenschaftliche Diskurs über das Subsidiaritätsprinzip nachhaltig verändert hat und dieses seitdem nicht mehr als ein primär oder gar ausschließlich katholisches Sozialprinzip angesehen wird.

2   Inhalt und Begründung des Subsidiaritätsprinzips

Als sozialethischer Begriff formuliert das Subsidiaritätsprinzip einen sozialen „Relationsgrundsatz" (Moersch 1999, S. 51). Es geht darum, „einen Zusammenhang zwischen einer definierten Aufgabe in einer Gemeinschaft von Menschen und einer bestimmten sozialen Handlungseinheit (Teilgemeinschaft)" (Ebd., S. 51 f.) herzustellen. Und die Subsidiaritätsregel ist dabei, dass die kleineren sozialen Einheiten so weit wie möglich die Aufgaben selbstbestimmt und in eigener Verantwortung wahrnehmen sollten. Es ist insoweit ein „Riegelprinzip" (Utz 1953, S. 7) gegen Tendenzen der Kollektivierung, des Etatismus sowie des gesellschaftlichen und staatlichen Zentralismus.

Diese Betonung der vorrangigen Kompetenz der kleineren sozialen Einheiten, die auch ein soziallethisches Abwehrrecht gegen Eingriffe und Übergriffe der größeren Einheiten impliziert, stellt die „negative Seite" (Nell-Breuning 1968, S. 93 ff.) des Subsidiaritätsprinzips dar. Daneben gibt es die „positive Seite", die besagt, dass die größeren Einheiten dann zum Zuge kommen sollen, wenn die Möglichkeiten der kleineren Einheiten nicht ausreichen, um eine Aufgabe

befriedigend zu erfüllen. Daraus ergibt sich aber nun nicht das Recht der über-
geordneten Einheit, diese Aufgabe ganz an sich zu ziehen, sondern es geht primär um „subsidiäre Assistenz" (Roos 2001, S. 12) im Sinne einer „Hilfe zur
Selbsthilfe". Das heißt, nach Möglichkeit soll die kleinere Einheit durch die Hilfe
ertüchtigt werden, diese Aufgabe wieder selbstständig und eigenverantwortlich
wahrnehmen zu können.

Das Subsidiaritätsprinzip ist eben „keine bloße organisationstechnische,
sondern eine ethische Maxime" (Isensee 2001, S. 339), die ihren Ursprung in
der christlichen Philosophie des Personalismus hat. Das sozialethische Grundprinzip des christlichen Personalismus ist von Papst Johannes XXIII. 1961 in
der Enzyklika *Mater et magistra* auf die prägnante Formel gebracht worden,
dass „der Mensch der Träger, Schöpfer und das Ziel aller gesellschaftlichen Einrichtungen sein" (*Mater et magistra,* 219) muss. Das heißt, alle sozialen Institutionen stehen im Dienst der menschlichen Person, die einzig und allein Würde
besitzt und dadurch „Zweck an sich selbst" (Kant 1911, S. 435) ist. Und daraus
ergibt sich dann auch der entscheidende Maßstab für die Frage der Kompetenz-
verteilung nach dem Subsidiaritätsprinzip. Es geht nicht primär darum,
gesellschaftliche Abläufe möglichst effizient zu gestalten, sondern die bestmög-
lichen Voraussetzungen für die personale Entfaltung des Menschen zu schaffen
(Nothelle-Wildfeuer und Küppers 2011, S. 2137 f.).

In diesem personalen Kriterium liegt der wesentliche Grund dafür, dass
nach dem Subsidiaritätsprinzip die kleineren Einheiten bei der Kompetenzzuschreibung im Zweifel den Vorzug gegenüber den größeren bekommen sollten. Denn je kleiner die soziale Entscheidungs- und Handlungseinheit ist, desto
näher ist sie auch am Einzelnen, also an der Person als dem einzigen originären
Rechtsträger, den die Politische Philosophie der Moderne noch kennt. Je kleiner die soziale Einheit, desto eher hat der Einzelne auch die Möglichkeit, seine
Bedürfnisse, Wünsche und Interessen zu artikulieren. Insbesondere im Fall von
Interessenkonflikten bieten kleinere Einheiten die günstigere Basis dafür, dass ein
wirklicher Diskurs mit allen Stakeholdern geführt werden kann.

3   Subsidiarität, Demokratie und Partizipation

Es ist auf der Ebene von kleinen Einheiten natürlich auch wesentlich leichter, partizipative Entscheidungsprozesse zu gestalten, die alle Beteiligten einbeziehen.
Und hier liegt denn auch die Verbindung zwischen Subsidiarität und Demokratie. Bereits Aristoteles hatte die Partizipation der Bürger an den politischen

Entscheidungsprozessen, also deren Selbstregierung, als das Wesensmerkmal der Polis angesehen (Rohls 1999, S. 71).

Unbeschadet der vielen verschiedenen Theorien und tatsächlich existierenden Formen der Demokratie, zielt das Demokratieprinzip auch heute noch auf eine breite Beteiligung des Staatsvolkes an der politischen Willensbildung und Entscheidungsfindung. Egal ob in der direkten oder der repräsentativen Form, die Demokratie legitimiert politische Entscheidungen, Prozesse und Vollzüge dadurch, dass sie auf den *demos,* also auf die Gemeinschaft der Staatsbürger, zurückgeführt werden können. In modernen, demokratischen Flächenstaaten liegt hier eine wesentliche Begründung für eine föderale Verfassung. Josef Isensee fasst die Argumentation wie folgt konzise zusammen:

> „Von diesem föderalen Lebensimpuls hängen die Leitgedanken ab, die der Dezentralisation ganz allgemein eigen sind: Sie ermöglicht dem Staat Individualisierung, Sachbezogenheit, *Personnähe.* Umgekehrt wird das Individuum näher an den Staat herangeführt, dessen Bürger es in mehrfacher Hinsicht ist. Es wird ihm eine Vielzahl von Anreizen geboten, sich für das Gemeinwohl zu engagieren – auf der Stufe, die dem Einzelnen jeweils gemäß ist. Der Fülle staatlicher Ausdrucksformen entspricht die Fülle der Entfaltungsmöglichkeiten des Bürgers. Es sind die Voraussetzungen dafür geschaffen, daß sich ‚von unten her‘ Initiativen entwickeln können. Diese Zielsetzungen stimmen völlig mit der des Subsidiaritätsprinzips überein." (Isensee 2001, S. 236 f.)

Neben der Personnähe und den vielfältigeren Partizipationsmöglichkeiten nennt Isensee auch die größere Sachnähe als Argument für die Dezentralisierung politischer Entscheidungen. Da in der Politik auch Sachentscheidungen Willensentscheidungen sind, stehen diese drei Aspekte nicht einfach nebeneinander, sondern sind eng miteinander verwoben. Dezentrale politische Entscheidungsträger in den Bundesländern oder in den Kommunen kennen die sachlichen Gegebenheiten genauso wie die Akteure „vor Ort" besser und können deshalb „passgenauere" Antworten finden als eine Zentralregierung, die nach der Methode *one size fits all* verfährt (Kilper 2005, S. 54 f.).

Als Argument *ex negativo* kann noch ins Feld geführt werden, dass Fehler auf einer zentralisierten politischen Entscheidungsebene weitreichendere Folgen haben und schwerer zu korrigieren sind. Natürlich werden auch auf regionaler und lokaler Ebene Fehlentscheidungen getroffen, aber die negativen Folgen sind in diesen Fällen regional begrenzt. Zudem gibt es in einer dezentralen Staatsverfassung unterhalb der Zentralregierung immer eine Mehrzahl von Entscheidungsträgern, die auf der gleichen Ebene nebeneinander stehen und deren politische Strategien leicht vergleichbar sind. Wenn sich also eine politische Praxis in Bundesland x oder in Kommune y als unbefriedigend herausstellt, dann kann ggf. ein erfolgreicheres Konzept aus einem anderen Bundesland bzw. einer anderen Kommune übernommen werden, um zu befriedigenderen Resultaten zu kommen. Es entsteht sozusagen ein Wettbewerb zwischen den verschiedenen Entscheidungsträgern um die beste Lösung für ein politisches Problem. Friedrich August von Hayek hat mit Blick auf die Wirtschaft den Wettbewerb einmal sehr pointiert als „Entdeckungsverfahren" (Hayek 1969) beschrieben. Dieses Argument lässt sich auch auf die demokratische Politik übertragen. Auch hier steigt die Wahrscheinlichkeit, erfolgreichere Strategien zu entdecken, wenn durch Dezentralisierung mehr politische Entscheidungs- und Handlungsebenen bestehen.

Dieses System eines „Wettbewerbsföderalismus" ist in Ländern wie der Schweiz oder den USA weitaus konsequenter umgesetzt als in Deutschland, das demgegenüber mehr nach dem Typus eines „kooperativen Föderalismus" organisiert ist.[1] In Deutschland hemmt insbesondere der Länderfinanzausgleich das Wettbewerbspotenzial der föderalen Struktur. Der föderale Wettbewerbsgedanke konkurriert hier mit dem Verfassungsziel gleichwertiger Lebensverhältnisse, wie es in Art. 72 Abs. 2 Grundgesetz genannt und in § 2 Abs. 2 Raumordnungsgesetz näher bestimmt ist. In solchen Fällen einer Kollision von zwei Verfassungsgütern darf jedoch nicht das eine dem anderen einfach übergeordnet werden, sondern es ist „praktische Konkordanz" anzustreben. Das heißt, beide Ziele „müssen in der Problemlösung einander so zugeordnet werden, daß jedes von ihnen Wirklichkeit gewinnt. Wo Kollisionen entstehen, darf nicht in vorschneller ‚Güterabwägung' oder gar abstrakter ‚Wertabwägung' eines auf Kosten des anderen realisiert werden. […] *beiden* Gütern müssen Grenzen gesetzt werden, damit beide zu optimaler Wirksamkeit gelangen können" (Hesse 1999, Rn. 72). Nach diesem Prinzip stellt sich die Frage, ob die wettbewerblichen Potenziale der föderalen Ordnung des Grundgesetzes in den letzten Jahrzehnten nicht doch zugunsten einer sehr einseitigen Gewichtung der Gleichwertigkeit der Lebensverhältnisse ungebührlich zurückgedrängt wurden.

---

[1]Die Abgrenzung zwischen den beiden Idealtypen ist schwierig und die Zuordnung einzelner Länder ist umstritten, weil auch wettbewerbsföderalistisch organisierte Länder gewisse Formen der Kooperation der Gliedstaaten kennen und eine Zentralregierung haben. Siehe dazu Feld (2003, S. 303 ff.).

4 Schluss: Perspektiven für die Demokratiereform

Aus der sozialethischen Begründung des Subsidiaritätsprinzips ergeben sich gewichtige Argumente für den grundsätzlichen Kompetenzvorrang der kleineren Einheiten. Mit Blick auf die Staatsorganisation – und natürlich auch mit Blick auf die Struktur der Europäischen Union – ergibt sich daraus ein starkes Plädoyer für den Föderalismus sowie für eine weitgehende Autonomie der Kommunen. Was das mit Blick auf institutionelle Reformen im Einzelnen bedeutet, kann sozialethisch nicht einfach deduziert werden, sondern ist selbst Gegenstand der politischen Debatte.

Die aus dem Subsidiaritätsprinzip abzuleitende Kompetenzregel ist jedenfalls, dass Aufgaben nur dann von den Bundesländern auf die Bundesregierung und von den Nationalstaaten auf die Ebene der Europäischen Union verlagert werden sollten, wenn sie auf der unteren Ebene nicht adäquat erledigt werden können. Die gleiche Regel gilt für das Verhältnis von Kommunen und Bundesländern. Gegenüber einem solchen abstrakten sozialethischen Prinzip werden in der Praxis natürlich immer die Pfadabhängigkeiten bei der gewachsenen Verteilung der Kompetenzen eine Rolle spielen. Jedenfalls gibt es aber dieses genuin sozialethische Argument, mit dem zumindest die Tendenz einer immer weiter fortschreitenden Zentralisierung infrage gestellt und mit dem in einzelnen Fällen auch für die Rückverlagerung von Kompetenzen auf untere Ebenen argumentiert werden kann.

Das alles stellt gar nicht in Abrede, dass es in der heutigen Welt mit großen globalen Herausforderungen nicht viele Aufgaben gibt, die in der Tat nur von den Zentralregierungen bzw. auf der Ebene multilateraler Kooperation der Staaten adäquat bearbeitet werden können. Dazu gehören neben der äußeren Sicherheit und Verteidigung etwa der Klimaschutz oder die Migrationspolitik.

Gleichwohl sind einige subsidiäre Defizite in dem bestehenden demokratischen Institutionengefüge unübersehbar. Ein Problem ergibt sich oft schon daraus, dass bereits die Kompetenzzuschreibung zwischen den verschiedenen politischen Entscheidungs- und Handlungsebenen nicht eindeutig ist. Das ist in einer Demokratie insoweit problematisch, dass die Bürgerinnen und Bürger dadurch oft gar nicht klar erkennen können, wen sie für bestimmte Fehlentwicklungen verantwortlich machen und bei Wahlen in Haftung nehmen können. Ein Beispiel ist die gegenwärtige migrationspolitische Diskussion über die Schwierigkeiten bei der Rückführung von Menschen, die keinen Aufenthaltsstatus haben. Die politisch Verantwortlichen aller Ebenen betonen die Wichtigkeit dieses Themas, verweisen aber zugleich auf Zuständigkeiten der anderen: Der Bund sagt, Rückführungen seien Ländersache. Die Länder sagen, sie seien

bei Rückführungen abhängig von Absprachen des Bundes mit den Herkunfts-
staaten. Und die Kommunen, die sich um die Menschen kümmern müssen,
verweisen auf beide übergeordnete Ebenen. Mit dem sozialethischen Ideal subsidiärer Assistenz hat das wenig zu tun; man könnte eher von „subsidiärer Denun-
zianz" sprechen, weil sich die verschiedenen Ebenen einfach den schwarzen
Peter hin und her schieben. Besonders beliebt ist es, auch noch die Europäische
Union einzubeziehen und die Verantwortung damit ganz auszulagern, indem etwa
auf die Dysfunktionalität des sogenannten Dublin-Systems verwiesen wird. Für
die Wahrnehmung und Akzeptanz der demokratischen Institutionen und Prozesse ist ein solches *blame game* zwischen den verschiedenen politischen Entscheidungsträgern fatal. Deswegen ist das erste sozialethische Desiderat, dass die
Kompetenzzuschreibungen transparent, klar und nachvollziehbar sein müssen.

Wenn Kompetenzen und Verantwortlichkeiten unklar bleiben, kann das allgemeine Politik- und Systemverdrossenheit und ein Protestwahlverhalten provozieren, das populistische und radikale Kräfte stärkt. Die Populisten von links
und rechts, so schillernd und vielfältig dieses Feld auch ist, haben jedoch eins
gemeinsam: sie halten nichts vom Subsidiaritätsprinzip. Insoweit sie sich zu den
Anwälten der „schweigenden Mehrheit" gegen die Brüsseler oder Berliner „Mei-
nungs- und Herrschaftseliten" aufschwingen, sind sie freilich bemüht, einen
anderen Eindruck zu erwecken. Aber das ist eine Maskerade. Sind Populisten erst
einmal an der Macht, zeigen sie ihr wahres Gesicht und dann regieren sie „mit
der inneren Logik des Populismus: Sie und nur sie repräsentieren das wahre Volk;
so etwas wie eine legitime Opposition kann es gar nicht geben. [...] Konkret heißt
dies, dass Populisten den Staat vereinnahmen, *checks and balances* schwächen
oder gar ganz ausschalten, Massenklientelismus betreiben und jegliche Opposition in Zivilgesellschaft und Medien zu diskreditieren suchen." (Müller 2017,
S. 130 f.).

Literatur

Aron, Raymond. 1981. *Über die Freiheiten. Essay.* Stuttgart: Klett-Cotta.
Feld, L. P. 2003. Eine europäische Verfassung aus polit-ökonomischer Sicht. *ORDO. Jahr-
  buch für die Ordnung von Wirtschaft und Gesellschaft* 54:289–317.
Hesse, Konrad. 1999. *Grundzüge des Verfassungsrechts der Bundesrepublik Deutschland*,
  20. Aufl. Heidelberg: C. F. Müller Juristischer Verlag.
Höffe, Otfried. 1997. Subsidiarität als staatsphilosophisches Prinzip. In *Subsidiarität: Idee
  und Wirklichkeit. Zur Reichweite eines Prinzips in Deutschland und Europa*, Hrsg.
  K. Nörr und T. Oppermann, 49–67. Tübingen: Mohr Siebeck.
Isensee, Josef. 2001. *Subsidiaritätsprinzip und Verfassungsrecht. Eine Studie über das Regu-
  lativ des Verhältnisses von Staat und Gesellschaft*, 2. Aufl. Berlin: Duncker & Humblot.

Kant, Immanuel. 1911. Grundlegung zur Metaphysik der Sitten. In *Königlich Preußischen Akademie der Wissenschaften*, Bd. 4, Hrsg. Königlich Preußischen Akademie der Wissenschaften, 385–463. Berlin: Georg Reimer.

Kerber, Walter. 1981. Subsidiarität und Demokratie. Philosophische Abgrenzungen. In *Subsidiarität und Demokratie*, Hrsg. Otto Kimminich, 75–86. Düsseldorf: patmos paperbacks.

Kilper, Heiderose. 2005. Föderalismus als Institution der „Marktsicherung". Überlegungen zur Bedeutung dezentraler Staatsorganisation für regionale Wirtschaftszusammenhänge. In *Das föderative System in Deutschland. Bestandsaufnahme, Reformbedarf und Handlungsempfehlungen aus raumwissenschaftlicher Sicht*, Hrsg. Färber Gisela, 42–57. Hannover: ARL-Verlag.

Mater et magistra, Enzyklika von Papst Johannes XXIII. vom 15. Mai 1961, In AAS 53 (1961), 401–464. Übersetzung: Texte zur katholischen Soziallehre. Die sozialen Rundschreiben der Päpste und andere kirchliche Dokumente, Hrsg. Katholische Arbeitnehmerbewegung Deutschlands, 8. Aufl. 1992, 171–240, Kevelaer: KETTELER-Verlag GmbH.

Moersch, Wolfram. 1999. *Leistungsfähigkeit und Grenzen des Subsidiaritätsprinzips. Eine rechtsdogmatische und rechtspolitische Studie*. Berlin: Duncker & Humblot.

Müller, Jan-Werner. 2017. *Was ist Populismus? Ein Essay*, 5. Aufl. Berlin: Suhrkamp.

Nothelle-Wildfeuer, Ursula/Küppers, Arnd. 2011. Art. Subsidiarität. In *Neues Handbuch philosophischer Grundbegriffe*, Hrsg. P. Kolmer und A. Wildfeuer, 2135–2145. Freiburg i.Br./München: Karl Alber.

Quadragesimo anno, Enzyklika von Papst Pius XI. vom 15. Mai 1931, in: AAS 23 (1931), 177–228. Übersetzung: *Texte zur katholischen Soziallehre. Die sozialen Rundschreiben der Päpste und andere kirchliche Dokumente*, Hrsg. Katholische Arbeitnehmerbewegung Deutschlands, 8. Aufl., 1992, 61–122, Kevelaer: butzon und bercker gmbh.

Rohls, Jan. 1999. *Geschichte der Ethik*, 2. Aufl. Tübingen: Mohr Siebeck.

Roos, Lothar. 2001. *Fortbildung des Arbeitsrechts (Betriebsverfassung und Altersvorsorge) nach den Grundsätzen Subsidiarität, Solidarität und Gemeinwohl. Fachtagung der Bayer-Stiftung für deutsches und internationales Arbeits- und Wirtschaftsrecht am 25. Mai 2000*, 9–19., Subsidiarität, Solidarität und Gemeinwohl als „Baugesetze der Gesellschaft" München: Beck.

von Hayek, Friedrich August. 1969. Der Wettbewerb als Entdeckungsverfahren. In *Freiburger Studien. Gesammelte Aufsätze*, Hrsg. F.A.v. Hayek, 249–265. Tübingen: Mohr Siebeck.

von Ketteler, Wilhelm Emmanuel. 1977. Die Katholiken im Deutschen Reiche. Entwurf zu einem politischen Programm. In *Erwin Iserloh, Abt. I*, Bd. 4, Hrsg. Erwin Iserloh, 186–262. Mainz: von Hase und Koehler.

von Nell-Breuning, Oswald. 1968. *Baugesetze der Gesellschaft. Gegenseitige Verantwortung – Hilfreicher Beistand*. Freiburg: Herder Verlag.

Utz, Arthur Fridolin. 1953. Die geistesgeschichtlichen Grundlagen des Subsidiaritätsprinzips. In *Das Subsidiaritätsprinzip*, Hrsg. A.F. Utz, 7–17. Heidelberg: Verlag Kerle.

Dr. Arnd Küppers, Stellvertretender Direktor der Katholischen Sozialwissenschaftlichen Zentralstelle Mönchengladbach.

Entflechtung von Kompetenzen und die Effizienz demokratischer Verfahren in politischen Mehrebenensystemen

Jan Schnellenbach

1 Einleitung

Der kooperative Föderalismus ist in Deutschland, aber auch in anderen Bundesstaaten, durch eine starke Verflechtung von Kompetenzen zwischen den verschiedenen staatlichen Ebenen gekennzeichnet. In der Bundesrepublik war ein Teil dieser Politikverflechtung von den Autoren des Grundgesetzes klar gewollt. Man denke etwa an die Elemente des Exekutivföderalismus, welche den Landesregierungen über den Bundesrat weitreichende Einflussmöglichkeiten auf die Bundespolitik geben. Ein anderer Teil der Verflechtung hat sich allerdings im Laufe der Zeit auch einfach aus der politischen Praxis ergeben, etwa wenn der Bereich der Gemeinschaftsaufgaben ausgeweitet wurde.

Problematisch wird die Verflechtung von Kompetenzen, wenn sie als nicht oder kaum noch reformierbar erscheint, obwohl es gute Gründe für eine Entflechtung gäbe. Seit Scharpf (1985) hat sich für ein solches ungünstiges Gleichgewicht der Begriff der *Politikverflechtungsfalle* etabliert. Scharpf (2009) zeichnet sehr genau nach, wie es in Deutschland zu dieser Situation kommen konnte. Er beschreibt einen ausgeprägten Drang zu im Konsens getroffenen Entscheidungen, sowohl entlang der vertikalen Achse – notwendig geworden durch die institutionell vereinbarte gemeinsame Zuständigkeit von Bund und Ländern –, aber auch entlang der horizontalen Achse. Bundesländer fanden es häufig vorteilhaft, sich

J. Schnellenbach (✉)
Volkswirtschaftslehre mit Schwerpunkt Mikroökonomik, Brandenburgische Technische Universität Cottbus-Senftenberg, Cottbus, Deutschland
E-Mail: jan.schnellenbach@b-tu.de

© Springer Fachmedien Wiesbaden GmbH, ein Teil von Springer Nature 2019   145
V. Kronenberg und J. Horneber (Hrsg.), *Die repräsentative Demokratie in Anfechtung und Bewährung,* Studien der Bonner Akademie für Forschung und Lehre praktischer Politik, https://doi.org/10.1007/978-3-658-26364-5_13

zu koordinieren, anstatt mit je eigenen politischen Lösungen in einen Wettbewerb untereinander zu treten. Scharpf beklagt vor allem die fehlende Effizienz als ein Problem, das in der Politikverflechtungsfalle verstetigt wird. Spielräume für schnelle Entscheidungen werden zunehmend eingeengt. Stattdessen erhalten durch die Politikverflechtung zahlreiche Akteure die Rolle von Vetospielern, die beim Versuch, für sich selbst bessere Verteilungsergebnisse zu erzielen, Kompromisse verzögern können. Bestehen größere Differenzen und ist eine Kompensation für allfällige Verluste schwer zu organisieren, dann kann die Kompromissfindung auch ganz scheitern. Generell droht eine Priorität der Verteilungsfragen zwischen Gebietskörperschaften über Effizienzfragen.

In diesem Beitrag soll weniger die Frage der reibungslosen Durchsetzung effizienter politischer Maßnahmen im Mittelpunkt stehen, obwohl auch dies eine Rolle spielt, sondern stärker die Frage, was die Verflechtung von politischen Kompetenzen für das Funktionieren demokratischer Institutionen bedeutet und wie, falls nötig, eine Entflechtung erreicht werden könnte. Hierzu wird zunächst im folgenden Abschnitt eine kurze Zusammenfassung der Fragestellungen angeboten, die aus Sicht der ökonomischen Theorie der Politik wichtig sind.

2   Föderalismus und Demokratie aus ökonomischer Sicht

Die ökonomische Theorie der Politik bemüht sich, ihren Erkenntnisgegenstand als *„politics without romance"* (Buchanan 1984) zu analysieren. Das bedeutet, von einer naiven Sichtweise Abstand zu nehmen, in der Politiker als perfekte Repräsentanten der Bürger agieren und keine eigenen Interessen verfolgen. Dies klingt wie eine Selbstverständlichkeit, unterscheidet aber die politische Ökonomik von wohlfahrtsökonomischen Ansätzen, die unterstellen, es gäbe politische Adressaten, die effiziente ökonomische Politikempfehlungen reibungslos umsetzen (vgl. z. B. Mueller 2003).

Nimmt man eine solche unromantische Perspektive auf die Politik ein, so bedeutet dies, von einer Gemeinwohlfiktion Abstand zu nehmen, die implizit in wohlfahrtsökonomischen Ansätzen enthalten ist und die unterstellt, dass das Gemeinwohl verwirklicht ist, wenn alle Effizienzreserven aufgedeckt sind und eine die gesellschaftliche Wohlfahrtsfunktion maximierende Verteilung hergestellt ist (bereits Albert 1967). Da eine solche, die Interessen der Gesellschaft insgesamt darstellende Wohlfahrtsfunktion auf demokratischem Wege nicht aus den Interessen der Individuen aggregiert werden kann (Arrow 1951), liegt der Zweck demokratischer Verfahren aus ökonomischer Sicht gerade nicht darin, einen gemeinsamen Willen eines Kollektivs zu artikulieren, sondern darin, Repräsentanten in ihrer Amtsführung zu kontrollieren, einen geordneten Machtwechsel zu ermöglichen und auch die Politik als Wettbewerb zu gestalten, in dem alternative Lösungsvorschläge für politische Fragen um die Zustimmung der Wähler konkurrieren.

Demokratie ist aus ökonomischer Sicht letztendlich ein kompliziertes Prinzipal-Agenten-Verhältnis. Im einfachsten Fall kann dies reduziert werden auf die Beziehung zwischen dem Medianwähler (Downs 1957) als Prinzipal und der Regierung als dessen Agenten. Jedoch ist auch hier der Medianwähler nur derjenige, der zufällig eine Wahl entscheidet. Seine Präferenzen spiegeln nicht „den Willen der Bürger", sondern nur seinen eigenen. Außerdem haben die Repräsentanten, einmal gewählt, im Laufe einer langen Legislaturperiode vielfältige Möglichkeiten, auch von diesen abzuweichen, ohne mit einer sicheren Bestrafung an der Wahlurne rechnen zu müssen. Denn Wähler wählen nicht immer retrospektiv und sie sind auch nicht immer völlig rational (Schnellenbach und Schubert 2015).

Demokratische Kontrolle funktioniert also oft nur unvollständig. Daher ist es sinnvoll, ihr einen zweiten Mechanismus zur Seite zu stellen, mit dem Bürger gegebenenfalls ihre Unzufriedenheit kundtun können. Der klassischen Unterscheidung von *voice* und *exit* folgend (Hirschman 1970) ist auch die Abwanderung nichts anderes als eine Äußerung von Präferenzen. Dabei muss eine Abwanderung natürlich nicht immer politische Gründe haben, sie kann aber oft ein Urteil über die subjektiv empfundene relative Vorteilhaftigkeit von Bündeln von öffentlichen Gütern sein, die an verschiedenen Orten angeboten werden. Der Vorteil aus Sicht des Individuums ist, dass die Entscheidung zur Abwanderung eine rein private Entscheidung ist, also nicht der Umweg über eine Kollektiventscheidung gegangen werden muss. Dezentralisierung erleichtert solche Präferenzäußerungen durch Abwanderung.

Hinzu kommt ein weiterer möglicher Wirkungskanal föderaler Ordnungen. Sie erlauben, durch dezentrale politische Experimente etwas über die Funktionsweise politischer Maßnahmen zu erfahren. In der Literatur spricht man hier vom sogenannten Laborföderalismus (Oates 1999; Schnellenbach 2004). Der Vorteil liegt einerseits darin, dass die dezentralen Experimente kleinräumiger erfolgen und damit im Fall des Scheiterns der Schaden geringer ist als in unitarischen Staaten. Er liegt aber auch darin, dass viele Varianten politischer Maßnahmen parallel versucht werden können und darin, dass der Wettbewerb dezentraler Regierungen untereinander Anreize schaffen kann, politische Innovationen überhaupt zu riskieren. Fällt etwa ein schweizerischer Kanton gegenüber anderen im

Wirtschaftswachstum zurück, so kann er versuchen, über steuerpolitische Innovationen Unternehmen und Humankapital zu attrahieren.

Schließlich spielt als weiterer Mechanismus auch der Maßstabswettbewerb eine Rolle (Besley und Case 1995). Hier genügt der bloße Fluss von Information von einer Gebietskörperschaft in die andere, um den Wählern eine bessere Beurteilung der Qualität ihrer eigenen Regierung zu ermöglichen. Führt beispielsweise die Schulpolitik eines Landes dazu, dass dieses in Bildungsrankings im Ländervergleich stabil auf den hinteren Plätzen landet, so sollte dies zu einer kritischen Diskussion in der Landespolitik führen und auch einen gewissen Druck auf die Repräsentanten ausüben (z. B. Terra und Mattos 2017). Generell wird es leichter für die Wähler, ihre eigene Landesregierung zu kontrollieren und falls nötig zur Rechenschaft zu ziehen.

Zusammenfassend kann man also feststellen, dass Wettbewerbsföderalismus und Demokratie oft komplementäre Institutionen sind, die sich gegenseitig stützen.

3   Mögliche Einwände gegen eine dezentralisierte Politik

Natürlich kann eine starke Dezentralisierung politischer Kompetenzen auch zu Nachteilen führen. In diesem Zusammenhang häufig vorgebrachte Kritikpunkte sind jedoch zweifelhaft oder zumindest wenig bedeutsam. So wird beispielsweise immer wieder vor einem *race to the bottom* gewarnt, d. h. einem Unterbietungswettbewerb etwa bei dezentralisierter Steuerpolitik. Die empirische Evidenz spricht jedoch eher gegen die Bedeutung solcher Unterbietungswettbewerbe.

Ein Beispiel ist die Schweiz. Hier sind die Kompetenzen in der Steuerpolitik sehr stark dezentralisiert. In insgesamt 26 Kantonen wird über jeweils eigene Tarife in der Einkommen- und Körperschaftsteuer entschieden. Hinzu kommen differenzierte, autonom entschiedene Zuschläge auf der Gemeindeebene. Die Steuerlast variiert also nicht nur zwischen Kantonen, sondern auch zwischen den Gemeinden. Dabei sind die Kosten eines Wechsels schon zwischen den Kantonen aufgrund des sehr kleinräumigen Föderalismus relativ gering, mithin ist die Wettbewerbsintensität also hoch. Dennoch ist empirisch ein vom Steuerwettbewerb verursachtes *race to the bottom* nicht festzustellen (Feld 2009). Dies dürfte dem Zusammenspiel von Demokratie und Dezentralisierung geschuldet sein. Eine demokratisch kontrollierte Regierung auf Kantons- oder Gemeindeebene kann nicht einfach die Steuersätze beliebig senken, um weitere Steuerzahler anzuziehen, sondern ist immer auch von den Gerechtigkeitsvorstellungen ihrer Wähler restringiert.

Beobachten kann man allerdings eine Tendenz hin zum Äquivalenzprinzip, also hin zu einer Situation, in der individuelle Steuerzahlungen eine Funktion von Preisen für ein bereitgestelltes Bündel öffentlicher Güter haben (Feld und Schaltegger 2012). Die zu entrichtenden Steuerzahlungen entsprechen mehr oder weniger der Zahlungsbereitschaft der Individuen und Unternehmen für die öffentlichen Güter – sonst würden sie abwandern. Dies bedeutet aber auch, dass der Spielraum für dezentrale Umverteilung stark eingeschränkt ist (siehe bereits Sinn 1997).

Es gibt also durchaus Staatsaufgaben, die auf den zentraleren Ebenen des Staates besser aufgehoben sind – nämlich solche, bei denen Einkommensumverteilung im Vordergrund steht. Dazu kommen solche, die überregionale öffentliche Güter betreffen, wie etwa Landesverteidigung, Klimaschutz oder Konjunkturpolitik. Abgesehen davon aber spricht zunächst einmal wenig gegen eine konsequente Dezentralisierung von Staatsaufgaben.

Auch eine geringe Größe von Gebietskörperschaften ist kein zwingendes Gegenargument. Wiederum lohnt ein Blick in die Schweiz, deren 8,4 Mio. Einwohner auf 26 sehr heterogene Kantone verteilt sind. An einem Ende des Spektrums steht der urbane, mit einem starken Dienstleistungssektor ausgestattete Kanton Zürich mit knapp 1,5 Mio. Einwohnern, auf der anderen Seite das ländliche, von Landwirtschaft und kleinen Mittelstandsbetrieben gekennzeichnete Appenzell-Innerrhoden mit rund 16.000 Einwohnern. Dennoch kann man in keinem plausiblen Sinn davon sprechen, dass Appenzell-Innerrhoden aufgrund seiner geringen Größe „nicht wettbewerbsfähig" wäre. Die kantonale Selbstverwaltung funktioniert auch hier reibungslos, die wirtschaftlichen Eckdaten sind solide und das Niveau der kantonalen öffentlichen Güter ist gut. Zwar stellen kleine Kantone nicht immer die gesamte Infrastruktur bereit. So hat Appenzell-Innerrhoden beispielsweise keine eigene Universität. Dies kann jedoch durch punktuelle, themenorientierte inter-kantonale Zusammenarbeit kompensiert werden und erfordert keine Fusion zu Großkantonen.

Interessant ist in diesem Zusammenhang auch Evidenz für Deutschland, nach der auf der kommunalen Ebene die Fusion von Gebietskörperschaften kaum zu statistisch oder ökonomisch signifikanten Kostensenkungen führt (Baskaran und Blesse 2016). Die Behauptung, dass durch größere Gebietskörperschaften positive Skalenerträge zu realisieren seien, ist empirisch durchwegs nicht gut belegt. Das bedeutet, dass man die politischen Vorteile der Kleinheit wohl nutzen kann, ohne dafür signifikante technische Größennachteile in der Produktion lokaler und regionaler öffentlicher Güter hinnehmen zu müssen.

Soweit es externe Effekte gibt, oder tatsächlich einmal bei einem spezifischen öffentlichen Gut Skalenerträge durch gemeinsame Bereitstellung realisiert werden können, bieten sich Verhandlungslösungen anstelle vollständiger Fusionen an (etwa Blankart 1999). Auch kreative Lösungen sind denkbar, wie überlappende Gebietskörperschaften, die flexibel für ein bestimmtes öffentliches Gut gegründet werden (bereits Frey und Eichenberger 1996).

4   Verflechtung als politische Kartellbildung

Vor dem Hintergrund der bisherigen Diskussion erscheint es etwas überraschend, dass die Schweiz und bis zu einem gewissen Grad auch die USA als stabile, stark dezentralisierte Föderalstaaten die Ausnahme sind, während zahlreiche andere Föderalstaaten – nicht zuletzt auch Deutschland – durch eine starke Zentralisierung und Verflechtung von Kompetenzen gekennzeichnet sind. Denn es scheint theoretisch und empirisch eigentlich einiges dafür zu sprechen, eine am Subsidiaritätsprinzip orientierte, dezentrale Ordnung zu erhalten.

Diese Überlegungen abstrahieren allerdings von Interessenskonflikten. Selbst wenn ein hoher Grad der Dezentralisierung im Interesse der Bürger, oder zumindest im Interesse großer Teile der Bürgerschaft ist, so ist er doch nicht zwingend im Interesse ihrer Repräsentanten. Der Wettbewerb zwischen Gebietskörperschaften wirkt schließlich auch als Instrument zu ihrer Kontrolle und Disziplinierung. Soweit sie also von den Medianwählerpräferenzen abweichende Vorstellungen haben, besteht ein starkes Interesse, den Wettbewerbsföderalismus auszuhebeln. Insofern kann man bei vielen Zentralisierungs- und Verflechtungsprozessen auch von politischer Kartellbildung sprechen (Blankart 1999).

Hierzu kann bereits ein gut ausgebauter Länderfinanzausgleich beitragen. Wenn etwa das finanzschwache Berlin es sich bereits früh leistete, Gebühren für Kindertagesstätten zunächst zu reduzieren und dann ganz abzuschaffen, so schuf es hierfür nicht selbst die Voraussetzungen durch eine solide Finanzpolitik, sondern es wurde erst durch horizontale und vertikale Transfers in die Lage versetzt, eine solche großzügige Sozialpolitik durchzuführen. Damit wird die institutionelle Kongruenz – die Überschneidung der Gruppen der Steuerzahler, der Wähler und der Konsumenten öffentlicher Güter – aufgehoben. Diese Aufhebung wiederum erschwert dem Wähler die Zurechnung von Verantwortung und schwächt so auch die demokratische Kontrolle.

Das Problem der Zurechnung von Verantwortlichkeit kann sich bei einer starken Verflechtung von Aufgaben auch leicht gegen die zentrale Ebene richten. Die EU beispielsweise leidet darunter, oft als Sündenbock herhalten zu müssen. Dies ist für Experten zwar offensichtlich, etwa wenn unpopuläre Entscheidungen im Rat einstimmig getroffen werden, also im Konsens der Regierungen der

Mitgliedstaaten. Dennoch fällt es diesen oft leicht, gegenüber der eigenen Öffentlichkeit in den Nationalstaaten die Verantwortung hierfür der europäischen Ebene zuzuweisen. Solche Sündenbock-Mechanismen können zwar kurzfristig aus Sicht der nationalen Regierungen entlastend wirken, langfristig aber zu katastrophalen Entwicklungen wie dem Brexit führen (Bongardt und Torres 2017).

Die Mechanismen der politischen Kartellbildung folgen dabei oft einem sehr ähnlichen Muster. Ausgangspunkt ist eine Situation, in der die höheren staatlichen Ebenen über die ertragreicheren Steuerquellen verfügen. In Deutschland ist dies offensichtlich; hier verfügen die Länder auf der Einnahmenseite nur noch über das autonome Instrument der Grunderwerbsteuer, während die ertragreichen Steuern Gemeinschaftssteuern sind. Kommt nun noch die grundgesetzliche Schuldenbremse hinzu, so fehlt den Ländern jede Möglichkeit, flexibel auf idiosynkratische Finanzierungsbedarfe zu reagieren. Da auf der anderen Seite auch auf der Ausgabenseite ein großer Teil bereits festgelegt ist, äußern die Länder eine starke Nachfrage nach vertikalen Transferzahlungen. Der Bund wiederum ist, wie am aktuellen Beispiel des Digitalpaktes zu sehen ist, hierzu aber nur bereit, wenn er auch materielle Mitspracherechte über die Verwendung der Mittel erhält.

Das Tauschgeschäft von Geld und Kompetenzen ist in Föderalstaaten ubiquitär, sobald es einmal zu institutionellen finanziellen Ungleichgewichten gekommen ist, in denen die unteren staatlichen Ebenen mit zu geringen Einnahmeninstrumenten ausgestattet sind (Döring und Schnellenbach 2010). Ein Problem ist aber, dass die unteren staatlichen Ebenen auch selbst bereit sein können, ein solches Ungleichgewicht herzustellen. Die Abschaffung der Gewerbekapitalsteuer in Deutschland wurde beispielsweise kompensiert, indem die Kommunen Umsatzsteueranteile erhielten. Das eher risikobehaftete, von lokaler unternehmerischer Aktivität abhängige Aufkommen der Gewerbekapitalsteuer wurde bereitwillig gegen die eher sicheren, stetig fließenden Umsatzsteueranteile getauscht. Der Versuchung, das Risiko autonomer Verantwortung gegen die Sicherheit der finanziellen Abhängigkeit zu tauschen, wurde gerne nachgegeben.

5   Ausblick

Wir wissen bisher wenig darüber, wie eine Entflechtung von Kompetenzen gelingen kann, wenn es einmal zur Verflechtung gekommen ist. Hier ist tatsächlich von einer Politikverflechtungsfalle (Scharpf 2009) zu reden, aus der man nur schwer entkommen kann, wenn man einmal in sie hineingegangen ist. Umso wichtiger ist die Frage, wie man eine Politikverflechtung von vornherein verhindern kann. Diese Frage stellt sich vor allem auf der europäischen Ebene, auf der es zwar auch bereits kritikwürdige Zentralisierungsprozesse gibt, wo diese aber bisher doch noch in einem relativ frühen Stadium sind.

Eine wesentliche Lehre ist, dass die Übertragung eigener Steuerkompetenzen auf die europäische Ebene mit großer Vorsicht erfolgen und möglichst eher auf sie verzichtet werden sollte. Vorschläge, nach denen die EU beispielsweise eine eigene Einkommen- oder Körperschaftsteuer erheben sollte, sind nicht nur aus demokratietheoretischer Sicht zweifelhaft, sondern auch, weil sie eine Verschiebung der fiskalischen Balance zugunsten der EU-Ebene einleiten können, an deren Ende ähnliche Verflechtungen wie in vielen alten Föderalstaaten stehen.

Ein Schutz des Wettbewerbs zwischen Gebietskörperschaften ließe sich möglicherweise auch durch eine Stärkung direkt-demokratischer Instrumente erreichen. Die Erfahrung wiederum in der Schweiz zeigt, dass die Bürger Zentralisierungen oft skeptisch gegenüberstehen und Referenden als Veto-Mechanismen nutzen, um diese zu verhindern (Feld et al. 2008).

Eine solche Skepsis gegenüber leichtfertiger Zentralisierung sollte dabei nicht als grundsätzliche EU-Skepsis missverstanden werden. Die Bereitstellung europaweiter öffentlicher Güter ist wichtig und wäre aus rein ökonomischer Sicht punktuell auch auszubauen, etwa im Hinblick auf die öffentlichen Güter der Verteidigungs- und Außenpolitik. Dennoch mahnen die vorliegenden empirischen Erfahrungen dazu, gerade auf der Finanzierungsseite des Budgets vorsichtig zu sein und die Finanzierung der europäischen Aufgaben an die Zustimmung der Mitgliedstaaten zu knüpfen, anstatt ertragreiche eigene Steuerquellen für die EU-Ebene zugänglich zu machen.

Literatur

Albert, Hans. 1967. *Marktsoziologie und Entscheidungslogik*. Neuwied: Luchterhand.

Arrow, K. 1951. *Social choice and individual values*. New Haven: Yale University Press.

Baskaran, Thushyanthan, und Sebastian Blesse. 2016. Do municipal mergers reduce costs? Evidence from a German federal state. *Regional Science and Urban Economics* 59:54–74.

Besley, Timothy, und Anne Case. 1995. Incumbent behavior: Vote seeking, tax setting and yardstick competition. *American Economic Review* 85:25–45.

Blankart, Charles B. 1999. Die schleichende Zentralisierung der Staatstätigkeit: eine Fallstudie. *Zeitschrift für Wirtschafts- und Sozialwissenschaften* 119:331–350.

Bongardt, Annette, und Francisco Torres. 2017. Nach der Wahl: Brexit und die EU. *Wirtschaftsdienst* 97:378–379.

Buchanan, James M. 1984. Politics without romance: A sketch of positive public choice theory and its normative implications. In *Theory of public choice*, Hrsg. James M. Buchanan und Robert D. Tollison. Ann Arbor: University of Michigan Press.

Döring, Thomas, und Jan Schnellenbach. 2010. A tale of two federalisms: Germany, the United States and the ubiquity of centralization. *Constitutional Political Economy* 22:83–102.

Downs, Anthony. 1957. An economic theory of political action in a democracy. *Journal of Political Economy* 65:135–150.

Feld, Lars P. 2009. *Braucht die Schweiz eine materielle Steuerharmonisierung?*. Zürich: economiesuisse.

Feld, Lars P., und Christoph A. Schaltegger. 2012. Die Politische Ökonomik der Besteuerung. *Perspektiven der Wirtschaftspolitik* 13:116–136.

Feld, Lars P., Christoph A. Schaltegger, und Jan Schnellenbach. 2008. On government centralization and budget referendums. *European Economic Review* 52:611–645.

Frey, Bruno S., und Reiner Eichenberger. 1996. FOCJ: Competitive governments for Europe. *International Review of Law and Economics* 16:315–327.

Hirschman, Albert O. 1970. *Exit, voice and loyalty. Responses to decline in firms, organizations and states.* Cambridge: Harvard University Press.

Mueller, Dennis C. 2003. *Public choice III.* Cambridge: Cambridge University Press.

Oates, Wallace C. 1999. An essay on fiscal federalism. *Journal of Economic Literature* 37:1120–1149.

Scharpf, Fritz W. 1985. Die Politikverflechtungsfalle: Europäische Integration und deutscher Föderalismus im Vergleich. *Politische Vierteljahresschrift* 26:323–356.

Scharpf, Fritz W. 2009. *Föderalismusreform: Kein Ausweg aus der Politikverflechtungsfalle?*, Bd. 64., Schriften aus dem MPI für Gesellschaftsforschung Köln Frankfurt a. M.: Campus.

Schnellenbach, Jan. 2004. *Dezentrale Finanzpolitik und Modellunsicherheit.* Tübingen: Mohr Siebeck.

Schnellenbach, Jan, und Christian Schubert. 2015. Behavioral political economy. *European Journal of Political Economy* 40:395–417.

Sinn, Hans-Werner. 1997. The selection principle and market failure in systems competition. *Journal of Public Economics* 66:247–274.

Terra, Rafael, und Enlinson Mattos. 2017. Accountability and yardstick competition in the public provision of education. *Journal of Urban Economics* 99:15–30.

Dr. Jan Schnellenbach, Professor für Volkswirtschaftslehre mit Schwerpunkt Mikroökonomik, Brandenburgische Technische Universität Cottbus-Senftenberg.

Demokratischer Dezentrismus. Subsidiarität und Entflechtung als Strategien der Demokratiereform

Hans Jörg Hennecke

1 Kritische Sympathie für die freiheitliche Demokratie

Im Vergleich zu anderen europäischen Ländern, die derzeit ökonomische und politische Krisen durchleben, macht die Bundesrepublik einen geradezu robusten Eindruck. Gleichwohl erodieren auch hierzulande die etablierten Parteien, lockern sich Wählerbindungen, kommen populistische Gegenbewegungen auf und verlieren bis anhin führende Medien erheblich an Vertrauen und Relevanz. Ja, es kommt sogar gelegentlich wie im Sommer 2018 in Chemnitz zu verstörenden Bildern von Ausschreitungen, in denen sich Verunsicherung, Identitätskonflikte, Empörung, Demokratieskepsis und Gewaltbereitschaft artikulieren (Patzelt 2018). Ein solcher Schwund an Vertrauen und Akzeptanz kann ein Indiz für akute Selbstgefährdungen einer freiheitlichen Demokratie sein. Kritik, auch wenn sie übers Ziel hinausschießt, falsch begründet ist oder gar in die Irre führt, sollte deshalb nicht pauschal abgewiesen werden. Sie muss – medizinisch gesprochen – als „Marker" ernst genommen werden, der auf mögliche Grenzüberschreitungen, Leistungsdefizite und Funktionsverluste der politischen Institutionen hinweist.[1] Eine Strategie, die unliebsame Kritik als „Populismus" von vornherein vom

---

[1]Siehe dazu die Beiträge in Schliesky (2018).

H. J. Hennecke (✉)
Universität Rostock, Düsseldorf, Deutschland
E-Mail: hans-joerg.hennecke@gmx.de

© Springer Fachmedien Wiesbaden GmbH, ein Teil von Springer Nature 2019
V. Kronenberg und J. Horneber (Hrsg.), *Die repräsentative Demokratie in Anfechtung und Bewährung,* Studien der Bonner Akademie für Forschung und Lehre praktischer Politik, https://doi.org/10.1007/978-3-658-26364-5_14

öffentlichen Diskurs ausgrenzt und der inhaltlichen Auseinandersetzung aus-
weicht, zahlt sich auf lange Sicht nicht aus. Sie kann überfällige Reformen verhindern und politische Desintegration verstärken. Die Diskussion um die Reform
der freiheitlichen Demokratie sollte daher nicht im Gestus der Beschwichtigung
geführt werden, sondern in einer Haltung der kritischen Sympathie, die Impulse
zu einer umsichtigen Demokratiereform geben kann.

2   Vom Föderalismus zum Förderalismus: Zentralisierung und Politikverflechtung im europäischen Mehrebenensystem

Zur gebotenen Umsicht gehört es, dass man Demokratiereform nicht einfach mit
der Erweiterung von Partizipationsmöglichkeiten gleichsetzt. Partizipation ist nur
erfolgversprechend im Sinne einer höheren Legitimität und Effektivität, wenn sie
auf Entscheidungen bezogen ist, für welche die mitwirkenden Bürger oder ihre
Repräsentanten politische Autonomie besitzen. Überall dort, wo Entscheidungen
durch rechtliche Vorgaben, durch Vorentscheidungen über Finanzströme oder
durch Verhandlungsabsprachen zwischen verschiedenen Entscheidungsebenen
bereits maßgeblich vorgeprägt sind, läuft Partizipation ins Leere oder wird
bestenfalls auf eine undankbare Vetoposition zurückgedrängt. Entfalten kann sie
sich am besten in Zusammenhängen, die für die Bürger überschaubar und fasslich
sind.

Demokratiereformen müssen daher bei dem Problem der fortschreitenden
Zentralisierung und Regulierungsdichte ansetzen. Sie ist im Grundgesetz bereits
angelegt, da die Gesetzgebung einschließlich der Finanzgesetzgebung weitgehend
dem Bund zugewiesen sind. Für die Länder und die Kommunen besteht nur ein
sehr eingeschränkter Spielraum zur eigenständigen Politikgestaltung. Die europäische Integration hat diese Entwicklung beschleunigt und vertieft. Der Zuständig-
keitskatalog für die Normsetzung ist im Vertragsrecht der Union ausgesprochen
weit und diffus formuliert, sodass er unerschöpflich viele Ansatzpunkte dafür
liefert, nationale, regionale oder lokale Rechtsetzung direkt oder indirekt zu
überlagern. Der Ehrgeiz der Kommission liegt darin, die europarechtliche Regulierung zu erweitern und zu verdichten. Zwar hat sich das Tempo unter der Jun-
cker-Kommission zuletzt verlangsamt. Aber allein der Aushandlungsprozess
um die inzwischen verabschiedete Dienstleistungsrichtlinie 2017/2018 lässt die

Problematik der Zentralisierung erkennen.[2] Kommt es zu Kompetenzstreitig-
keiten, fühlt sich der Europäische Gerichtshof zudem seit je her einer integrations-
freundlichen Rechtsprechung verpflichtet.

Dass es nicht zu ernsthaften Dezentralisierungsbemühungen auf europäischer oder nationaler Ebene kommt, hat mit dem zweiten Problemkreis, der
zunehmenden Politikverflechtung, zu tun (Strünck 2012, S. 3–19). Auch sie
ist wesentlich bereits im Grundgesetz angelegt, insbesondere durch das komplexe Steuerverbundsystem, durch den Fehlanreize auslösenden Finanzausgleich
und durch den Grundsatz, dass die Länder vorwiegend für die Ausführung des
Bundesrechts zuständig sind und folgerichtig über den Bundesrat erhebliche Mit-
wirkungsbefugnisse bei der Gesetzgebung haben. Auch die europäische Politik ist stark von Politikverflechtung geprägt – insbesondere durch den Umstand,
dass die nationalen Regierungen im Europäischen Rat zugleich eine maßgebli-
che Rolle im Gesetzgebungsprozess der Europäischen Union spielen. Zwar ist
der EU-Haushalt insgesamt von überschaubaren Dimensionen, gleichwohl wirkt
die EU über ihre Struktur- und Regionalpolitik in erheblichem Maße in die Bun-
des- und Landespolitik ein. Den Bundesländern fehlen nennenswerte Einnahmen,
über die sie alleine entscheiden können. Der eigene Gestaltungsspielraum und die
Möglichkeit, situationsadäquate Politikinstrumente einzusetzen, werden spürbar
eingeengt. Oftmals lassen sich die nachgeordneten Ebenen in der Hoffnung auf
finanzielle Alimentierung auf diese Selbstentmachtung und Verantwortungsent-
lastung auch bereitwillig ein. Gleiches gilt auch für die Kommunen, die vor lauter Aufgabenübertragungen und angesichts fremd bestimmter Finanzausstattung
nur noch wenig Spielraum für eigene Aufgaben haben. Länder und Kommunen
geraten so in erhebliche Abhängigkeit von kofinanzierten Förderinstrumenten.
Eine weitere Folge dieser Entwicklungen ist ein künstlich erzeugter Fusionsdruck
auf kleine Einheiten. Oft folgen Gebietsreformdebatten lediglich der Kontroll-
und Förderlogik höherer Ebenen.

In der Regel geht Zentralisierung mit einem höheren Steuerungseifer einher.
Die Eingriffs- und Regulierungsdichte wird umso größer, je mehr der Vorstellung
gefolgt wird, dass von zentraler Ebene aus für einheitliche Lebensverhältnisse
oder Moralvorstellungen gesorgt werden müsse. Zentralisierung ist eine notwendige Konsequenz aus einem optimistischen, interventionsfreudigen Politik-
begriffs, der die Möglichkeiten zentraler Planung und Steuerung überschätzt.

---

[2] Z. B. Deutscher Bundestag, Drs. 18/11442, und Plenarprotokoll der 221. Sitzung vom
09.03.2018.

Die Degeneration des Föderalismus zu einem Förderalismus, bei dem jeder hofft, sich auf Kosten anderer finanzieren zu können, ist nicht tragfähig und bildet in vielerlei Hinsicht die Ursache für Bürokratiewucherungen und Politikversagen.[3] Daraus entstehen Kosten, die möglichen Skalenerträgen durch größere Einheiten entgegenzustellen sind.

Aber diese Entwicklungen haben neben der ökonomischen auch eine demokratietheoretische Dimension. Der Anteil der Bürger, deren Präferenzen nicht berücksichtigt werden können, ist bei einer zentralisierten Entscheidung notwendigerweise größer als bei dezentral differenzierten Entscheidungen. Man muss nicht mit der Brexit-Entscheidung Großbritanniens oder mit der katalonischen Separationsbewegung sympathisieren, um zu erkennen, dass Zentralisierung regionale Interessen nur unzulänglich abbildet und sogar Interessenkonflikte schürt, wenn sie auf Materien übergreift, für die es keinen grundsätzlichen Konsens gibt.

Politikverflechtung schafft zudem das Problem, dass Verantwortung nicht eindeutig zugewiesen werden. Die politische Kontrolle durch Abstimmungen oder Wahlen läuft damit ins Leere. Partizipation wird aufwendiger und wirkungsloser. Die Verhandlungsmacht in einer Welt der Politikverflechtung liegt bei Regierungen und Administrationen, nicht aber bei Bürgern oder Parlamenten. Es verfestigen sich politische Kartelle, die sich in kollektiver Verantwortungslosigkeit der Transparenz vor dem Wähler und Bürger entziehen. Die Mühseligkeit, Komplexität und Langwierigkeit von Entscheidungen frustrieren viele Bürger, der populistische Ruf nach einfachen Lösungen und straffer Führung wird lauter (Köcher 2018).

3   Die Idee des Dezentrismus als Orientierungspunkt für Demokratiereform

Wenn man der vorherrschenden Zentralisierung und Politikverflechtung etwas entgegensetzen will, um damit sowohl die ökonomische Tragfähigkeit der Staatstätigkeit als auch die Demokratiequalität zu verbessern, bietet sich ein Konzept an, das ideenhistorisch in verschiedenen Konstellationen und mit unterschiedlichen Begriffen verbunden wurde. Es knüpft an die antike und frühneuzeitliche Praxis und Theorie des Republikanismus und des Kleinstaats an (Kaegi 1942,

---

[3]Zur politökonomischen Diskussion siehe z. B. klassische Positionen (Kirsch 1977; Blankart 2007).

S. 249–314), es greift die ebenfalls in Antike und Neuzeit angelegte Theorie des Föderalismus auf (Deuerlein 1972), und sie bezieht sich auf Überlegungen, die in der katholischen Soziallehre unter dem Stichwort Subsidiarität auf das Verhältnis des Einzelnen und seiner privater Lebenskreise gegenüber dem Staat abzielten (Höffner 1961, S. 303–313). Dahinter stehen schließlich auch wissenstheoretische Überlegungen dazu, wie aus spontanen Prozessen Innovationen, Regelerwartungen und Regelbildung hervorgehen, die gegenüber zentral geplantem Vorgehen mehr Wissen nutzen, Fehler leichter korrigieren und mit weniger Zwang auskommen (Polanyi 1985).[4]

Dieser Idee des Dezentrismus folgend (Röpke 2009, S. 305–358),[5] entstehen Vorteile aus der „Mannigfaltigkeit der Situationen" (Humboldt 1995, S. 22)[6], aus dem Wettbewerb der Lösungen und aus der Möglichkeit, Machtkonzentration zu erschweren. Konsequent gedacht wäre von einem „Non-Zentralismus" (Nef 2002, 2004) zu sprechen.

Während in älteren Vorstellungen zu Republikanismus und Föderalismus oft eine bestimmte Vorstellung von kollektiver Freiheit wirksam war, die nicht notwendigerweise mit dem Plädoyer für individuelle Freiheit oder für breit angelegte Partizipationsmöglichkeiten verknüpft war, umfasst das Subsidiaritätsprinzip konsequenterweise auch die Personalität und Würde des Einzelnen als Bezugspunkt staatlicher Ordnung. In der Enzyklika „Quadragesimo anno" wurde dies 1931 folgendermaßen formuliert: „Wie dasjenige, was der Einzelmensch aus eigener Initiative und mit seinen eigenen Kräften leisten, ihm nicht entzogen und der Gesellschaftstätigkeit zugewiesen werden darf, so verstößt es gegen die Gerechtigkeit, das, was die kleineren und untergeordneten Gemeinwesen leisten und zum guten Ende führen können, für die weitere und übergeordnete Gemeinschaft in Anspruch zu nehmen."(Pius XI, zit. nach: Stadler 1951, S. 11)[7] Diese Kompetenzvermutung für die kleinstmögliche Einheit lässt sich noch erweitern um den Gedanken, dass eine konsequent dezentristische Ordnungsvorstellung die Kräfte der einzelnen Person und der überschaubaren Einheiten nicht nur als gegeben hinnehmen, sondern sie auch im Sinne einer Befähigung zu Selbstbestimmung und Selbstverantwortung stärken sollte.

---

[4]Zur Innovationspolitik siehe: Hennecke (2018).
[5]Zur weiteren Übersicht: Hennecke (2011, S. 423–439).
[6]Schon früher sinngemäß bei: Möser (1772, S. 64).
[7]Zur sozialethischen Diskussion des Prinzips siehe: Rauscher (2000).

Hieraus erwächst das Plädoyer dafür, politische Ordnung konsequent vom einzelnen her und von seinen privaten und freiwilligen Bezugsräumen zu denken. Die Fähigkeit und Bereitschaft, an Entscheidungen für die öffentliche Sache mitzuwirken oder sich bürgerschaftlich zu engagieren, wurzelt demnach in der Erfahrung von Selbstbestimmung und Selbstverantwortung. Wertvoll sind daher überschaubare Lebenskreise wie Familie, Freundeskreis, Nachbarschaft, private Vereine und Initiativen, in denen der Einzelne Freiheit, Verantwortung und Bindung erlebt.

Politische Ordnung hat aus dieser Warte subsidiär angelegt zu sein und nur in dem Maße, in dem der Einzelne oder untere Ebenen nicht handlungsfähig sind, Aufgaben auf eine höhere Ebene zu ziehen. Selbstverwaltung in kommunaler oder funktionaler Hinsicht ist der Verstaatlichung von Aufgaben vorzuziehen, die Zuständigkeitsvermutung für die regionale Ebene ist einer nationalen und erst recht einer supranationalen Kompetenzzuweisung vorzuziehen. Hilfe ist als Hilfe zur Selbsthilfe anzulegen, die die kleinere Einheit dazu befähigt, Dinge selbst in die Hand zu nehmen. Die Vielfalt dezentraler Lösungen ist keine Kloake der Ungerechtigkeit, sondern ein kultureller Reichtum, der es dem Einzelnen erlaubt, eigenen Wertvorstellungen zu folgen. Ordnungspolitisch notwendig ist die Verknüpfung von Freiheit und Verantwortung – im ökonomischen Sinne durch das Haftungsprinzip, im politischen Sinne durch eine Institutionenordnung, die Kompetenzen klar einer bestimmten Ebene zuordnet und möglichst eine institutionelle Kongruenz zwischen Entscheidern, Nutznießern und Kostenträgern herstellt. In einem solchen Kontext gewinnen auch zusätzliche und verbesserte Partizipationsmöglichkeiten ihren Sinn als Beitrag zur Demokratiereform.

4   Einige Reformoptionen

Aus dem hier skizzierten Leitbild ergibt sich eine ganze Reihe von Optionen zur Demokratiereform:

1. Das Plädoyer für Dezentrismus führt nicht zu bloßem Partikularismus, sondern entfaltet aus der Orientierung an Personalität, Freiheit und Offenheit Argumente für die Zuordnung von Kompetenzen an höhere Ebenen. Zum Einen kommen ihnen solche Aufgaben zu, die die kleineren Einheiten nicht aus eigener Kraft erbringen. Im Konkreten kann Zentralisierung dem Schutz der gemeinsamen Außengrenzen, dem Aufbau gemeinsamer militärischer Fähigkeiten oder der Durchsetzung des Freihandelsprinzips nach außen dienen. Zum anderen kann höheren Ebenen auch die Aufgabe zukommen, den

Einzelnen oder untere Einheiten vor Übergriffen einer nächst höheren Ebene schützen, also einen verbindlichen Katalog an Rechten und an Spielregeln durchsetzen, der Machtmissbrauch intermediärer Akteure verhindert. Höhere Ebenen fungieren dann als Garant von Vielfalt, Wettbewerb, Freiheit und Sicherheit nach innen.

2. Ganz grundlegend sind dafür klare, vor Missbrauch und Fehlinterpretationen geschützte Kompetenzabgrenzungen zwischen den politischen Ebenen. Diese Abgrenzungen müssen durch materielle Kriterien eindeutig definiert sein, und es muss belastbare institutionelle Vorkehrungen geben, um ihre Einhaltung notfalls gerichtlich zu überprüfen. Je diffuser die Kompetenzkataloge zwischen verschiedenen Ebenen voneinander abgegrenzt sind, desto wichtiger werden effektive Verfahren der Subsidiaritätskontrolle. Viel hängt auch von den Regeln ab, nach denen die Kompetenzordnung verändert werden darf. Regelungen wie in Deutschland, wo die Landesregierungen im Bundesrat über die Entmachtung der Landtage mitentscheiden dürfen, wirken auf lange Sicht zentralisierend und verflechtend. Entflechtung und Dezentralisierung würden eher gefördert, wenn die Mitentscheidungskompetenz bei den Landtagen läge oder wenn direktdemokratische Abstimmungen über die Veränderung von Kompetenzabgrenzungen obligatorisch wären.

3. Es spricht viel dafür, dass die Ebene, die eine Regel erlässt, selbst für deren Ausführung verantwortlich ist. Dies würde die Chance erhöhen, dass der Normsetzer Ausführungskosten berücksichtigt, und dem Trend entgegenwirken, dass untere Ebenen sich immer stärker übertragenen Aufgaben und immer weniger originärer Selbstverwaltung widmen können. Wo Aufgaben zur Erledigung an untere Ebenen übertragen werden, ist zumindest ein wasserdichtes Konnexitätsprinzip zwingend. Nur dann ist gewährleistet, dass die finanziellen Konsequenzen von Entscheidungen auch am Ort der Entscheidung zu tragen sind. Damit würden sich viele Begründungen für komplexe Finanzausgleichsysteme erledigen. Die bisherigen Erfahrungen in den Bundesländern zeigen, dass hierfür noch robustere Regeln benötigt werden.

4. Vor dem Hintergrund der anhaltenden europäischen Schulden- und Währungskrise ist ein besonders drängendes Problem derzeit die Vermeidung von Haftungsverbünden zwischen verschiedenen politischen Ebenen. Faktisch ist das Bail-out-Verbot durch die EZB-Politik der letzten Jahre ausgehebelt worden, und es gibt ein anhaltendes Interesse einer Mehrheit von Nutznießern, diese Schuldenkollektivierung auszudehnen. Die Folgen einer verantwortungslosen Haushaltpolitik werden damit externalisiert, das Haushaltsrecht der nationalen Parlamente substanziell ausgehöhlt und die demokratische Legitimation der politischen Ordnung empfindlich geschwächt.

5. Sowohl die Umgehung des Bail-out-Verbots als auch der langjährige
   Umgang mit dem Stabilitäts- und Wachstumspakt und den darin verankerten
   Verschuldungsgrenzen verweisen noch auf ein anderes Problem: auf die
   Missachtung des Rechts durch politische Interessenkoalitionen. Auch Ver-
   fassungsregeln, die politische Akteure binden sollen, müssen wasserdicht
   formuliert sind, und es muss Vorkehrungen geben, dass etwaige Verstöße
   geahndet werden. Die bisherigen Verfahren in der EU zur Einhaltung der
   Maastricht-Kriterien oder bei Vertragsverletzungsverfahren leiden darunter,
   dass sie nicht konsequent regelgebunden sind, sondern politischen Motiven
   unterliegen und das Vertrauen in Institutionen und Regeln untergraben.
6. Ein zentrales Thema ist die Entflechtung von Steuerverbünden. Denkbar wäre es, einzelne und ergiebige Steuerarten zwischen den Ebenen
   aufzuteilen oder jeder Ebene eigene Hebesatzrechte für Verbundsteuern
   zuzuweisen. Kommunen oder Länder könnten beispielsweise, wie dies in der
   Schweiz erfolgreich und mit höchst differenzierten Ergebnissen geschieht,
   in eigener Verantwortung über Hebesätze oder über die Progression des Ein-
   kommensteuertarifs entscheiden und damit den politischen Präferenzen ihrer
   Bürger besser folgen.
7. Solche Konstellationen sind auch geeignet, direkte Demokratie ins Spiel zu
   bringen. Wenn beispielsweise in einer Kommune durch die Entscheidung
   über Steuerhebesätze auch Entscheidungen über den Umfang des jeweiligen Haushalts verbunden sind, lässt sich dieser Zusammenhang transparent
   darstellen, und direkte Demokratie kann in solchen Konstellationen dafür
   sorgen, dass die Bürger in einem überschaubaren Rahmen die Folgen ihrer
   Entscheidung abschätzen und eigene Präferenzen rational zur Geltung bringen können.[8]
8. Selbstverwaltung ist als Erlebnisraum für die Regelung eigener Angelegenheiten durch die Betroffenen zu stärken – sowohl hinsichtlich der kommunalen Selbstverwaltung als auch hinsichtlich der funktionalen Selbstverwaltung
   an Universitäten, in Wirtschaft und freien Berufen. Die zuständigen Institutionen brauchen einen hinreichend großen Entscheidungsraum der Selbst-
   regulierung, in dem ehrenamtliches Engagement wirksam werden kann, und
   dürfen nicht durch ein Übergewicht staatlicher Aufgabenübertragung zu bloßen Vollziehungsgehilfen staatlicher Verwaltung werden. Die Legitimation
   der Selbstverwaltung sollte zudem durch attraktive Partizipationsmöglichkeiten gestärkt werden.

---

[8]Zur politischen Ökonomie der direkten Demokratie siehe: Kirchgässner et al. (1999).

9. Der Wettbewerb zwischen dezentralen Einheiten wäre intensiver, wenn für den Bürger nicht die Kosten für Abwanderung so hoch wären. Der politische Wettbewerb könnte erhöht werden und die Kosten des einzelnen Bürgers für den Wechsel der politischen Einheit könnten gesenkt werden, wenn Selbstverwaltung nicht nur territorial definiert würde. Die Schweizer Ökonomen Bruno Frey und Rainer Eichenberger haben ein Modell von „Functional Overlapping Competing Jurisdictions" entwickelt, das dem Einzelnen ermöglichen würde, unabhängig vom Wohnort zu entscheiden, welcher Körperschaft er in Bezug auf bestimmte Zuständigkeiten angehören will (Frey 1997). Allein im ideologisch konfliktanfälligen Bildungswesen könnten solche institutionellen Arrangements mit Wahlfreiheiten entlastend und wettbewerbsfördernd wirken.

10. Ein dezentristischer Paradigmenwechsel ist auch geboten in Bezug auf die Reichweite der Staatstätigkeit gegenüber Individuum und Gesellschaft. Der Staat ist durch die Ausdehnung seiner Wohlfahrtspolitik, insbesondere in Fragen der Vorsorge gegen Lebensrisiken, im Laufe der Jahrzehnte in viele Handlungsfelder von privaten und gesellschaftlichen Akteuren eingedrungen und hat damit auch die Entfaltungsmöglichkeiten subsidiärer Strukturen durch staatliche Strukturen ersetzt. Neuerdings ist zu beobachten, wie der Trend zur Verstaatlichung auf die Arbeitsbeziehungen übergreift und an die Stelle der Tarifhoheit von Arbeitgebern und Arbeitnehmern staatliche Lohnfestsetzungen um sich greifen. Durch den Grundsatz der Subsidiarität könnten dezentrale, intermediäre Akteure wie Arbeitgeberverbände oder Gewerkschaften auch in der Arbeits- und Sozialordnung gestärkt werden.

Literatur

Blankart, Charles Beat. 2007. *Föderalismus in Deutschland und Europa*. Baden-Baden: Nomos.

Deuerlein, Ernst. 1972. *Föderalismus. Die historischen und philosophischen Grundlagen des föderativen Prinzips*. München: Paul List.

Frey, Bruno S. 1997. *Ein neuer Föderalismus für Europa: die Idee der FOCJ*. Tübingen: Mohr Siebeck.

Hennecke, Hans Jörg. 2011. „Was dem Ganzen zu geschehen hat, ergibt sich aus der Anlage des einzelnen". Zur politischen Philosophie des Dezentrismus. In *Der Liberalismus – Eine zeitlose Idee. Nationale, europäische und globale Perspektiven. Festschrift für Gerhard Schwarz zum 60. Geburtstag*, Hrsg. G. Habermann und M. Studer, 423–439. München: Olzog Verlag.

Hennecke, Hans Jörg. 2018. Innovation durch politische Lenkung? *Frankfurter Allgemeine Zeitung* 30. April.

Höffner, Joseph. 1961. Von der Sozialpolitik zur Gesellschaftspolitik. In *Gesellschaftspolitik aus christlicher Verantwortung. Reden und Aufsätze*, 303–313. Münster: Regensberg.

Kaegi, Werner. 1942. Der Kleinstaat im europäischen Denken. In *Historische Meditationen*, 249–314. Zürich: Fretz & Wasmuth.

Kirchgässner, Gebhard, L. Feld, und M.R. Savioz. 1999. *Die direkte Demokratie – modern, erfolgreich, entwicklungs- und exportfähig.* Basel: Vahlen.

Kirsch, Guy, und J. Theiler, Hrsg. 1977. *Föderalismus.* Stuttgart-New York: Fischer.

Köcher, Renate. 2018. Sehnsucht nach starker Führung. *Frankfurter Allgemeine Zeitung* 18. Juli.

Möser, Justus. 1772. Der jetzige Hang zu allgemeinen Gesetzen und Verordnungen ist der gemeinen Freiheit gefährlich. In *Patriotische Phantasien. Aufsätze – Fragmente.* Waltrop-Leipzig.

Nef, Robert. 2002. *Lob des Non-Zentralismus.* St. Augustin: Academia Verlag.

Nef, Robert. 2004. *Lob des Non-Zentralismus.* Zürich: Liberales Institut Manuscriptum.

Patzelt, Werner. 2018. Im Osten nichts Neues. *Rheinische Post* 7. September.

Polanyi, Michael. 1985. *Implizites Wissen.* Frankfurt: Suhrkamp.

Rauscher, Anton. 2000. *Subsidiarität – Strukturprinzip in Staat und Gesellschaft.* Köln: Bachem.

Röpke, Wilhelm. 2009. *Jenseits von Angebot und Nachfrage.* Düsseldorf: Verlagsanstalt Handwerk.

Schliesky, Utz, Hrsg. 2018. *Funktionsverluste von Staatlichkeit.* Tübingen: Mohr Siebeck.

Stadler, Hans. 1951. *Subsidiaritätsprinzip und Föderalismus.* Freiburg: Universitätsbuchhandlung.

Strünck, Christoph. 2012. Parteienwettbewerb und Politikverflechtung. Strukturprobleme des deutschen Föderalismus aus politikwissenschaftlicher Perspektive. In *Handbuch Föderalismus. Föderalismus als demokratische Rechtsordnung und Rechtskultur in Deutschland, Europa und der Welt, Bd. II: Probleme, Reformen, Perspektiven des deutschen Föderalismus*, Hrsg. Härtel Ines, 3–18. Heidelberg: Springer.

von Humboldt, Wilhelm. 1995. *Ideen zu einem Versuch, die Grenzen der Wirksamkeit des Staats zu bestimmen.* Stuttgart: Reclam. (Erstveröffentlichung 1972).

Dr. Hans Jörg Hennecke, lehrt als außerplanmäßiger Professor Politikwissenschaft an der Universität Rostock und ist Vorsitzender der List-Gesellschaft e.V.

Entflechtung und Subsidiarität als Strategien der Demokratiereform – Probleme und Reformoptionen aus Sicht der Landesparlamente: eine Skizze –

Mathias Schubert

1   Problemaufriss

Der folgende Beitrag beleuchtet den Betrachtungsgegenstand aus Sicht der Landesparlamente – und nimmt dabei zugleich eine juristische Perspektive auf die Möglichkeiten ein, der zunehmenden Verflechtung und Unitarisierung resp. Zentralisierung hoheitlicher Aufgabenwahrnehmung im Mehrebenensystem entgegenzuwirken. Gegenständlich beschränken sich die Überlegungen auf die zentrale parlamentarische Funktion der Gesetzgebung.

Die Ausgangsthese des Beitrags ist keineswegs neu: Es ist die These von der anhaltenden Gestaltungsschwäche der Landesparlamente infolge unzulänglich kompensierter Kompetenzverluste im Bereich der Gesetzgebung; Letzteres gilt sowohl im innerstaatlichen Verhältnis der Länder zum Bund (1.1) als auch im Verhältnis des Bundesstaats zur Europäischen Union (1.2). Beide Problemfelder seien nachfolgend kurz umrissen.

M. Schubert (✉)
Juristische Fakultät, Universität Rostock, Rostock, Deutschland

© Springer Fachmedien Wiesbaden GmbH, ein Teil von Springer Nature 2019   165
V. Kronenberg und J. Horneber (Hrsg.), *Die repräsentative Demokratie in Anfechtung und Bewährung,* Studien der Bonner Akademie für Forschung und Lehre praktischer Politik, https://doi.org/10.1007/978-3-658-26364-5_15

1.1   Kompetenzverluste der Landesparlamente im innerstaatlichen Bereich

Innerstaatlich ist es vor allem die starke Tendenz zur Unitarisierung, die nach ganz überwiegender Auffassung zu einem erheblichen Macht-, ja Bedeutungsverlust der Landesparlamente geführt hat (Isensee 2008, S. 120 ff., Papier 2007, S. 2145; relativierend Reutter 2004, S. 24: Funktionswandel statt kontinuierlichem Macht- und Einflussverlust). So sind zum einen im Laufe der vergangenen Jahrzehnte zahlreiche Gesetzgebungskompetenzen durch Verfassungsänderungen von den Ländern zum Bund abgewandert (Voßkuhle 2013, S. 196 f.). Diese Kompetenz- verluste sind indessen nicht durch einen Zuwachs an Beteiligungsrechten der ihrer Zuständigkeiten entledigten Landtage im Hinblick auf die Bundesgesetz- gebung kompensiert, sondern durch Mitwirkungsrechte der Landesregierungen über den Bundesrat aufgefangen worden. Ausprägungen eines vormaligen Gestaltungsföderalismus sind infolge dessen solchen eines Beteiligungs- und Exekutivföderalismus gewichen (Huber 2004, S. 17 f.), dessen Kehrseite Ent- parlamentarisierungseffekte der Bundesstaatlichkeit sind (Puhl 2005, S. 652 ff.).

Durch die zunehmende mediatisierte Beteiligung der Länder an der Bundes- gesetzgebung wurde zugleich der weiteren Kompetenzverflechtung beider föde- raler Ebenen Vorschub geleistet. Ausdruck dessen waren etwa Blockaden von Gesetzgebungsvorhaben im Bundesrat aus parteipolitischen Gründen bei unter- schiedlichen Mehrheitsverhältnissen in Bundestag und Bundesrat (Grimm 2013, S. 54 f.; Stüwe 2004, S. 25 ff.).

Im Zuge der Föderalismusreform I (2006) ist zwar der Versuch unternommen worden, diesen Fehlentwicklungen durch eine Neuordnung der Kompetenzver- teilung zu begegnen; dies ist allerdings nur partiell gelungen; das grundsätzliche Problem besteht weiterhin. Zu einer dauerhaften Entflechtung der Normebenen und Verantwortungsbereiche zwischen Bund und Ländern ist es, gerade im Bereich der Gesetzgebungszuständigkeiten, nicht gekommen (Papier 2007, S. 2148). Vielmehr ist das Entflechtungsziel durch die Föderalismusreform zum Teil nachgerade konterkariert worden (Korioth 2013, S. 138), was sich exem- plarisch anhand der mit jener Reform eingeführten Abweichungsgesetzgebung aufzeigen lässt: Die Abweichungsgesetzgebung räumt den Ländern die Befug- nis ein, in bestimmten Kompetenzbereichen, u. a. im Naturschutzrecht, im Recht der Raumordnung, im Wasserhaushaltsrecht und im Recht der Hochschul- zulassung, durch Landesrecht von bundesgesetzlichen Regelungen abzuweichen (Art. 72 Abs. 3 Satz 1 GG). Die bisherige Gesetzgebungspraxis hat erwiesen, dass die bloße Möglichkeit einer Wahrnehmung der Abweichungsbefugnis der Länder vorwirkend einen Druck zu einer kompromisshaften Einigung von Bund

und Ländern erzeugen kann. Der Bund hat offenkundig ein Interesse daran, Abweichungen zu vermeiden, um seinen eigenen Regelungen einen möglichst umfassenden Anwendungsbereich zu verschaffen und die Entstehung eines Flickenteppichs unterschiedlichen Bundes- und Landesrechts zu verhindern. Infolge dieser Interessenlage kommt es im Vorfeld entsprechender Gesetzgebungsvorhaben des Bundes in der Regel zu informalen Aushandlungsprozessen zwischen Bund und Ländern und damit zu einer Selbstbeschränkung des Bundes. „Diese freiwillige Verflechtung beider Entscheidungsebenen […] stellt das Grundanliegen der Föderalismusreform letztlich geradezu auf den Kopf" (anhand der Novellierung des Raumordnungsgesetzes im Jahr 2008 Durner 2009, S. 375).

Als weitere Ursache der Gestaltungsschwäche der Landesparlamente und der zunehmenden Politikverflechtung ist der kooperative Föderalismus auszumachen, dessen Akteure in der Regel nicht die unmittelbar vom Volk gewählten Landtagsabgeordneten, sondern Vertreter der Landesregierungen sind (Rudolf 2008, S. 1046). Den Landesparlamenten kommt insoweit regelmäßig nur mehr eine notarielle Funktion zu, in der sie die von der Landesregierung ausgehandelten Kompromisse notifizieren (Reutter 2004, S. 22). Insgesamt sind in der jüngeren Vergangenheit die überkommenen Kooperationen und Verflechtungen zwischen Bund und Ländern sowie der Länder untereinander ausgeweitet und vertieft worden, wobei der steuernde Einfluss des Bundes weiter zugenommen hat (zur Entwicklung seit 2000 Korioth 2013, S. 137 ff.).

1.2 Kompetenzverluste der Landesparlamente im Gefolge der Europäisierung

Die Europäisierung hat den Bedeutungs- und Kompetenzverlust der Landtage weiter verschärft (Papier 2010, S. 904 f.; Voßkuhle 2013, S. 195 ff: „Statistenrolle der Landesparlamente im europäischen Integrationsprozess"). Insoweit lassen sich deutliche Parallelen im Vergleich zur innerstaatlichen Zentralisierungsdynamik nachweisen: Zahlreiche Kompetenzfelder, die im binnenrstaatlichen Verhältnis der Landesgesetzgebung unterfallen, sind durch das Europäische Vertragsrecht der EU übertragen worden (Durner und Hillgruber 2014, S. 108 ff.), ohne dass den Landtagen bei diesem Übertragungsvorgang ein Mitspracherecht zukam (Voßkuhle 2013, S. 197). Der unionsrechtliche Zugriff erfasst zunehmend traditionelle Domänen der Landesparlamente, etwa das Recht der öffentlichen Sicherheit, das Recht der Bildung, das Recht der Kultur, das Medienrecht und das Recht der öffentlichen Daseinsvorsorge (Huber 2012, S. 162). Die Landesparlamente werden indes auch in den Gesetzgebungsprozess

auf Unionsebene nicht einbezogen – wieder findet eine Berücksichtigung der
Länderinteressen insoweit nur mediatisiert im Wege der Beteiligung des Bundes-
rates statt, der gleichsam als Treuhänder für die Länder deren Mitwirkungsrechte
wahrnimmt (Papier 2010, S. 904).

Auch bei der Ausübung derjenigen Regelungskompetenzen, die in der
geteilten Zuständigkeit von EU und Mitgliedstaaten liegen, gibt es im Ergebnis
keinen wirksamen Mechanismus, welcher der gleichermaßen in die Breite und
in die Tiefe ausgreifenden Unitarisierung etwas entgegensetzen könnte (Durner
und Hillgruber 2014, S. 109 ff.). Das gilt insbesondere für den in Art. 5 Abs. 3
EUV normierten Subsidiaritätsgrundsatz, der unionsrechtlich als Kompetenzausübungsschranke konzipiert ist (Frey und Bruckert 2018, S. 184). Die Union
zieht nicht nur immer mehr Kompetenzfelder an sich, sondern agiert auf diesen
Feldern mit einer zunehmenden Regelungsdichte. Das zeigt sich insbesondere
im Umweltrecht; hier ist ein Trend zum Erlass von Verordnungen ebenso zu
beobachten wie ein dramatisches Anwachsen des Regelungsumfangs der europäischen Richtlinien. Letzteres Instrument sollte ursprünglich als bloße Rahmen-
vorgabe den Mitgliedstaaten die Wahl der Form und der Mittel zur Umsetzung
europäischer Ziele überlassen (Art. 288 Abs. 3 AEUV), findet aber in der Unions-
praxis vielfach als Instrument zum Erlass von Voll- und Detailregelungen Einsatz
(Durner und Hillgruber 2014, S. 109 f.). Dem korrespondiert ein weitgehender
Verlust an parlamentarischer Gestaltungsmöglichkeit, der übrigens den Bundestag
ebenso trifft wie die Landesparlamente.

Die Gründe für diese Entwicklung liegen im Wesentlichen in der Steuerungs-
schwäche der primärrechtlichen Instrumente, die einer Zentralisierung Einhalt
gebieten und die Kompetenzen der Mitgliedstaaten sichern sollen. Das gilt zum
einen für den Grundsatz der begrenzten Einzelermächtigung (Art. 5 Abs. 2 EUV).
Dessen Wirksamkeit hängt davon ab, wie die Unionskompetenzen ausgelegt werden. Die Kompetenzvorschriften des Unionsrechts zeichnen sich allerdings weniger durch eine konditionale Umschreibung eines bestimmten Gegenstandes, als
vielmehr durch eine finale Ausrichtung auf ein bestimmtes Regelungsziel aus.
Bei einem weiten Verständnis jener Normen kann tendenziell jedes Tätigwerden
der Union, welches zumindest auch dazu dient, das im Kompetenztitel umrissene
Ziel zu fördern, auf einen derart gefassten Kompetenztitel gestützt werden
(Durner und Hillgruber 2014, S. 111 ff.). Hinzu tritt die Generalermächtigung zur
Rechtsangleichung für den Binnenmarkt nach Art. 114 Abs. 1 AEUV, die poten-
ziell jeden Gegenstand erfassen kann, dessen einseitige Normierung durch die
Mitgliedstaaten die Wahrnehmung der Grundfreiheiten beeinträchtigt oder den
Wettbewerb im Binnenmarkt verzerrt (Möstl 2002, S. 318). All dies hat zu dem

Befund einer gegenständlich nahezu unbegrenzten Reichweite der Unionsgesetz-gebung geführt (Grimm 2013, S. 57 f.; Durner und Hillgruber 2014, S. 115).

Vor diesem Hintergrund sollte gerade den Kompetenzausübungsschranken ent-scheidendes Gewicht zukommen, um einer ausgreifenden Unionsgesetzgebung Einhalt zu gebieten. Das Subsidiaritätsprinzip, welches als Gegengewicht zum Kompetenzzuwachs der Union in deren Grundordnung eingegangen ist (Grimm 2013, S. 56), hat sich insoweit jedoch als weitgehend wirkungslos erwiesen. Das liegt zum einen an der Konturenlosigkeit der materiellen Maßstäbe, hat zum anderen aber auch institutionelle Gründe (eingehend Durner und Hillgruber 2014, S. 116 ff.). Insbesondere mangelt es an einer effektiven Kontrolle der Ein-haltung des Subsidiaritätsprinzips durch den EuGH, was vornehmlich auf dessen Selbstverständnis als „Motor der Integration" zurückzuführen ist (Durner und Hillgruber 2014, S. 121 f.). Das durch den EuGH weitestgehend gebilligte weite Ausgreifen der Unionsgesetzgebung wirkt sich naturgemäß nicht nur zulasten des Bundestages, sondern vor allem der Landesparlamente aus, denen im Unterschied zum Bundestag keine originären Beteiligungsrechte im Rahmen der Unions-gesetzgebung zustehen (Huber 2012, S. 165).

Die aufgezeigten Entwicklungen bleiben freilich nicht ohne Auswirkungen auf das System der parlamentarischen Demokratie: Wenn Zuständigkeiten in bedeutendem Umfang von der Legislative auf die Exekutive übergehen und dies nicht durch parlamentarische Beteiligungsrechte aufgefangen wird, führt dies zwangsläufig zu einer signifikanten Schwächung der parlamentarischen Demo-kratie in den Ländern, welche aber durch die Ewigkeitsklausel des Art. 79 Abs. 3 GG vor Änderungen durch den Verfassungsgesetzgeber geschützt ist und über Art. 28 Abs. 1 Satz 1 GG auch in den Ländern dauerhaft gewährleistet sein muss (Papier 2010, S. 906). „Demokratiekosten" erwachsen zudem aus der Intrans-parenz des Entscheidungsprozesses, welche ihrerseits aus der Verflechtung von Verantwortlichkeiten resultiert: Die Wähler sind dann kaum mehr in der Lage zu beurteilen, wen sie als Urheber politischer Erfolge oder Misserfolge belohnen bzw. bestrafen sollen (Grimm Grimm 2013, S. 53 f.).

2   Reformansätze

Angesichts der vorstehend skizzierten Problemlagen ist die Frage aufgeworfen, wie sich den festgestellten Defiziten wirksam entgegensteuern ließe. Aufgrund der kumulativen Wirkung der Unitarisierungstrends sowohl im Bundesstaat als auch auf EU-Ebene ist jedenfalls klar, dass Reformen auf beiden Ebenen ansetzen müssen, um den Ländern als solchen und damit ihren Volksvertretungen wieder zu mehr politischer Gestaltungsmacht, vor allem im Bereich der Gesetzgebung, zu verhelfen. Dabei ist freilich zu beachten, dass die Kompetenzentflechtung in einem föderalistischen Gefüge von vornherein gewissen Grenzen unterliegt. Eine Wahrnehmung zentralstaatlicher Zuständigkeiten ohne Beteiligung der hiervon betroffenen Gliedstaaten wäre schon aus verfassungsrechtlichen Gründen unzulässig. Gleichwohl bieten sich einige Ansätze an, die im Ergebnis zu einer Stärkung der Ländereigenstaatlichkeit und vor allem des parlamentarisch-demokratischen Systems in den Ländern führen könnten. Diese seien im Folgenden schlagwortartig umrissen.

2.1   EU-Ebene

Verteilung und Ausübung von Regelungskompetenzen

Nimmt man zunächst die europäische Ebene in den Blick, so ist der im Schrifttum bereits ausgesprochenen Empfehlung zuzustimmen, final ausgerichtete Kompetenzvorschriften mit generalklauselartiger möglichst Weite abzuschaffen und sie durch sachbereichsdefinierte Kompetenztitel zu ersetzen. Gleiches gilt für den Vorschlag, die hohe normative Regelungsdichte, die im Sekundärrecht der Union immer weiter um sich greift, künftig einzudämmen (zu beidem näher Durner und Hillgruber 2014, S. 123 ff.).

Als weiterer zentraler Ansatzpunkt für eine Stärkung der Gestaltungsmacht der Landesparlamente erweist sich das Subsidiaritätsprinzip, welches dringend einer rechtlichen Aufwertung bedarf. Jenes Prinzip sollte zum einen bereits als Kompetenzverteilungsregel und nicht erst – wie bislang – als Kompetenzausübungsschranke rechtliche Wirksamkeit erlangen (Durner und Hillgruber 2014, S. 126). Schon bei der erforderlichen Neuordnung der Gesetzgebungszuständigkeiten von Union und Mitgliedstaaten sollte das Subsidiaritätsprinzip also leitender Maßstab sein. Insoweit und auch auf der zweiten Geltungsstufe als Kompetenzausübungsregel bedarf das Subsidiaritätsprinzip indes konturenscharfer materieller Maßstäbe, um rechtliche Wirkung zu entfalten. Diese Maßstäbe müssen im Ergebnis nach zutreffender Sichtweise dafür sorgen, dass die EU nur auf solche Materien zugreifen kann, deren Nichtregelung auf Unionsebene zu einer ernsthaften Gefährdung primärer Unionsziele führt oder die eine erhebliche grenzüberschreitende Dimension aufweisen (Durner und Hillgruber 2014, S. 127).

Institutionelle Maßnahmen

Berechtigterweise ist im Schrifttum darauf hingewiesen worden, dass es zusätzlich zu einer Neuordnung der Kompetenzen institutioneller Reformen bedarf, um der fortschreitenden Unitarisierung Einhalt zu gebieten (Durner und Hillgruber 2014, S. 128 ff.). Denkbare Ansätze liegen hier in insbesondere in der Überwindung des Initiativmonopols und der Verkleinerung der EU-Kommission. Zielführend erscheint auch der Vorschlag, am Europäischen Gerichtshof eine zwingende Richterpersonalunion dergestalt einzuführen, dass Richter am EuGH nur Personen werden dürfen, die in ihrem Staat das Amt eines obersten Verfassungsrichters innehaben, um die nationale Perspektive einzubringen und die einseitig auf Integrationsfortschritt ausgerichtete Orientierung bei der Rechtsprechung zu verhindern (Durner und Hillgruber 2014, S. 132 ff.).

2.2 Innerstaatliche Ebene

Das Subsidiaritätsprinzip hat – im Sinne einer Vorrangregel im Bund-Länder-Verhältnis – im Text des Grundgesetzes keinen Niederschlag gefunden (Grimm 2013, S. 51 f.). Mit Blick auf die Kompetenzwahrnehmung im Bereich der konkurrierenden Gesetzgebung ist indes zu erwägen, jenes Prinzip als Kompetenzausübungsschranke verfassungsrechtlich zu verankern. Anzuregen ist ferner aus den o. g. Gründen die Abschaffung der Abweichungskompetenz.

Ein wichtiger Hebel zur Stärkung der Gestaltungsmacht der Landesparlamente dürfte in der Aktivierung ihrer Integrationsverantwortung liegen (Papier 2010, S. 903 ff.). Jene Verantwortung sollte prinzipiell von derjenigen Staatsgewalt wahrgenommen werden, deren Gestaltungsmacht durch europäische Entscheidungen eingeschränkt wird (Schwanengel 2014, S. 97). Dort wo Länderkompetenzen betroffen sind, sind dies die Landesparlamente.

Nachzudenken ist zudem über eine Stärkung der Einflussmöglichkeiten der Landesparlamente auf die Stimmabgabe im Bundesrat. Insoweit bietet sich an, landesverfassungsrechtlich die Pflicht zur Berücksichtigung von Landtagsbeschlüssen bei der jeweiligen Stimmabgabe in der Länderkammer vorzusehen, wie dies bereits in Art. 34a der Verfassung des Landes Baden-Württemberg der Fall ist (Voßkuhle 2013, S. 202). Ein noch wirksameres Mittel wäre ein entsprechendes Weisungsrecht des jeweiligen Landesparlaments. Die herrschende Auffassung hält freilich die Einführung eines solchen Weisungsrechts für grundgesetzwidrig, mindestens aber für systemwidrig. Dem wird aber für die Mitwirkung des Bundesrats im europäischen Kontext zutreffend entgegengehalten, dass dieser hier nicht als föderatives Bundesorgan, sondern als Hüter der Gesetzgebungskompetenzen der Länder auftrete und insoweit die atypische Rolle eines koordinierenden „Ländergemeinschaftsorgans" einnehme (Schwanengel 2014, S. 102).

3   Schluss

Jenseits der Behebung rechtlicher Defizite bedarf es freilich sowohl im Bundesstaat als auch im Europäischen Staatenverbund einer grundlegenden Veränderung im Denken. Das föderale Prinzip muss, wenn an ihm festgehalten werden soll, ernst genommen werden. Dazu gehört auch die grundsätzliche Akzeptanz föderaler Vielfalt in den Bereichen, die keiner einheitlichen Reglementierung durch die Zentralgewalt bedürfen. Eigenständige Regelungen der Gliedstaaten sind gerade Ausdruck eines lebendigen föderativen Systems, das es zu erhalten und zu stärken gilt (Papier 2007, S. 2148).

Literatur

Durner, Wolfgang. 2009. Das neue Raumordnungsgesetz. *Natur und Recht* 31:373–380.
Durner, W., und C. Hillgruber. 2014. Review of the Balance of Competences – Wie das föderale Gleichgewicht zwischen der Union und ihren Mitgliedstaaten aus den Fugen geraten ist und wie man es wiederherstellen könnte. *Zeitschrift für Gesetzgebung* 2:105–135.
Frey, M., und F. Bruckert. 2018. Der Subsidiaritätsgrundsatz als fundamentales Prinzip im Unionsrecht und im Grundgesetz: Inhalt, Ausgestaltung und Reichweite: ein Konzept – zwei Konzeptionen? *Verwaltungsrundschau* 6:181–191.
Grimm, Dieter. 2013. Subsidiarität und Föderalismus. In *Freiheit und Sicherheit in Deutschland und Europa, Festschrift für Hans-Jürgen Papier zum 70. Geburtstag*, Hrsg. W. Durner, F.-J. Peine, und F. Shirvani, 49–58. Berlin: Duncker & Humblot.
Huber, Peter M. 2004. *Klarere Verantwortungsteilung von Bund, Ländern und Kommunen? Gutachten D zum 65. Deutschen Juristentag*. München: Beck.
Huber, Peter M. 2012. Der Bundesstaat in Europa – was bleibt für die Stadtstaaten? *Zeitschrift für öffentliches Recht in Norddeutschland* 4:161–168.
Isensee, Josef. 2008. Idee und Gestalt des Föderalismus im Grundgesetz. In *Handbuch des Staatsrechts*, Bd. VI, 3. Aufl, Hrsg. J. Isensee und P. Kirchhof, 3–200. Heidelberg: C.F. Müller.
Korioth, Stefan. 2013. Der deutsche Föderalismus – auf dem Weg zu einem dezentralisierten Einheitsstaat? In *Freiheit und Sicherheit in Deutschland und Europa, Festschrift für Hans-Jürgen Papier zum 70. Geburtstag*, Hrsg. W. Durner, F.-J. Peine, und F. Shirvani, 133–146. Berlin: Duncker & Humblot.

Möstl, Markus. 2002. Grenzen der Rechtsangleichung im europäischen Binnenmarkt – Kompetenzielle, grundfreiheitliche und grundrechtliche Schranken des Gemeinschaftsgesetzgebers. *Europarecht* 3:318–350.

Papier, Hans-Jürgen. 2007. Aktuelle Fragen der bundesstaatlichen Ordnung. *Neue Juristische Wochenschrift* 30:2145–2148.

Papier, Hans-Jürgen. 2010. Zur Verantwortung der Landtage für die europäische Integration. *Zeitschrift für Parlamentsfragen* 4:903–908.

Puhl, Thomas. 2005. Entparlamentarisierung und Auslagerung staatlicher Entscheidungsverantwortung. In *Handbuch des Staatsrechts*, Bd. III, 3. Aufl, Hrsg. J. Isensee und P. Kirchhof, 639–682. Heidelberg: C.F. Müller.

Reutter, Werner. 2004. Landesparlamente im kooperativen Föderalismus. *Aus Politik und Zeitgeschichte, Beilage zur Wochenzeitung Das Parlament* 50–51:18–24.

Rudolf, Walter. 2008. Kooperation im Bundesstaat. In *Handbuch des Staatsrechts*, Bd. VI, 3. Aufl, Hrsg. J. Isensee und P. Kirchhof, 1005–1048. Heidelberg: C.F. Müller.

Schwanengel, Wito. 2014. Integrationsverantwortung im Bundesstaat. *Die Öffentliche Verwaltung* 3:93–103.

Stüwe, Klaus. 2004. Konflikt und Konsens im Bundesrat, Eine Bilanz (1949-2004). *Aus Politik und Zeitgeschichte, Beilage zur Wochenzeitung Das Parlament* 50–51:25–32.

Voßkuhle, Andreas. 2013. Die Rolle der Landesparlamente im europäischen Integrationsprozess. In *Freiheit und Sicherheit in Deutschland und Europa, Festschrift für Hans-Jürgen Papier zum 70. Geburtstag*, Hrsg. W. Durner, F.-J. Peine, und F. Shirvani, 195–203. Berlin: Duncker & Humblot.

Dr. Mathias Schubert, Privatdozent an der Juristischen Fakultät, Universität Rostock.

The manufacturer's authorised representative in the EU is Springer
Nature Customer Service Centre GmbH, Europaplatz 3, 69115 Heidelberg,
Germany. If you have any concerns regarding our products, please
contact ProductSafety@springernature.com

Printed and bound by CPI Group (UK) Ltd, Croydon, CR0 4YY
30/04/2026
02100217-0002